编委会成员

【主　编】

高慧云

【副主编】

李艳丽　王帅锋

【参编人员】

游　乐　吕墨瑶　俞　悦　李　欣　魏东达

FAMILY TAX AND IDENTITY PLANNING

HIGH NET-WORTH INDIVIDUALS

高净值人士
家族税收与
身份规划实务

高慧云 —— 主编

中国法制出版社
CHINA LEGAL PUBLISHING HOUSE

前 言
PREFACE

近年来，随着我国经济发展进入新常态，财富管理行业面临的国际、国内政治法律环境也发生了巨大变化。各国在运用大数据技术进行税收监管方面的能力有所加强，国际社会对财富管理行业的监管越来越严格、信息也更加透明。随着FATCA、CRS、BEPS等的实施和执行，全球资产涉税信息透明，全球布局的资产面临着不同的税务风险，如海外空壳公司持有财产的风险、海外信托持有财产的风险、移民带来的税务风险等。

2021年3月24日，中共中央办公厅、国务院办公厅印发《关于进一步深化税收征管改革的意见》，意味着我国正式步入深化税收改革的时代，将深入推进税务领域"放管服"改革，完善税务监管体系，打造市场化、法治化、国际化的营商环境。未来对逃避税问题多发的行业、地区和人群，根据税收风险适当提高"双随机、一公开"抽查比例。对隐瞒收入、虚列成本、转移利润以及利用"税收洼地""阴阳合同"和关联交易等逃避税行为，加强预防性制度建设，加大依法防控和监督检查力度。国家税务总局充分利用税收大数据持续健全动态"信用+风险"监管体系，强化精准监管，提高监管效率。对不法分子恶意偷逃税行为，坚决严厉打击，2021年到2022年，连续多个行业人员的逃税行为被公开曝光，体现了国家对涉税违法行为进行严厉打击的决心。

本书是从家族治理与规划视角谈境内外财富管理法税事项的实务著作。全书立足于全球视野，系统梳理家族面临的税收法律环境，从美国的FATCA、经济合作与发展组织的CRS以及国际反避税到中国的反避税，全面分析了家族企业和个人面临的税务和法律风险，并结合国内相关税法针对家族境内资产提出了防范税收风险的解决方案。此外，本书也对全球主要移民地区的相关税收制度作了分析。最后，本书还从家族身份与财富整体税收规划视角为高净值家族提出了海内外税收风险防范和解决方案。本书的出版，旨在增强纳税人尤其是高净值家族个人的风险意识、法治意识，助力其做好税收和身份规划，实现财富的保护与传承。

本书编著人员既有来自从事财富管理律师业务一线的税务律师，也有来自实践型高校的学者，体现了本书理论与实践相结合的写作风格。本书是全体编著人员多年心血的结晶，部分章节大家互相修改共同撰写，本书具体分工如下：

京都律师事务所高级财税顾问、北京信息职业技术学院税法教授高慧云负责统稿并撰写第二章、第三章和第十章，高朋律师事务所财富管理与税务律师王帅锋负责协助统稿并撰写第一章、第五章和第六章；京都律师事务所财务总监李艳丽负责协助统稿并撰写第四章；京都律师事务所金融部合伙人律师游乐和助理李欣负责撰写第九章；北京信息职业技术学院税法教师、京都律师事务所财税顾问俞悦负责撰写第七章；北京信息职业技术学院税法教师、京都律师事务所财税顾问吕墨瑶和北京市高朋律师事务所律师魏东达负责撰写第八章。

本书由高慧云对全书篇章进行结构设计、修改、整理，王帅锋、李艳丽协助统稿。我们特别感谢南开大学法学院教授、博士生导师、资本市场研究中心主任韩良在本书结构上提供的帮助，感谢首旅集团法务与合规管理中心法务专员王凤武对本书提出的宝贵修改意见。

一直以来，境内外的税法都会随着时代的发展不断更新完善，相对其他法律而言更新的速度相对较快，考虑到出版周期，本书的部分内容可能跟不上税法的更新速度，加上部分领域税法规定还不明确，因此本书一定存在值得商榷的地方，欢迎广大读者批评指正。

高慧云
2023 年 9 月 1 日

目 录
CONTENTS

第一部分　家族面临的税收法律环境

第一章　国际税收反避税法律制度的形成与发展 // 003

第一节　美国的FATCA法案 // 003
一、FATCA是什么？// 003
二、FATCA的发展与意义 // 004
三、FATCA的主要内容 // 007

第二节　OECD国家的CRS规则 // 015
一、CRS是什么？// 016
二、CRS的发展及意义 // 017
三、CRS的主要内容 // 019
四、CRS与信托 // 022

第三节　相关国家（地区）的反避税法律制度形成与发展 // 026
一、英国的反避税法律制度 // 026
二、美国的反避税法律制度 // 030
三、我国台湾地区的反避税法律制度 // 032
四、我国香港特区的反避税法律制度 // 034

第四节　BEPS行动 // 035
一、BEPS行动是什么？// 036

二、BEPS 行动的发展与意义 // 036

三、BEPS 行动的主要内容 // 037

第二章　中国反避税法律制度对家族企业和个人的影响 // 044

第一节　中国反避税法律制度对家族企业的影响 // 044

一、企业避税行为与相关反避税法律制度 // 044

二、关联方交易反避税法律制度及其影响 // 046

三、设立受控外国企业反避税法律制度及其影响 // 050

四、资本弱化反避税法律制度及其影响 // 052

五、非居民企业间接转让股权反避税法律制度及其影响 // 055

第二节　中国反避税法律制度对家族个人的影响 // 061

一、家族个人常用避税行为和相关反避税法律制度 // 061

二、CFC 反避税制度对家族个人的影响 // 064

三、转变税务居民身份反避税制度对家族个人的影响 // 068

四、个人关联交易反避税制度对家族个人的影响 // 071

五、一般反避税规则对家族个人的影响 // 075

第三章　家族面临的主要税务风险与责任 // 078

第一节　家族面临的主要税务风险 // 078

一、遗产税风险 // 079

二、财产来源不合法的风险 // 080

三、CRS 涉税信息交换风险 // 083

四、偷逃税款风险 // 085

五、虚开增值税发票的风险 // 087

第二节　家族面临的税务风险责任 // 089

一、家族税务风险可能面临的民事责任 // 090

二、家族税务风险可能面临的行政责任 // 091

三、家族税务风险可能面临的刑事责任 // 093

第二部分　境内家族税收法律制度与税务规划

第四章　境内家族面临的主要税种与规划 // 099

第一节　家族成员个人所得税 // 099

一、个人所得税不同纳税人的征税法域 // 099

二、高净值家庭的个人所得征税项目 // 101

三、高净值家庭个人所得税减免税项目 // 113

四、无住所个人的个人所得税 // 115

第二节　家族企业所得税 // 123

一、家族企业所得税简介 // 123

二、企业所得税收入总额的计算 // 124

三、企业所得税的各项扣除范围 // 127

四、家族成员个人所得税与企业所得税的协同规划 // 131

第三节　家族房产税 // 136

一、经营用房产的房产税 // 136

二、当前上海和重庆住宅房产税的征收情况 // 138

三、中国住宅房产税的发展趋势 // 141

第五章　家族持有的财产涉税分析与规划 // 143

第一节　现金涉税分析与规划 // 143

一、家族持有现金涉及的税收 // 143

二、大额资金转账的税收风险与防范 // 145

第二节　不动产涉税分析与规划 // 149

一、家族持有的不动产涉及的税收 // 150

二、不动产租赁过程中的涉税分析与规划 // 151

三、不动产转让过程中的涉税分析与规划 // 155

第三节　股权涉税分析与规划 // 161

一、家族持有股权涉及的税收 // 161

二、上市公司股份转让的涉税分析与规划 // 166

　　三、非上市公司股权转让的涉税分析与规划 // 170

　第四节　艺术品涉税分析与规划 // 173

　　一、艺术品拍卖的涉税分析与规划 // 173

　　二、艺术品投资的税收风险 // 176

第六章　家族传承中的税收及其规划 // 178

　第一节　赠与和继承的税收 // 178

　　一、赠与涉及的税收 // 178

　　二、继承涉及的税收 // 186

　第二节　保险传承过程中的税收规划 // 190

　　一、保险的税收优惠 // 191

　　二、如何利用保险进行税收规划 // 196

　第三节　家族信托传承过程中的税收规划 // 199

　　一、家族信托税收的相关规定 // 199

　　二、如何利用信托进行税收规划 // 201

第三部分　部分国家和地区家族税收制度及规划

第七章　美国家族税收制度及规划 // 211

　第一节　美国税制及主要税种简介 // 211

　　一、企业所得税 // 211

　　二、个人所得税 // 213

　　三、资本利得税 // 216

　　四、赠与税、遗产税和隔代转移税 // 217

　第二节　美国税务居民和非美国税务居民的纳税义务 // 221

　　一、美国税务居民与非美国税务居民在纳税义务上的区别 // 221

二、美国居民的确认规则 // 222

三、美国居民和非美居民所得税纳税申报义务 // 223

四、美国居民和非美居民赠与税、遗产税纳税义务 // 228

第三节　美国家族信托涉税规定 // 231

一、美国税法按纳税义务的不同对信托的分类 // 231

二、FGT的判定和委托人、受益人纳税义务分析 // 233

三、委托人信托和非委托人信托纳税义务比较 // 235

第四节　美国保险及人寿保险信托涉税规定 // 236

一、保险 // 236

二、人寿保险信托 // 237

三、不可撤销人寿保险信托 // 238

第八章　英联邦国家家族税收制度及规划 // 241

第一节　英国税收制度及其规划 // 241

一、税制及主要税种介绍 // 241

二、法定居民测试与个人所得税 // 246

三、英国遗产税 // 253

第二节　澳大利亚税收制度及其规划 // 258

一、税制及主要税种介绍 // 258

二、税收居民判定规则 // 264

第三节　新西兰税收制度及其规划 // 267

一、税制及主要税种介绍 // 268

二、新西兰税收居民判定规则 // 274

三、非合规信托及纳税义务 // 276

第四节　加拿大税收制度及其规划 // 278

一、税制及主要税种介绍 // 278

二、税收居民判定规则 // 283

三、加拿大居民信托和视同居民信托 // 285

第九章　国际金融自由港家族税收制度及规划 // 288

第一节　中国香港税收制度与规划 // 288
一、中国香港主要税种介绍 // 288
二、中国香港税务居民判定规则 // 296
三、中国香港税收安排及居民证明书 // 298

第二节　新加坡税收制度与规划 // 300
一、新加坡主要税种介绍 // 300
二、新加坡税收居民判定规则 // 309
三、新加坡居民税收安排及居民证明 // 310

第十章　家族身份与财富整体税收规划 // 313

第一节　家族身份税收规划 // 313
一、中国内地、中国香港、英国个人税务居民的相关规定 // 313
二、家族身份规划需要考量的税法策略 // 316

第二节　家族企业整体税收规划 // 321
一、企业整体税收规划的基本思路 // 322
二、宏观税务规划的主要方法 // 323
三、中观税务规划的主要方法 // 325
四、微观税务规划的主要方法 // 327

第三节　家族企业关联交易的税务规划 // 329
一、关联交易转让定价涉税风险防范 // 330
二、关联交易成本分摊涉税风险防范 // 332

第一部分
家族面临的税收法律环境

第一章 国际税收反避税法律制度的形成与发展

第一节 美国的FATCA法案

◆【案例1-1】[①]

马先生持有美国护照，但长期居住在中国。其在中国香港特区设立了一家资产持有公司A公司。A公司在中国香港某银行持有余额为300万美元的存款账户。此外，马先生还在美国的内华达州设立了一家资产持有公司B公司。B公司在中国香港某银行持有余额为450万美元的存款账户。马先生是A公司和B公司的实际控制人和唯一的股东。马先生在中国香港某银行持有存款账户，银行是否会将相关信息根据FATCA要求报送给美国？

一、FATCA是什么？

Foreign Account Tax Compliance Act（FATCA）全称为《外国账户税务合规法案》，是美国为防止美国纳税人逃避美国税项而制定的一项新法律。该项法案由美国财政部和美国国税局制定，作为《恢复就业鼓励雇佣法案》（Hiring Incentives to Restore Employment Act，HIRE Act）的一部分，涵盖了《美国联邦税法典》第4章第1471条至第1474条的全部内容，其并不是一个

[①] 本书案例均取材真实案例，根据论述需要存在一定的加工和改编。

独立的法案。FATCA 一般要求外国金融机构和某些其他非金融外国实体报告其美国账户持有人持有的外国资产，或对可扣缴的付款进行扣缴。该法案旨在防止美国纳税人利用银行及其他金融机构账户逃避其收入及资产应缴的美国税款，鼓励美国纳税人更严格地遵守美国税法。

二、FATCA 的发展与意义

（一）FATCA 的发展历程

随着经济全球化的发展，人们在国内追求财富保值增值的同时，也将资本的触角延展到全球，美国更是如此。在资产全球配置的同时，美国的税收也在大量流失。尽管美国有着严格的税收制度，如美国政府为纳税居民准备了全球收入的报税单表格 3520、表格 5471、表格 5472、表格 926 和表格 8865 等，也阻挡不了税收流失的步伐。美国纳税人通过海外避税方案掩盖收入的真实所有人，使得很多经济活动被遮蔽在美国税收体系以外。在这些离岸避税方案中，美国纳税人会通过外国公司、外国信托或合伙、国际壳公司、离岸私人银行、离岸个人年金、个人投资公司等将资产和收入转移到美国境外以逃避税收，再通过关联离岸账户的境外信用卡、离岸借贷、家庭奖学金等能够规避美国税收的方式将这些境外资产转回境内使用。[①]这些海外避税方案之所以能够成功，在于美国国税局所掌握的美国税务居民的信息与海外信息不对等。

2007 年，美国爆发次贷危机，美国政府收入大幅缩水，财政赤字严重。美国重新审视自己的税收制度，以求通过税收制度的变革，增加国内税收收入，所以将关注点定位在美国海外的收入。

2010 年 3 月 18 日，美国国会通过《恢复就业鼓励雇佣法案》，其中一部分规定了 FATCA 的相关内容，这是美国 FATCA 的雏形。2012 年 2 月 8 日，美国财政部和国税局发布了《恢复就业鼓励雇佣法案》实施的拟议条例。在发布该拟议条例的同时，财政部与法国、德国、意大利、西班牙和英国发布了

---

① 程佩：《美国外国税务合规法案的立法背景介绍》，载《中大税法月报》2016 年 7 月 25 日。

一份联合声明，表示双方有意建立一个实施《海外账户纳税法案》的政府间框架。正式的FATCA则是在《美国国内税收法典》（Internal Revenue Code）中增加第4章第1471条至第1474条以及第6038D条。随后美国财政部依法制定实施细则（Treasury Regulations，以下简称《财政部实施细则》），最终于2013年出台。后续又修订增补几次，2017年全部面世。但FATCA已于2014年7月1日在全球范围内正式生效。

为了便于实施FATCA，美国国税局于2012年7月、11月分别发布两种政府间协议（Intergovernmental Agreements，IGA）范本，供外国政府或其代表选择签署。模式一和模式二的最大差别是外国金融机构报告的对象不同。签署模式一，表示合作辖区政府同意本辖区内所有相关金融机构根据政府间协议附件所列尽职调查规则识别美国居民账户，并向本国相关部门报告美国居民账户的指定信息；合作辖区政府将自动向美国国税局报告这些信息。签署模式二，表示合作辖区政府同意本辖区内的相关金融机构识别美国账户后，直接向美国国税局报告美国账户指定信息。

（二）FATCA的实施现状

截至2023年1月30日，访问美国财政部网站[①]可知，美国政府先后与全球113个国家和地区达成了遵守FATCA金融行动政府间协定。已经签署模式一的政府间协定并生效的国家和地区共92个。已经就模式一政府间协定达成实质一致的国家和地区共4个，分别是中国、海地、印度尼西亚、秘鲁。已经签署模式一政府间协定但尚未生效的国家和地区共4个，分别是菲律宾、塞舌尔、泰国、佛得角。已经签署模式二政府间协定并生效的国家和地区共9个，分别是亚美尼亚、奥地利、百慕大、中国香港地区、日本、摩尔多瓦、圣马力诺、中国澳门地区、瑞士。已经就模式二政府间协定达成实质一致的国家和地区共3个，分别是伊拉克、尼加拉瓜、巴拉圭。已经签署模式二政

---

① 参见美国财政部网站，https://www.treasury.gov/resource-center/tax-policy/treaties/pages/fatca.aspx，最后访问时间：2023年1月30日。

府间协定但尚未生效的国家和地区共2个，分别是智利、中国台湾地区。

模式一政府间协定是FATCA实施的主流模式，其最早于2013年开始生效，根据美国税务局网站显示，2013年生效的国家和地区有2个，2014年生效的国家和地区有18个，2015年生效的国家和地区有32个，2016年生效的国家和地区有16个，2017年生效的国家和地区有10个，2018年生效的国家和地区有4个，2019年生效的国家和地区有6个，2020年生效的国家和地区有0个，2021年生效的国家和地区有2个，2022年生效的国家和地区有2个。[①]可知，2015年度生效的模式一的政府间协定最多。生效的模式一政府间协定包括离岸金融中心和移民目标国，如澳大利亚、英属维尔京群岛、加拿大、开曼、根西、泽西、新加坡、新西兰等。

FATCA的实施一般分为四个阶段：第一，在程序上通过征求意见稿阶段；第二，国内立法通过阶段；第三，达成税务管辖区税务交换协定（MCAA/CAA）阶段；第四，达成全面避免双重课税协定（DTA）阶段。中国与美国就FATCA达成实质一致。经查询，截至2023年1月30日，中国在美国国税局完成注册登记为外国金融机构并领取GIIN编码的金融机构，多达3 369个。[②]

（三）FATCA实施的意义

美国作为一个大国，其作出的行为势必会对世界造成一定的影响。美国的FATCA也不例外，其颁布对世界的财富布局和税收都产生了深远的影响，它开创了税收透明的时代。

对于全球税收秩序而言，FATCA的颁布与实施，在开创税收透明时代的同时，也构建了新的全球税收秩序。为打击跨国避税行为，遏止有害税收竞争，经济合作与发展组织（OECD）国家间以FATCA为蓝本掀起了CRS[③]报送

[①] 参见美国财政部网站，https://www.treasury.gov/resource-center/tax-policy/treaties/pages/fatca.aspx，最后访问时间：2023年1月30日。

[②] 参见美国税务局网站，https://apps.irs.gov/app/fatcaFfiList/flu.jsf，最后访问时间：2023年1月30日。

[③] CRS是Common Reporting Standard的缩写，意为"统一报告标准"，是由OECD于2014年7月发布的金融账户涉税信息自动交换标准（Automatic Exchange of Financial Account Information，AEOI）中的一部分。

的浪潮。

对于全球的金融机构而言，FATCA的颁布与实施，增加了其合规成本，耗费了其大量的精力和财力。FATCA涉及税收、法律、客户、技术等多方面内容。FATCA要求金融机构不仅要调查存量账户，新设账户也要增加KYC[①]的环节，识别账户持有人是否为美国税务居民。在实施FATCA的过程中，实施不当或报送不准确，还可能面临30%预提所得税的惩罚。

对于美国而言，FATCA的颁布与实施，客观上打击了源自美国的海外收入的避税行为，增加了美国的财政收入，完善了美国的税收征管秩序。

对于个人而言，FATCA的颁布与实施，一定程度上堵塞了海外避税方法的实施，增加了其税收成本，促使其合规纳税。

三、FATCA的主要内容

（一）特定美国纳税人及其申报义务

在《国内税收法典》中增加第6038D条，要求海外资产总价值在纳税年度超过5万美元的美国纳税自然人，通过填写8938表格，依法报告该账户信息。除非存在例外的情况，否则在指定外国金融资产中拥有权益的特定人士，且该等资产的价值超过适用的报告阈值，必须提交8938表格，申报FATCA相关内容。

1. 申报主体

FATCA的申报主体为"特定人士"（Specified Person），包括特定的个人（Specified Individual）和特定的国内实体（Specified Domestic Entity）。

特定的个人主要包括：（1）美国公民；（2）美国外籍居民（如绿卡持有人或通过居住测试之人）；（3）为联合报税而选择被视为外籍居留者的非外籍居留者；（4）实际为美属萨摩亚或波多黎各的居民的非外籍居留者。其中，

---

① KYC 是 Know Your Customer 的缩写，直译为"了解你的客户"，一般要求银行等金融机构在开立账户、进行交易等业务中对客户进行身份、财务、背景等方面的调查，以防止逃税、洗钱、恐怖主义融资等活动。

美国公民指拥有美国国籍的人士。根据美国移民法，如果外籍个人在一个公历年度内的任何时间里是美国的合法永久居民（Lawful Permanent Resident, LPR），该个人即满足了绿卡标准。上述"合法永久居民"是指，由美国公民与移民服务局（US Citizenship and Immigration Services, USCIS）（或者该组织前身）特许以移民身份永久居住在美国的个人。一般来说，当个人拿到USCIS发放的外国人注册卡（绿卡）时，便取得了美国的永久居住权。但需要注意的是，丧失绿卡并不一定丧失美国税务居民的身份。通过居住测试之人需要同时满足两个条件：第一，本公历年度内在美停留不少于31天；第二，本年度在美停留的全部天数，加上前一年度在美停留天数的三分之一，加上再前一年度在美停留天数的六分之一不少于183天。一般来说，个人在一天中的任何时间出现在美国境内都视为其当天在美停留。

特定的国内实体主要包括：（1）至少50%的总收入是消极收入的紧密控股的国内公司；（2）至少50%的资产产生或被持有用于产生消极收入的国内公司；（3）至少50%的总收入是消极收入的紧密的国内合伙；（4）至少50%的资产产生或被持有用于产生消极收入的国内合伙；（5）第7701（a）（30）（E）节所述的一种国内信托，其中有一个或多个特定的人士（特定的个人或特定的国内实体）作为当前的受益人。其中，"紧密控股的国内公司"（Closely held domestic corporation）是指在公司纳税年度的最后一天，特定的个人直接、间接或结构性地拥有至少80%的公司所有类别有投票权的股票的总投票权，或至少拥有公司所有类别股票总价值的80%。"紧密的国内合伙"（Closely Held Domestic Partnership）是指在合伙的纳税年度的最后一天，直接、间接或结构性地拥有至少80%的资本或利润。"结构性拥有"（Constructive Ownership）是指个人在本地的法团或合伙企业的所有权，包括配偶在该法团或合伙企业拥有的所有权。"消极收入"（Passive Income）是指总收入中由以下几种组成的部分：（1）股息，包括替代股息；（2）利息；（3）相当于利息的收入，包括替代利息；（4）租金及特许权使用费（由法团或合伙的雇员积极经营某行业或业务而得的租金及特许权使用费除外）；（5）年金等。"第7701（a）（30）（E）节所述的一种国内信托"是指该信托的所有重大决定是否由一个或多个美国人控制。根据《美国国内税收法典》第671—678章节的规定，如果委托人保留了对信托的某种法定权利，或者拥有一项或多项特定权利能够控制全部或部分信托，则该信托将被视为由委托人所有。若该委托人为美国人，则该信托就为国内信托。就一个纳税年度而言，"当前受益人"（Current Beneficiary）是指在纳税年度的任何时候有权或有权决定是否接受从信托的本金或收入中获得分配的任何人（确定受益人时，无须考虑任何在纳税年度结束时仍未行使的委任权）。

◆【案例1-2】

D公司是一家美国国内的公司，其股票的总价值由L（特定个人）所有。D公司在2022年纳税年度拥有的资产如表1-1所示：

表1-1　D公司资产年度情况　　　　（单位：亿美元）

	消极资产	总资产
第一季度	150	200
第二季度	150	300
第三季度	300	500
第四季度	200	1 000
合计	800	2 000

由上表可知，D公司拥有的可产生消极收入的消极资产合计为800亿美元，总资产为2 000亿美元，即40%的资产产生了消极收入，所以D公司并不是至少50%的资产产生或被持有用于产生消极收入的国内公司，即D公司不是特定的国内实体。

2. 报告阈值

除了上述的特定人士，还有一关键因素是报告阈值。报告阈值，又称报告临界值，是指需要进行FATCA申报的最低值。

如表1-2所示，适用于特定个人的申报临界值取决于居住地和是否结婚。对于居住在美国的未婚纳税人，特定外国金融资产指在纳税年度最后一天总价值超过5万美元或在纳税年度任何时间总价值超过7.5万美元；对于居住在美国且提交独立所得税申报表的已婚纳税人，特定外国金融资产指在纳税年度最后一天总价值超过5万美元或在纳税年度任何时间总价值超过7.5万美元；对于居住在美国且提交联合所得税申报表的已婚纳税人，特定外国金融资产指在纳税年度最后一天总价值超过10万美元或在纳税年度任何时间总价值超过15万美元；对于居住在美国境外的未婚及已婚独立申报纳税人，特定外国金融资产指在纳税年度最后一天总价值超过20万美元或在纳税年度任何时间总价值超过30万美元；对于居住在美国境外的夫妻联合申报的纳税人，特定外国金融资产指在纳税年度最后一天总价值超过40万美元或在纳税年度任何时间总价值超过60万美元。适用于特定的国内实体的报告阈值，是特定的外国金融资产的总价值在纳税年度的最后一天超过5万美元或在纳税年度的任何时候超过7.5万美元。

表1-2　特定个人的报告阈值　　　　　　　（单位：美元）

居住在美国国内个人			居住在美国国外个人		
未婚	已婚		未婚	已婚	
—	单独报税	联合报税	—	单独报税	联合报税
最后一天超过5万	最后一天超过5万	最后一天超过10万	最后一天超过20万	最后一天超过20万	最后一天超过40万
任何时候超过7.5万	任何时候超过7.5万	任何时候超过15万	任何时候超过30万	任何时候超过30万	任何时候超过60万

3. 报告内容

特定人士需要就特定的外国金融资产填写表格8938进行FATCA申报。"特定的外国金融资产"主要包括：在外国金融机构开立的金融账户里的资产；国外投资账户中的金融资产（非美国人发行的股票或证券、外国实体的利益、发起者或对手方不是美国人的金融工具或合同）。需要申报填写上述资产持有人的姓名、账号、纳税识别号、余额、损益等信息。

4. 豁免报告的情形

（1）以其他形式报告

此种情形主要包括以下种类：第一，已通过表格3520报告的外国信托的交易和获得的外国赠与；第二，已通过表格5471报告的美国公民的外国公司的有关信息；第三，已通过表格8621报告的消极外国投资公司或合格股权基金的股东信息；第四，已通过表格8865报告的外国合伙企业的信息。

（2）外国授予人（委托人）信托

如果根据信托文件的约定，被视为所有者的委托人（授予人）无须报告该信托持有的金融资产信息，但需要满足一定的条件——表格3520、表格3520-A已经按时报送了该信托的信息。

（3）国内投资信托

如果根据信托文件的约定，被视为所有者的委托人无须报告固定投资的国内信托所持有的海外金融资产的信息。

（4）国内破产信托

根据美国《破产法》第7章和第11章的规定，被视为国内清算信托的所有者无须报告该信托所持有的海外金融资产的信息。

（5）其他情形

除了上述情形，由一家根据美国法律成立的金融机构（包括该机构的分支机构）维护的金融账户无须报告；根据美国法律成立的实体所持有的证券、股票、利息等无须报告。

5.惩罚

没有按时提交表格8938的特定人士将面临1万美元的惩罚。若在国税局发送未提交通知后90日内，仍未提交完整正确的表格报告，将面临每30天1万美元的罚款，罚款上限为5万美元。如果因涉及未披露的指定外国金融资产的交易而少缴税款，将可能需要支付相当于少缴税款40%的罚款。如果因欺诈而少缴税款，将可能支付因欺诈而少缴税款75%的罚款。更为严重的是，还有可能涉嫌刑事犯罪。

（二）外国机构及其申报义务

1.报告实体

《美国国内税收法典》的第4章（第1471—1474条），要求外国金融机构（Foreign Financial Institution，FFI）报告美国纳税人及其拥有的外国实体的金融账户信息。外国金融机构主要是指从事下列业务的非美国实体：第一，在银行或类似业务的正常过程中接受存款的机构（存款机构）；第二，作为其业务的重要组成部分，为他人持有金融资产的机构（托管机构）；第三，主要从事（或自称从事）证券、合伙权益、商品或此类证券、合伙权益或商品的任何权益的投资、再投资或交易业务（投资机构）；第四，特定的保险公司；第五，控股公司或财产中心等。一般非美国实体，如银行、经纪人/交易商、保险公司、对冲基金、证券化工具和私募股权基金将被视为外国金融机构。外国金融机构需填写8966表格进行FATCA申报。

须报告的实体还包括下列种类：

（1）参与的外国金融机构（Participating FFI, PFFI），是指同意遵守外国金融机构协议中有关外国金融机构所有分支机构要求的外国金融机构。

（2）外国金融机构的美国分支，外国金融机构位于美国的分支机构不被视为美国的金融机构，而是被视为上述参与的外国金融机构。

（3）已登记被视为合规的外国金融机构（Registered Deemed-compliant FFI, RDCFFI），《美国国内税收法典》§1.1471-5（f）（1）对该机构作出了描述，该机构需满足下列程序条件：第一，按照国税局规定的程序注册并同意遵守其注册条款；第二，由其负责人证明，在每个认证期结束后的7月1日或之前，已满足了要求的视同合规状态的所有要求；第三，保持国税局的登记记录；第四，若合规状态发生变动，六个月内变更登记。

（4）模式二有关的实体和分支机构。

（5）合格中介机构（QI）、预扣外国合伙企业、预扣外国信托，这三类需要报送合伙人、受益人、所有者的账户信息。

（6）非金融外国实体（Non-financial Foreign Entity, NFFE），是指不是金融机构的外国实体，包括但不限于外国上市或私人控股运营或贸易企业、专业服务公司、慈善组织等。

2.报告阈值

截至2014年6月30日，对于存量的个人账户余额或价值须达到5万美元；对于存量的现金价值保险合同或年金合同账户余额或价值须达到25万美元；对于个人存款账户余额或价值须达到5万美元。

截至2014年6月30日，对于实体账户，余额或价值超过25万美元（低价值账户）和余额或价值不超过25万美元，但2015年12月30日余额或价值超过100万美元（高价值账户）。

3. 报告内容

外国金融机构需报告的账户信息包括：账户持有人名称、地址及美国纳税识别号码（TIN），在美国人士持有的外国实体的实际持有人为美国人士的情形下，实际美国持有人的姓名、地址、TIN；账户编号；账户结余或价值；该年度支付于该账户的金额，如利息、股息及来自出售或购回财务资产的总收益。

4. 报告方式

机构主体主要是通过政府间协议——模式一和模式二规定的方式来报送账户信息的。

模式一的报告路径：

第一步：其他国家或地区与美国签署生效范式一协定；

第二步：合作伙伴管辖区的金融机构通过尽职调查确定美国账户；

第三步：金融情报机构向合作伙伴管辖区税务机关报告关于其美国账户的具体信息；

第四步：合作伙伴管辖区税务机关向美国国税局报告这类信息。

（上述路径交换的信息可以是相互的，也可以是单向的见图1-1、图1-2）

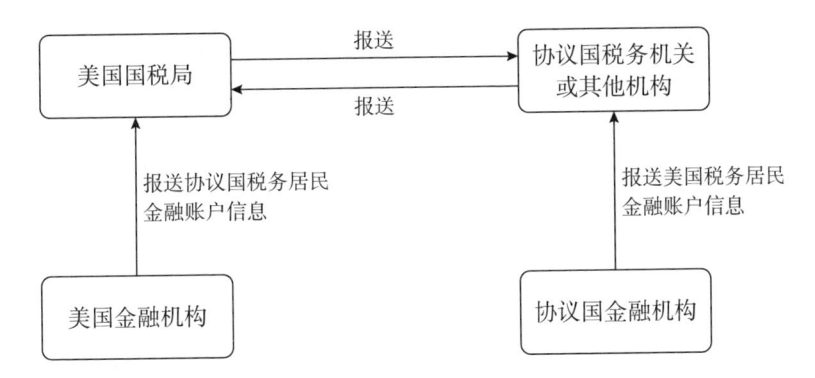

图1-1　模式一双边交换路径

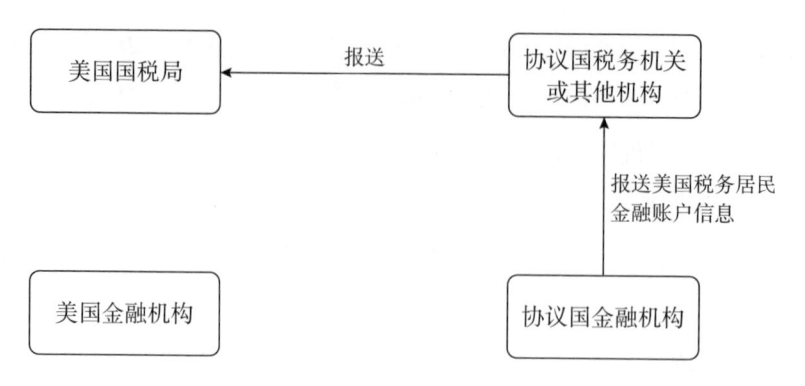

图1-2　模式一单边交换路径

模式二的报告路径：

第一步：其他国家或地区与美国签署生效范式二协定；
第二步：合作伙伴管辖区的金融机构通过尽职调查确定美国账户；
第三步：金融机构直接向国税局报告有关其美国账户的具体信息。[①]

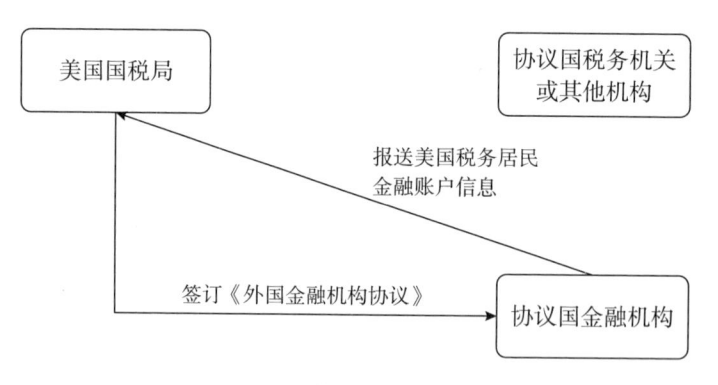

图1-3　模式二交换路径

5.惩罚

若报告实体不履行FATCA法案的报告义务，将面临对来源于美国的特定收入征收30%预提所得税的惩罚。

---

① 参见美国税务局网站，https://www.irs.gov/businesses/corporations/fatca-governments，最后访问时间：2021年3月15日。

【案例1-1分析】

中国香港与美国签订政府间协定，中国香港开户银行作为外国金融机构，马先生作为美国绿卡持有人，其在中国香港开户行的存款的相关信息将通过FATCA报送给美国国税局。其通过公司在中国香港某银行持有的存款账户信息是否被报送，分析如下：

1. A公司持有的存款账户

A公司设立在中国香港，并不是美国的特定人士。A公司是家族资产持有公司，不进行积极的生产经营活动，一般会被认定为消极外国非金融机构，需要穿透至实际控制人——马先生。马先生作为美国绿卡持有人，属于美国的"特定人士"。因此，该银行账户的相关信息连同马先生的个人信息都会被报送给美国。

2. B公司持有的存款账户

B公司设立在美国的内华达州，作为家族资产持有公司，大多数收入属于消极收入，一般属于美国的"特定人士"。其在中国香港持有的银行账户属于需申报的账户，会被中国香港某银行报送给美国。但B公司不属于消极的外国非金融机构，所以实际控制人马先生的身份信息不会被穿透报送。

第二节 OECD国家的CRS规则

【案例1-3】贾总离岸信托CRS报送

高净值人士贾总为中国的税务居民，为了实现家庭治理与财富永续传承，根据律师的建议，按照以下架构设立了离岸信托，设计了两层信托架构，如图1-4所示，第一层是通过持牌信托公司持有的目的信托；第二层是通过私人信托公司（Private Trust Company，PTC）持有的全权信托。那现在的问题是：两种信托公司是否都要进行CRS信息交换？具体是怎么进行的呢？

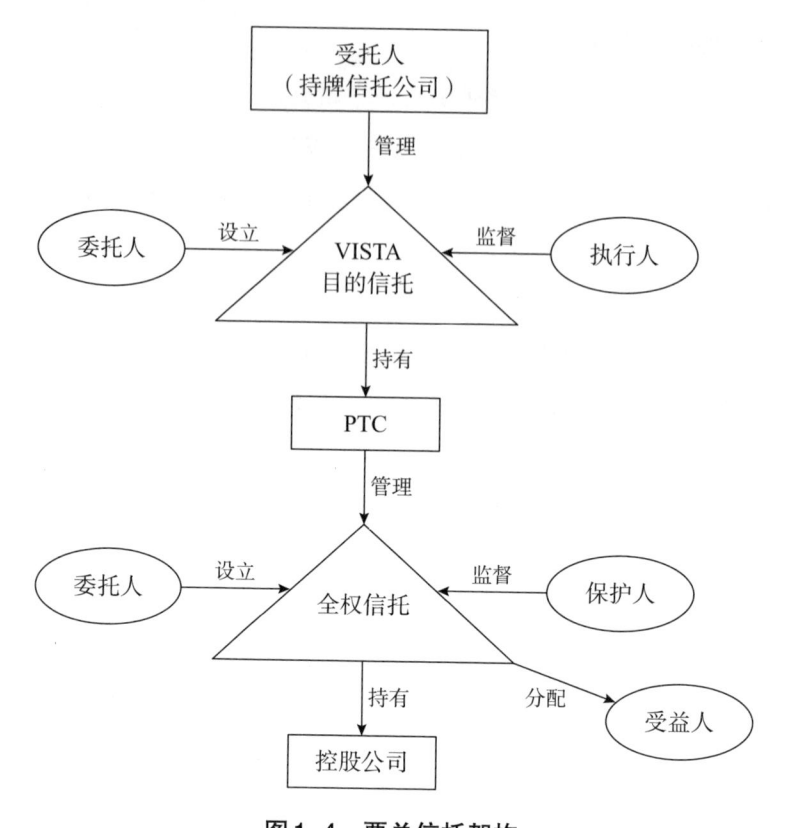

图1-4 贾总信托架构

一、CRS是什么？

CRS是Common Reporting Standard的英文缩写，意为"统一报告标准"，它是由OECD于2014年7月发布的金融账户涉税信息自动交换标准（AEOI标准）中的一部分。AEOI标准包括四大主要部分：第一部分是主管当局协议范本（Competent Authority Agreement，CAA）；第二部分是统一报告标准（CRS）；第三部分是CAA和CRS模型；第四部分是相关附件。CRS是AEOI标准的核心组成部分，因此通常用CRS指代整个AEOI标准。

二、CRS的发展及意义

（一）CRS的发展历程

20国集团在2013年9月正式要求OECD制定统一报告标准。2014年2月，OECD商定了"统一报告标准"的方案。此后不久，44个"早期采纳者"管辖区承诺实施"统一报告标准"，OECD成员国和其他14个管辖区也为此目的发表了一项部长宣言。2014年6月，整个CRS，包括评注和XML模式（Extensible Mark-up Language）得到OECD的批准，随后于2014年9月得到20国集团的批准。2014年10月签署了CRS多边主管当局协定（CRS Multilateral Competent Authority Agreement，CRS MCAA），该协定在"税务事项行政互助多边公约"的基础上实施了CRS下的自动信息交流。2015年8月，OECD出版了CRS实施手册，为政府官员和金融机构提供了实施CRS的实用指南。2017年9月，49个早期的实施者开始信息交换。2018年4月，OECD又发布了第二版的CRS实施手册，该手册包含CRS与FATCA的对比分析。2018年9月，90个司法管辖区开始信息交换。2018年10月16日，经合组织在CRS承诺的司法管辖区提供的100多个移民投资计划（Citizenship by Investment / Residency by Investment，CBI / RBI）中进行分析，确定可能对CRS造成影响的高风险计划[1]，预示着OECD严控通过移民购买小国护照来规避CRS交换行为。[2] 2018年有90个法域根据AEOI标准交换了金融账户信息，2019年有95个法域成功地根据AEOI标准交换了金融账户信息。[3]

---

[1] 此次分析，OECD公布的高风险计划方案包括由安提瓜和巴布达、巴哈马、巴林、巴巴多斯、哥伦比亚、塞浦路斯、多米尼克、格林纳达、马来西亚、马耳他、毛里求斯、摩纳哥、蒙特塞拉特、巴拿马、卡塔尔、圣基茨和尼维斯、圣卢西亚、塞舌尔、特克斯和凯科斯群岛、阿拉伯联合酋长国和瓦努阿图实施的计划。

[2] 参见经济合作与发展组织网站，OECD通过投资计划打击通过居住和公民身份避免CRS的行为，http://www.oecd.org/ctp/exchange-of-tax-information/oecd-clamps-down-on-crs-avoidance-through-residence-and-citizenship-by-investment-schemes.htm，最后访问时间：2021年3月16日。

[3] 参见经济合作与发展组织网站，承诺和监测进程，http://www.oecd.org/tax/automatic-exchange/commitment-and-monitoring-process/，最后访问时间：2021年3月16日。

（二）CRS 的实施现状

截至 2022 年 10 月，OECD 已就 110 多个致力于 CRS 的司法管辖区启动了 4 900 多个双边交流关系。[①]

中国于 2018 年开始进行 CRS 交换。2018 年有 52 个管辖区的信息交换回中国。2019 年有 64 个管辖区的信息交换回中国。截至 2023 年 1 月，与中国建立信息交换出境关系的管辖区有 78 个；建立交换回中国关系的管辖区有 106 个。[②]

（三）CRS 实施的意义

CRS 的实施在 FATCA 的基础上，扩大了全球金融账户的信息交换范围，使税收透明全球化。具体来看，其实施对金融机构、高净值人士都具有重大影响。

对金融机构来说，CRS 实施增加了金融机构的合规成本，对新设账户和存量账户的合规审查更为严格，在合规审查上花费大量的人力和财力。同时，CRS 的实施也增大了金融机构的合规风险，金融机构在账户尽职调查和相关信息的报送方面，可能会存在错漏，就会面临处罚。同时，这也促使金融机构在进行业务活动时更加规范。

对高净值人士来说，CRS 的实施并不一定意味着税收成本的增加，只是报送了相关的信息。但 CRS 的实施，使得高净值人士的境外资产无法隐形，境外金融资产的相关信息会被交换回国内。一旦金融资产在境外没有交税，交换回国内时，就可能会面临交税。这在一定程度上堵塞了高净值人士的境外逃税通道，促使其规范地进行经济活动。

[①] 参见经济合作与发展组织网站，CRS 信息的激活交换关系，http://www.oecd.org/tax/automatic-exchange/international-framework-for-the-crs/exchange-relationships/，最后访问时间：2023 年 1 月 30 日。

[②] 参见经济合作与发展组织网站，http://www.oecd.org/tax/automatic-exchange/international-framework-for-the-crs/exchange-relationships/，最后访问时间：2023 年 1 月 30 日。

三、CRS的主要内容

（一）报送主体

1. 存款机构

存款机构是指按照银行或类似行业的通常规程接受存款的机构。

2. 托管机构

托管机构指为他人持有金融资产作为主要业务的机构。如果该机构在账户认定前一年的12月31日为止（或非公历年会计期间的最后一天）的三年间持有金融资产或提供相关金融服务收入总计大于或等于其总收入的20%，即该机构以为他人持有金融资产作为主要业务。该机构成立不满三年的，按其存续期间计算。

3. 投资机构

投资机构是指：（1）近三个会计年度总收入的50%以上来源于为客户投资、运作金融资产的机构，机构成立不满三年的，按机构存续期间计算；（2）近三个会计年度总收入的50%以上来源于投资、再投资或者买卖金融资产，且由存款机构、托管机构、特定的保险机构或者第（1）条所述投资机构进行管理并作出投资决策的机构，机构成立不满三年的，按机构存续期间计算；（3）证券投资基金、私募投资基金等以投资、再投资或者买卖金融资产为目的而设立的投资实体。

4. 特定保险机构

特定保险机构是指开展或支付相关现金价值保险合同或年金合同的保险公司（或保险公司的控股公司）。

（二）报送内容

具有报告义务的金融机构必须报告其开户的被报告账户的如下信息：

（1）作为账户持有人（被报告人）的姓名、地址、税收居民国（地区）、纳税人识别号、（如为自然人）出生地和出生日期。如账户持有人为机构的，且在经过规定尽职调查程序后确定有一个或多个控制人为被报告人的，需报告该机构的名称、地址、税收居民国（地区）、纳税人识别号以及每个被报告人的姓名、地址、税收居民国（地区）、纳税人识别号、出生日期和出生地。

（2）账号（无账号时同等功能信息资料）。

（3）金融机构的名称和识别号（如有）。

（4）公历年度末单个账户的余额或者净值（包括具有现金价值的保险合同或者年金合同的现金价值或者退保价值）。账户在本年度内注销的，余额为零，同时应当注明账户已注销。

（5）对于托管账户，报送公历年度内或其他适用的报告期间收到或者计入该账户的利息总额、股息总额以及其他因被托管资产而收到或者计入该账户的收入总额。报送信息的金融机构为代理人、中间人或者名义持有人的，报送因销售或者赎回金融资产而收到或者计入该托管账户的收入总额。

（6）对于存款账户，报送公历年度内或其他适用的报告期间内全部已支付或者记入贷方账户的利息。

（7）其他账户，报送公历年度内或其他适用报告期间收到或者计入该账户的收入总额，包括赎回款项的总额。

对于被报告的存量账户，如果纳税识别号或出生日期不在金融机构的记录中，而且国内法不要求该金融机构予以另行收集，则不要求报告纳税识别号或出生日期。但是，在该账户被确定为被报告账户之年后的第二个公历年末，金融机构应尽力获得存量账户的纳税识别号或出生日期。

如果纳税识别号不是由相关报与国颁发的，或者相关报与国的国内法不要求收集报与国颁发的纳税识别号，则不要求报告纳税识别号。

另外，除非根据国内法要求金融机构另行获得并报告，并且在金融机构留存的可查找到的电子数据中可以获得出生地的信息，否则不要求报告出生地。

（三）报送流程

报送主体依据CRS规则进行相关信息报送时，采取四步法（如下）进行：

第一步：报送主体识别出非居民金融账户

报送主体根据其国内税法的规定，对存量账户或新设账户的持有主体的身份进行识别，找出非居民主体持有的金融账户。不同国家（地区）对税收居民身份的判定规定不同。例如，我国《个人所得税法》[①]对于个人的税收居民身份判定采用两个标准：住所标准和居住时间标准。住所标准是指在中国境内有住所，通常根据户籍、国籍、家庭关系等来判断。居住时间标准是指不满足住所标准，但在一个纳税年度内在中国居住累计超过183天。报送主体依据国内法的规定找出非居民账户。

第二步：对账户进行尽职调查

识别的过程需要尽职调查。有的账户不是明显可以被识别其主体的税收身份，需要报送主体进行尽职调查，根据持有主体、账户状态、账户价值进行不同的调查，具体如表1-3所示：

表1-3 不同账户CRS尽职调查要求

持有类别	账户类型	子类	调查要求
个人持有	新设账户		签署的税收居民身份声明文件+合理性审核
	存量账户	低净值账户	居住地址调查+电子记录检索
		高净值账户	电子记录检索+纸质记录检索+客户经理知情调查
机构持有	新设账户		签署的税收居民身份声明文件+合理性审核
	存量账户	低净值账户	无须识别报告
		高净值账户	检索留存资料+部分账户声明文件

上述表格中，"低净值账户"是指截至规定年份的12月31日加总余额或总值不超过100万美元的账户；"高净值账户"是指在截至规定年份的12月31日或其后年份的12月31日加总余额或总值超过100万美元的账户。

第三步：报送该账户的信息给税务主管机关

报送主体将通过尽职调查获取的该账户的相关信息报送给主管的税务机关。

第四步：税务主管机关报送给居民国税务机关

税务主管机关根据CRS多边主管当局协定（CRS MCAA）的签署情况，

[①] 本书所引用的国内法律文件名称均为简称。

将获取的相关信息报送给账户持有主体的税收居民国的税务机关。

具体报送流程如图1-5所示：[①]

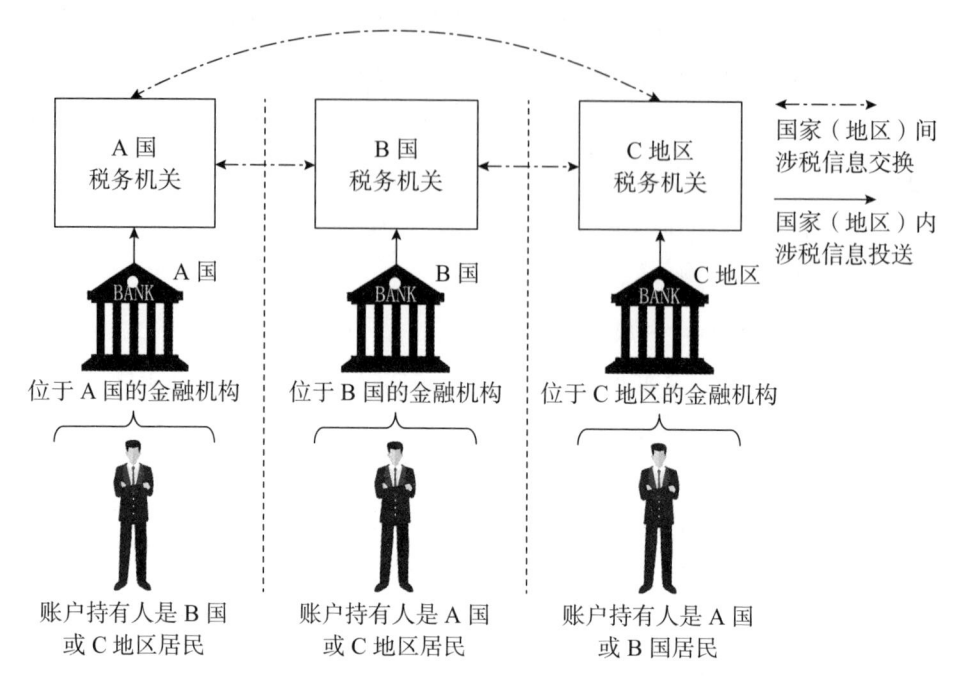

图1-5　CRS交换路径

四、CRS与信托

信托是全球资产配置的一个重要工具。近年来，信托逐渐走进人们的视野，被越来越多的高净值人士采用。在CRS的背景下，离岸信托的相关信息如何被报送，也在一定程度上影响着离岸信托的选择、设计与发展。

（一）信托的CRS定性

信托，作为一种法律安排或传承工具，其在CRS下是"机构"，而不是

[①] 参见国家税务总局网站，http://www.chinatax.gov.cn/aeoi_index.html，最后访问时间：2023年1月30日。

"个人"。根据CRS的分类标准，它可能是金融机构或者非金融机构。非金融机构根据其经营行为分为积极非金融机构和消极非金融机构。

1. 信托可能属于金融机构

当信托被定义为金融机构时，考察四大类金融机构——存款机构、托管机构、特定保险机构、投资机构，其中与信托最为接近的是"投资机构"。投资机构主要分为三类：业务类投资机构、被管理投资机构、投资目的类投资机构。业务类投资机构是指其业务主要是代客户从事买卖货币市场工具、外汇交易、可转让证券交易、单一或集合类投资组合管理、代表其他人对金融资产进行投资和管理等业务。其近三个会计年度总收入的50%来自上述活动。被管理投资机构需要满足两项测试："收入测试"和"被管理测试"。其中，收入测试是指近三个会计年度总收入的50%来自投资、再投资、买卖金融资产。被管理测试是指该信托被另外一家金融机构管理。"管理"指代其进行上述业务类的投资活动。若管理机构对该信托的资产管理没有全部或部分的任意授权，该测试就无法通过。[①] 投资目的类投资机构主要为其设立的目的是进行金融资产的投资，如私募股权基金、风险投资基金。三类投资实体经过比较，信托可能被认定为"被管理投资机构"。首先，信托通常是由受托人（信托公司）进行管理，一般满足"被管理测试"；其次，判断其收入来源，若满足"收入测试"，信托即为投资机构。在CRS下判断其收入来源时，需要考虑其直接收入来源，而不是像离岸中心FATCA实施法规规定的考虑其最终来源。如图1-6所示，信托持有一个BVI[②]公司的股权，BVI公司只持有某套房产，虽然最终的收入来源于房产，但由于直接来源是BVI公司股权，属于金融资产，则该信托就满足"收入测试"。

[①] 参见《CRS文本释义》第8节第17段，转引自燕彬：《认识FATCA和CRS涉税信息交换与全球资产透明全指引》，法律出版社2018年版。

[②] 即英属维尔京群岛。

```
        信托
         ↓
       BVI 公司
         ↓
        某房产
```

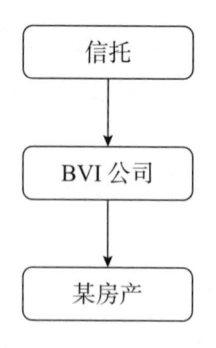

图1-6 某信托架构

信托若被认定为是投资机构，则属于金融机构，其自身有 CRS 信息报送义务。但实践过程中，通常采用简化的报送方式——受托人报送或第三方服务商报送。此种信托的受托人是报送金融机构，由受托人报送该信托的相关信息，该种信托通常称为受托人背书信托（Trustee Documented Trust，TDT）。此外，也可以委托第三方服务商进行 CRS 报送，但最终的责任仍由信托（通常为受托人）承担。[①]

2. 信托可能属于非金融机构

如果信托不是金融机构，则其作为非金融实体（NFE），可能是积极非金融实体（Active NFE），也可能是消极非金融实体。信托被认定为积极非金融实体的情况比较少见，主要是慈善信托或贸易信托。慈善信托是指以慈善为目的的非营利性公益信托。贸易信托是指该信托在上一个公历年度或其他申报期限内，所获得的被动收入少于总收入的 50%，并且在此期间所持有的、能够产生被动收入的资产少于总资产的 50%。如果信托不是积极非金融实体，它就是消极非金融实体。信托若为消极非金融实体（Passive NFE），其本身并无 CRS 信息报送的义务，但若在其他金融机构开设账户，该信托作为账户持有人，其相关的信息也会被开户金融机构报送。

不论信托在 CRS 下是金融机构还是消极非金融实体，其账户的相关信息都将被受托人（信托公司）报送。

[①] 参见《CRS 文本释义》第 8 节第 55 段，转引自燕彬：《认识 FATCA 和 CRS 涉税信息交换与全球资产透明全指引》，法律出版社 2018 年版。

（二）信托被报送的信息

信托作为金融机构（投资机构）或消极非金融实体，其可能被报送的信息主要包括三类：账户持有人的身份识别信息、账户识别信息和账户财务信息。其中，账户持有人的身份信息包括姓名、地址、税务居民国、纳税识别号、出生日期及地点；账户识别信息包括账户号码、信托名称等；账户财务信息包括账户余额及收入等。

需要被报送的账户持有人主要是指委托人、受托人、受益人、信托保护人（如有）。信托为金融机构时，若其委托人和保护人是实际控制人，才会被报送；信托为消极非金融实体时，其受托人和信托保护人直接作为实际控制人被报送。

但需要注意的是，账户持有人为"机构"时，不论该信托是金融机构，还是消极非金融实体，都须"穿透"该账户持有人，将其实际控制人当作该信托的账户持有人。

对于可能从信托取得任意分配的受益人，只有当其在公历年度内或信息报送期间内实际取得信托分配的收益时，才能视其为信托受益人。如果信托的某个任意受益人在某年取得了信托分配的收益，但是次年却未取得，只要受益人没有被永久性地排除在信托分配范围之外，未分配收益就不能构成账户注销，仍需报送。

◆【案例1-3分析】

第一层信托：

持牌信托公司持有的目的信托仅为持股功能，也不进行投资、再投资、金融资产交易，所以该信托不是报送金融机构，应视为消极非金融实体，因此目的信托本身没有CRS报送义务。但持牌信托公司本身是报送金融机构，应对该目的信托的金融账户的余额或价值和当年收入总额进行CRS信息交换。

第二层信托：

对于PTC本身是否属于金融机构，由于各国对于PTC的法律规定并不相同，因此在实践中这个问题存在较大争议，OECD也并没有对此进行统一的规定。但该案例中PTC作为受托人管理全权信托，其仅负责持有控股公司和将收益分配给受益人，此处PTC一般不被认定为金融机构。因此，此案例中的全权信托并不是被金融机构管理，不满足"被管理测试"，所以该全权信托不是金融机构（投资实体），是消极非金融实体。如果经过全权信托的开户银行审查，全权信托符合消极非金融实体的条件且有其他国家地区的税务居民控制人，开户银行有该金融账户的报送义务。该信托的开户银行会报送信托金融账户余额或价值和汇入总额。每个其他国家（地区）的控制人都按照前述项目全额报送，报送至控制人税务居民所在地税务机关，该信托控制人至少包括委托人（贾总）、受益人（贾总指定的人）、保护人（贾总指定的人）和其他实施最终有效控制的自然人（如PTC的董事）。

第三节　相关国家（地区）的反避税法律制度形成与发展

一、英国的反避税法律制度

（一）判例法上的反避税规则

英国早期并无成文、系统的反避税规则，其反避税规则多散见于各个判例之中。其中，较为出名且被广为引用的是IBC v. Duke of Westminster（以下简称公爵案）和IRC v. Raysam（以下简称Raysam案）。

◆【案例1-4】公爵案[①]

1936年，英国第二任Duke of Westminster（以下简称公爵）通过合同的形式将支付给园丁的工资转换成年金，按照当时的税法，年金是允许公爵税前扣除的，但工资不能税前扣除。税务局质疑公爵的安排等同于避税，不允许他扣除。公爵不服，将税务局长告上了法庭。初审和上诉法院判决不一致，

[①] 王文钦：《英国判例法上反避税政策的演变》，载《中外法学》1999年第1期。

官司一直打到当时的最高法院上议院。上议院多数法官判定公爵胜诉。当时，上议院的法官认为：将公爵发放的年金视为工资进行征税，属于"类推征税"，超出了税法规范文义，赋予所猜想的税法规范背后的理由以法律效力。在可能的情况下，每个人都有权利安排自己的事务，并依据相应的法律减少自己的税款。如果他成功地通过安排实现了这一结果，不论税务局局长或其他纳税人多么不认同，也不能强迫其缴纳另外的税款。该判例的判决概括起来就是"形式重于实质"。其忽略了税法的公平性，更注重追求税法的稳定性。该判例倡导不干预避税行为，打开了税收筹划的大门，形成了税务顾问行业，税务顾问寻找法律的漏洞，运用税收规范的不足或不明确，通过各种法律工具（如公司、信托、合同）的使用将同样的商业目的通过不同的法律工具实现，从而达到避税的目的。

◆【案例1-5】Raysam案[①]

1982年，英国上议院在Raysam案中作出了一个完全颠覆公爵案的判决。案件是这样的：Raysam公司打算出售其拥有的一个农场，但是按照当时的税法规定，Raysam公司需要就其出售农场的收益缴纳资本利得税。为了规避前述税款的缴纳，Raysam公司通过专业的税务顾问设计了一系列的安排。首先，Raysam公司向C公司购买股票，同日，又借给C公司两笔款，约定利率为11%。双方在借款合同中约定：Raysam公司可以将其中一笔借款的利率降低，然后将降低的利率加于另一笔借款之上。一段时间后，Raysam公司将一笔借款的利率变为0%，将另一笔借款的利率变为22%。同日，Raysam公司将高利率的债权转让给第三方，获取利益，根据当时的税法，转让债权所获的收益免缴资本利得税。一段时间后，C公司如数偿还0利率的借款。但C公司的股票价格因为借款而大幅下跌。这样，就运用了C公司的股票价格亏损来抵销农场出售所获的收益。经过这样的一系列安排，Raysam公司成功对农场出售所获收益的税负进行了规避，达到了避税的目的。上议院认为，如果一项交易安排了人为的步骤，且除了节税外没有其他商业目的，就应从整体上否定

---

① 王文钦：《英国判例法上反避税政策的演变》，载《中外法学》1999年第1期。

这一系列交易在税收上的合法性，对整体的交易结果征税。该判例的判决概括起来就是"实质重于形式"。Raysam案开启了英国反避税的先例，该案例奠定了司法反避税的基础。

（二）一般反避税规则（GAAR）

英国成文的一般反避税规则（General Anti-abuse Rule, GAAR）最早出现在2013年英国《金融法》第五部分。该部分第206条明确一般反避税规则适用于所得税、公司税、资本利得税、遗产税、印花税、石油税等税种。第207条明确了"滥用税收安排"的含义。"税收安排"指的是如果在考虑到所有情况后，有理由得出结论认为，获得税收优惠是主要目的或主要目的之一的安排。当一个税收安排同时满足以下三个条件后，即视为"滥用"：第一，这些安排的实质性结果是否符合这些规定所依据的任何原则（不论是明示的还是默示的）以及这些规定的政策目标；第二，实现这些结果的手段是否涉及一个或多个人为或不正常的步骤；第三，这些安排是否旨在利用这些规定中的任何不足。第209条规定，若这些安排被视为"滥用税收安排"，则这些安排所产生的税收利益将通过调整加以抵销。① 2016年新修订的《金融法》也对该规则进行了修改。

基于一般反避税规则，英国于2014年1月22日颁布了《一般反避税规则指南》。经过多次修订，2020年9月英国税务海关总署（Her Majesty's Revenue and Customs, HMRC）又颁布了新修订的《一般反避税规则指南》（以下简称《指南》）。最新的《指南》共包含A、B、C、D、E五部分。A部分主要规定该指南的目的和地位；B部分主要规定GAAR设计的主要目的和运作方式；C部分主要规定了具体点（包含对"税收安排""滥用"等的界定）；D部分主要通过举例的形式阐述了GAAR运用于各个税种；E部分主要规定了GAAR的程序。②

---

① 英国2013年《金融法》，https://www.legislation.gov.uk/ukpga/2013/29/part/5/enacted，最后访问时间：2021年3月24日。

② 参见英国政府网站，英国一般反避税规则，https://www.gov.uk/government/publications/tax-avoidance-general-anti-abuse-rules，最后访问时间：2021年3月24日。

（三）针对性反避税规则（TAAR）

除了GAAR，英国还制定了有针对性的反避税规则（Targeted Anti-Avoidance Rule，TAAR）。TAAR涉及领域广泛，当发现某些方面存在漏洞，可能会被利用于实施违背法律精神的避税时，即可建立相关的有针对性反避税规则。例如：当银行通过税收安排转移受控外国公司（Controlled Foreign Corporation，CFC）的利润而减少税收，HMRC均会否定有关安排的效力，以致银行在应课税会计期内的附加费利润，须视为假如有关的转账不发生，该公司便会获得的额外利润。[①] 又例如：关闭公司是为了让参与者或联营者获得"税收优惠"，该税收安排就被视为"避税安排"。[②]

（四）避税方案披露规则（DOTAS）

2018年1月1日生效的《避税方案披露：增值税和其他间接税》（*The Disclosure of Tax Avoidance Schemes：VAT and Other Indirect Taxes*，DASVOIT）。DASVOIT适用于2018年1月1日或之后使用的安排，DASVOIT披露的主要责任都落在了安排的发起人身上，但是在下列情况下，使用该安排的人必须披露：第一，有一个非英国的发起人没有披露；第二，律师由于法律专业特权而无法披露；第三，没有发起者。这些安排需要满足以下特征：第一，安排使一个人能够或可能被期望获得税收优惠；第二，安排的主要目的或主要目的之一是获得税收利益。如果任何人没有根据DASVOIT披露避税安排（包含没有披露、未按规定的形式和方式披露、没有在规定时限内披露），将可能面临处罚。若第一级审裁处认为立法规定的最高罚款额不足，则可将罚款增加至100万英镑。[③]

此外，针对直接税如所得税、公司税、资本利得税，HMRC也制定了《避税方案披露指南》。其中，第四节规定了安排是否被视为避税方案的判断程序，

---

① 参见英国政府网站，BKM 406100–银行附加费：针对性的反避税规则，https://www.gov.uk/hmrc-internal-manuals/banking-manual/bkm406100，最后访问时间：2021年3月24日。
② 参见英国政府网站，CTM 61575–关闭公司：给予参与者利益的安排，https://www.gov.uk/hmrc-internal-manuals/company-taxation-manual/ctm61575，最后访问时间：2021年3月24日。
③ 参见英国政府网站，避税方案的披露，https://www.gov.uk/guidance/disclosure-of-tax-avoidance-schemes-overview，最后访问时间：2023年2月11日。

主要通过是否实际获得了所得税、公司税、资本利得税,是否预期获得这些利益等特点进行判断。

因此,DOTAS的存在使HMRC可以及时知晓纳税人是否实施了避税安排,可以对其进行审查,必要时也可以终止这些安排。

二、美国的反避税法律制度

与英国不同,美国一直积极进行反避税。美国的反避税法律制度除本章前述的FATCA外,散见于各判例之中。其中最为出名的反避税判例是1935年美国最高法院的Gregory v. Helvering案。

◆【案例1-6】Gregory v. Helvering案

如图1-7所示,美国纳税人Gregory女士(以下简称G女士)100%持有United公司(以下简称U公司)的股权。而U公司又持有Monitor证券公司(以下简称M公司)的1 000股股票。现G女士打算将其间接持有的M公司的股票出售。按照当时的税法规定,U公司出售此1 000股股票,需要缴纳公司所得税。G女士获得U公司股票转让收入,需要以分红的形式获取,按照当时的税法规定需要就该股息缴纳个人所得税。

```
         G女士
           │
      100% 持有
           ↓
         U公司
           │
     持有1 000股股票
           ↓
         M公司
```

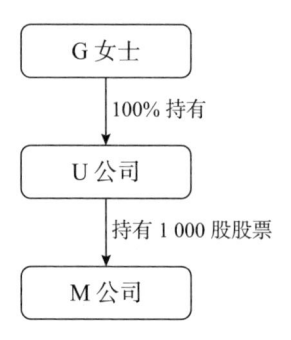

图1-7　G女士持有股权

为了减轻税负,经过专业人士的设计,G女士进行了一系列的安排。如图1-8所示,G女士先创设了Averill公司(以下简称A公司)。三天后,U公司将其持有的1 000股股票转让给A公司。根据当时的税法第112条第g款的规定,该转让属重组行为,可享受免税待遇。三天后,G女士解散了A公司,并将A公司的资产(1 000股股票)分配给自己。按照当时的税法规定,G女士需要缴纳税率较低的资本利得税。在同一天,G女士将A公司的股票转让给第三方。该转让行为是平价转让,并无所得产生,因为其在核算清算所得时,已将股票按照市价进行计算了。

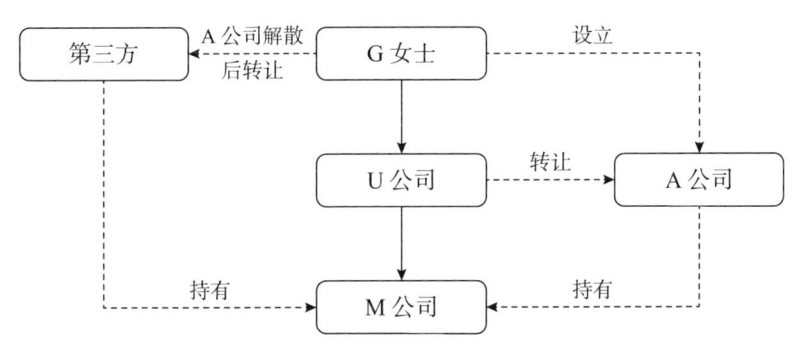

图1-8 G女士税务筹划路径

G女士的操作被税务局认为是缺乏商业目的的避税安排,而被纳税调整。该一系列安排中A公司的存续时间总共也不到半个月。美国最高法院在该判例的判决中论述到"一项没有任何商业或者企业目的的运作仅仅是一个工具,利用公司重组作为幌子来掩盖其真实的性质,并且其唯一的目的和结果是完成预期的计划,并非对业务进行重组,而是将公司的一部分股份转移给上诉人。当然,毫无疑问地,一个新的且合法的公司的确成立了。但该公司直至最后也仅是一个工具,没有其他任何目的,其仅仅起到了一开始就已经计划好的作用。当该仅有的作用被达到之后,该公司便消亡了"。该判例确立了"商业目的"的判定原则,开创了美国反避税的先河。当满足下列两个条件时,一项税收安排将被税务机关否定,进行纳税调整:第一,主观上,纳税进行交易安排是为了获取税收利益,而不是为了其他的商业目的;第二,客观上,交易安排缺乏经济实质。而后续经过一系列判例,美国的反避税规则逐步确立。2010年3月,最终形成了《美国国内税收法典》第7701条第O款的规定,"一项安排被视为拥有经济实质:第一,交易使纳税人的经济地位发生了有意义的改变（税收除外）；第二，纳税人从事该交易具有获取税收利益外的其他实质目的"。[①]美国的一般反避税规则的立法由此产生。

三、我国台湾地区的反避税法律制度

我国台湾地区为了解决由于税法规范不足或不明确引发的税收争议，为了打击利用税法规范不足或不明确进行避税的行为，制定了相关的反避税条款。

（一）一般反避税条款

2009年5月，新修订的"台湾税捐稽征法"第12条之一规定："涉及租税事项之法律，其解释应本于租税法律主义之精神，依各该法律之立法目的，衡酌经济上之意义及实质课税之公平原则为之。税捐稽征机关认定课征租税之构成要件事实时，应以实质经济事实关系及其所生实质经济利益之归属与享有为依据。前项课征租税构成要件事实之认定，税捐稽征机关就其事实有举证之责任。"该条款被称为台湾的"一般反避税条款"，是在已有法律原则的基础上进一步的明确化，首次将实质课税原则明确化，为税务稽征机关打击避税行为提供援引的依据。并且由于该规定是在已有原则的基础上的进一步明确化，所以也适用于2009年5月之前的避税行为。

该反避税条款经过四年的适用，被纳税人认为税务稽征机关可以随意使用，损害纳税人利益，难以实现税收公平。于是，2013年5月，"台湾税捐稽征法"再次修订，在已有规定的基础上进一步细化，其第12条之一第3项规定："纳税义务人基于获得租税利益，违背税法之立法目的，滥用法律形式，规避租税构成要件之该当，以达成与交易常规相当之经济效果，为租税规避。"第6项规定："税捐稽征机关查明纳税义务人及交易之相对人或关系人

[①] 参见《美国国内税收法典》第7701条，https://www.law.cornell.edu/uscode/text/26/7701，最后访问时间：2021年3月24日。

有第2项或第3项情事者，为正确计算应纳税额，得按交易常规或依查得资料依各税法规定予以调整。"

一般反避税条款的进一步细化，对"租税规避"（避税）行为进一步明确，即纳税义务人具有获得税收利益的主观目的（主观要件），客观上有滥用法律形式避税的行为并获得税收利益（客观要件）。若纳税义务人发生避税行为，需要被税务稽征机关按照交易常规纳税调整。原有的规定"以实质经济事实关系及其所生实质经济利益之归属与享有为依据"，法如果欠缺目的性思考，税法适用、课税事实认定很容易导向所谓"自由游荡的经济感情法学"，成为恣意课税的借口，有学者甚至悲观地认为，在与日俱增的财政压力之下，税法将不断地干涉私法领域，私法反倒丧失了自身空间。①

（二）特殊反避税条款

此外，在不同的税种的"立法"中，我国台湾地区也制定了特殊的反避税条款。例如，"台湾所得税法"第66条之八规定："个人或营利事业与台湾境内外其他个人或营利事业、教育、文化、公益、慈善机关或团体相互间，如有藉股权之移转或其他虚伪之安排，不当为他人或自己规避或减少纳税义务者，稽征机关为正确计算相关纳税义务人之应纳税额，得报经台湾财政部核准，依查得资料，按实际应分配或应获配之股利、盈余或可扣抵税额予以调整。"简言之，通过股权转让或其他虚假安排，为自己或他人获得税收利益，将被税务稽征机关纳税调整。

◆【案例1-7】A公司通过股权安排避税案

如图1-9所示，中国台湾的甲先生持有三家中国香港公司A、B、C，然后由三家中国香港公司投资设立内地的D公司。甲先生还在中国台湾持有E公司的股权，E公司在BVI设立全资子公司。现甲先生将自己所持的三家中国香港公司的股权以每股1元港币的价格转让给BVI公司。税务机关认为，甲先

---

① 黄士洲：《一般反避税立法实践的比较研究——以中国台湾地区、日本与德国税法相关规定与实例为主线》，载《交大法学》2015年第1期。

生通过不合常理的低价股权转让安排,将来自内地的潜在8亿元利润转让给BVI公司,应该向税务机关申报纳税。

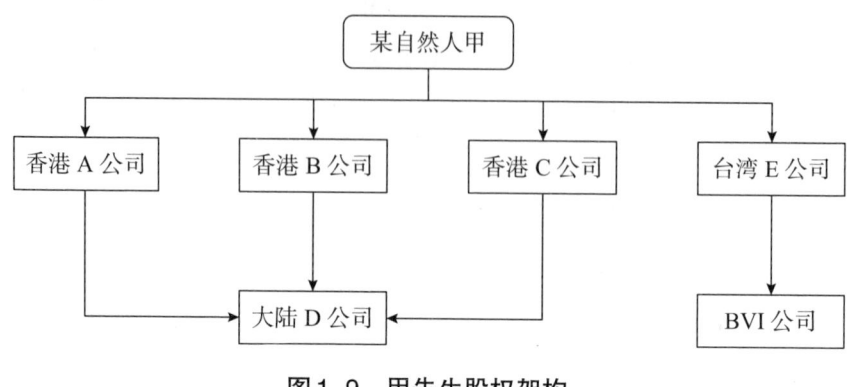

图1-9 甲先生股权架构

BVI作为避税天堂,无所得税等税收负担。甲先生通过低价将中国香港公司的股权转让给BVI公司,客观上将本应分配回中国台湾的利润截留在外,同时低价转让股权的行为也使股权转让收入减少,从而不在中国台湾缴纳股权转让的所得税。因此,其低价转让股权的行为,属于借股权之移转为自己减少纳税义务,被税务机关认定为避税行为,进行纳税调整。

四、我国香港特区的反避税法律制度

在"一国两制"原则下,中国香港特区政府有权就在中国香港征收的税种、税率、税收减免以及其他相关事项包括反避税制度制定税收法律。我国香港特区的反避税法律制度同其他法律制度一样,与英国立法较为相似,也深受Raysam案的影响。

中国香港的税收基本法律——《税务条例》一直以来包含较少反避税条款。但是,随着避税行为的发生,《税务条例》也逐渐引入了反避税条款。最早的反避税条款是1947年加入《税务条例》的第61条,该条规定:"凡评税主任认为,导致或会导致任何人的应缴税款减少的任何交易是虚假或虚构的,或认为任何产权处置事实上并无实行,则评税主任可不理会该项交易或产权处置，而该名有关的人须据此而被评税。"①但是该条款对于何为"虚假"或"虚构"并无界定的标准，后来的 CIR v. Douglas Henry Howe（Howe）一案对其进行了界定。由于该条款只适用于"虚假"或"虚构"交易，适用范围有限。而随着税务筹划变得日益复杂，《税务条例》第61条的不足逐渐显示出来。于是，中国香港引入了针对租赁、亏损公司、收购和使用知识产权、利息扣除和有限合伙业务亏损的特定反避税条款，并引入一条新的、较为全面的一般反避税条款——第61A条，以堵塞税收法律的漏洞。第61A条认为，"订立或实行该项交易的人或该等人之一订立或实行该项交易的唯一或主要目的，是使有关人士单独或连同其他人能够获得税项利益"。确立了避税交易的三个条件：第一，存在一项交易；第二，可以获取税收利益；第三，唯一或主要目的是获取税收利益。为解释和说明如何适用反避税条文，中国香港税务局制定并颁布了《税务条例释义及执行指引》（以下简称《指引》）第15号。该《指引》主要说明纳税人应提供的资料、税务局在某些情况下的实际做法，或概括出税务局对某一法律条文的理解。指引本身不具有法律约束力。②

经过对前述相关国家或地区的反避税法律制度的考察分析可知，许多国家或地区都通过反避税立法的形式大力打击利用税法不明确或不足进行避税的行为，并且在实践中逐渐发展完善。同时也提醒家族在进行合法的税收规划时，一定要考虑反避税条款，避免因不具有合理商业目的的安排被认定为避税行为。

第四节 BEPS行动

◆【案例1-8】

A公司为甲国境内的居民企业，其拥有中国香港B公司90%的股权，中国香港B公司通过经营获得收入，但长期不向A公司分配股息，这样的商业安排通常

---

① 参见中国香港《税务条例》，https://www.elegislation.gov.hk/hk/cap112!en-sc?INDEX_CS=N&xpid=ID_1438402584105_002，最后访问时间：2023年1月24日。

② 许炎：《香港一般反避税规则简述》，载《国际税收》2013年第10期。

会存在怎样的税务风险呢？若A公司与B公司于2022年发生一笔交易，正常市价是每件200美元，但由于A公司和B公司的特殊关系，这笔交易的单价是150美元，此笔交易会被纳税调整吗？这个案例所涉及问题的解决要从BEPS行动说起。

一、BEPS行动是什么？

BEPS全称是"Base Erosion and Profit Shifting"，即"税基侵蚀与利润转移"的英文缩写。BEPS通常指跨国经营的企业利用国际税收规则存在的不足或不完整，以及不同国家和地区的税制差异和征管漏洞，人为地将利润由高税率地区向低（无）税率地区转移，从而最大限度地（甚至在旧体制下合法地）避税，甚至达到双重不征税的效果，造成对各国税基的侵蚀。BEPS行动主要是在OECD和20国集团BEPS项目的背景下制定的，为各国政府提供了处理避税问题的国内和国际规则、文书，确保在从事产生利润的经济活动和创造价值的情况下对利润征税。

二、BEPS行动的发展与意义

在经济全球化时代，很多企业选择走出国门，在全球投资发展。但也存在企业利用国际间税收差异，将其利润从高税收国家或地区转移到低税收国家或地区，来逃避高税负的承担，甚至达到不纳税的目的。根据OECD统计，全球每年有4%至10%的企业所得税因跨境逃避税流失，每年税收损失约为1 000亿至2 400亿美元。[①]企业在国际上开展业务，各国政府必须共同行动，解决此类逃避税的问题，恢复对国内和国际税收体系的信任。

2008年金融危机爆发后，20国集团将税收列为首要议题，并领导了打击逃税和避税的斗争。应20国集团的委托，OECD主要从企业入手，于2013年

---

① 参见经济合作与发展组织网站，BEPS行动，https://www.oecd.org/tax/beps/beps-actions/，最后访问时间：2023年1月28日。

7月启动BEPS行动计划。2015年10月，OECD发布了BEPS的全部十五项行动计划，以解决避税问题，提高国际税收规则的一致性，并确保税务环境更加透明。截至2019年12月，OECD/20国集团关于BEPS的包容性框架汇集了137个的国家和管辖区，就实施BEPS一揽子计划进行合作。国际组织或区域性税务组织有14个，可以在包容性框架内充当观察员，在执行BEPS成果方面进行更加协调和有针对性的能力建设。对于发展中国家来说，它们更依赖企业所得税的税收，尤其是跨国企业的所得税。而BEPS行动的十五项计划，除第一项行动计划——《应对数字经济的税收挑战》的解决方案就增值税问题提出建议外，其余十四项行动计划主要涉及所得税。因此，BEPS行动计划对发展中国家的税收具有更加重要的意义。BEPS行动计划的出台，标志着百年来国际税收体系的第一次根本性变革取得了重大成功。国际税收规则的重构，多边税收合作的开展，有利于避免因各国采取单边行动造成对跨国公司的双重征税、双重不征税以及对国际经济复苏的伤害。

近年来，随着"一带一路"倡议的深入推进，我国从单一的资本输入大国向兼具资本输入大国与资本输出大国双重身份转变。据商务部、外汇局统计，2023年1—4月，我国全行业对外直接投资3619亿元人民币，同比增长26.1%（折合527.8亿美元，同比增长17.1%）。其中，我国境内投资者共对全球147个国家和地区的3379家境外企业进行了非金融类直接投资，累计投资2892.9亿元人民币，同比增长26.6%（折合421.9亿美元，同比增长17.6%）。[①]近年来，我国的主要资本输出地为中国香港、英属维京群岛、开曼群岛等。BEPS行动计划对于我国防止资本输出造成的税收流失具有极大的作用。

三、BEPS行动的主要内容

BEPS行动计划的十五项行动计划包括：第一项，应对数字经济的税收

---

① 参见中国商务部网站，http://www.mofcom.gov.cn/article/tongjiziliao/dgzz/202305/20230503411986.shtml，最后访问时间：2023年5月26日。

挑战；第二项，消除混合错配安排的影响；第三项，制定有效受控外国公司规则（CFC规则）；第四项，对利用利息扣除和其他款项支付实现的税基侵蚀予以限制；第五项，考虑透明度和实质性，有效打击有害税收实践；第六项，防止税收协定优惠的不当授予；第七项，防止人为规避构成常设机构；第八项，无形资产转让定价指南；第九项，风险与资本；第十项，其他高风险交易；第十一项，衡量和监控BEPS；第十二项，强制披露规则；第十三项，转让定价文档和国别报告；第十四项，使争议解决机制更有效；第十五项，开发用于修订双边税收协定的多边协议。由于篇幅所限，本节将着重介绍转让定价规则和CFC规则。

（一）转让定价规则

随着经济全球化的进程不断加快，全球范围内的集团内部贸易飞速增长。转让定价规则主要用于从税务角度确定跨国企业集团内部交易的条件（包括价格），以便在各个国家的集团成员间进行利润分配。随着集团内部贸易量和金额的不断增长，转让定价规则对企业和税收管理的影响日益凸显。BEPS行动计划指出，有关转让定价规则的国际现行准则如被不当使用，会导致利润分配与产生利润的经济活动不相匹配。BEPS行动计划第八至十项行动计划的工作针对这一问题提出了相关方案，以确保转让定价结果与价值创造相匹配。

BEPS行动计划中有关转让定价的工作主要关注三大领域。由于对重大无形资产产生的利润不当分配会导致税基侵蚀和利润转移，第八项行动计划重点审视了与无形资产相关的转让定价问题。第九项行动计划考量了合同约定的风险分配及相应的利润分配，这样的分配结果可能与实际开展的利润创造活动并不相符；此外，该行动计划还探讨了资本充足的跨国企业集团成员提供资金所获得的回报与其从事的经济活动不匹配的问题。第十项行动计划则侧重于其他高风险领域，包括不具备商业合理性交易的利润分配（交易重新定性）、利用转让定价方法使跨国企业集团的利润分配与其重要经济活动脱节，以及跨国企业集团成员间会造成税基侵蚀且无法与价值创造相匹配的某些款项支付方式（如管理费用和总部费用）的认定。

转让定价是跨国公司内部机构之间或关联企业之间的内部交易价格制定问题。常见的内部交易类型包括：有形资产的购销、转让和使用，提供劳务，无形资产的转让和使用，融通资金。针对不同类型和具体交易情况，可以选择不同的转让定价方法，但一般应遵循"独立交易原则"。根据《OECD转让定价指南》，在判断企业与其关联方之间的业务往来是否符合独立交易原则时，强调将关联交易定价或利润水平与可比情形下不存在关联交易的交易定价和利润水平进行比较，如果存在差异，就说明因为关联交易的存在而导致企业没有遵循独立交易原则。

◆【案例1-9】宁波转让定价反避税案

2016年宁波税务局查获一起利用关联交易转让定价的避税案。所涉跨国公司于1993年在宁波市设立A外资企业。2013年7月，市税务机关的税务人员在A企业同期资料审核中，发现该企业销售规模逐年扩大，特别是自2009年下半年新项目投产后，年销售规模从2.7亿元跃升至10亿元，且呈稳步增长态势。但与之形成鲜明对比的是，企业的经营业绩维持长期微利，不符合企业实际经营情况。另外，从关联交易比例来看，2009—2013年，该公司的关联交易占全部销售收入的比例高达99.72%，存在避税操作可能。税务机关启动转让定价调查程序，经过全面数据分析和信息搜集，发现该企业境外关联交易的某项利润率仅为1.76%，明显低于宁波市电子元器件行业平均5.89%的数值。该企业通过关联交易不合理的定价政策将大量利润转移至境外集团。最终，税务机关要求其补纳企业所得税4 209万元，加收利息829万元，合计5 038万元。

（二）CFC规则

CFC规则和转让定价规则都关注关联企业间的收入，CFC规则通常作为转让定价的补充存在。转让定价通常基于事实和情况分析，主要关注关联企业间支付的价格。通常情况下，转让定价规则先于CFC规则适用。

拥有外国子公司控制权的纳税人可以将其居民国或在特定情况下其他国

家的税基转移至一家受控外国公司（CFC）。若该受控外国公司位于境外低税收的国家和地区，该纳税人就可通过此种手段避税或递延纳税。CFC规则正是用于应对此类风险。CFC规则会根据部分或全部子公司的部分或全部收入来对母公司征税。若被认定为CFC，该CFC的特定收入会被视为纳税人的收入，对其在母管辖区征税。如果没有CFC规则，受控外国公司将会为利润转移及长期纳税递延提供便利。在大多数国家，CFC规则通常被用于防止企业从母管辖区转移收入。

CFC判定的难点在于"控制"，通常采用"法律控制""经济控制"和"实质控制"三个标准进行判断。"法律控制"通常着眼于一个居民企业在其子公司的持股比例，该持股比例可以决定其在子公司的表决权。法律控制是一种相对比较容易被税务机关和纳税人运用的机械测试，它能反映出这样一个事实，即足够多的投票权应当能使居民企业有权选举董事会或类似对外国实体负有监管职能的组织机构，以确保一个CFC按照指示行动。"经济控制"着眼于对利润享有的权利，当公司处于某些特定的情形比如关停或者清算时，也会考虑对于注册资本、资产的权利。即使居民企业并不持有大多数股份，其仍然可以通过对目标公司的潜在价值享有权利这一方式来实现对目标公司的控制。这个权利可能来自处置一家企业股权或是关闭一家企业时对股权或资产处置的所得所享有的权益，也可能包括除处置和解散之外对所分配的利润所享有的权利。经济控制着重于能被客观评估的事实，也是一个相对机械的测试。实质控制是指从股份、资金、经营等综合的角度来判断是否属于"控制"。

我国的CFC判断一定程度上体现了实质控制的标准。《企业所得税法》第45条规定，由居民企业，或者由居民企业和中国居民控制的设立在实际税负明显低于本法第4条第1款规定税率水平的国家（地区）的企业，并非由于合理的经营需要而对利润不作分配或者减少分配的，上述利润中应归属于该居民企业的部分，应当计入该居民企业的当期收入。《企业所得税法实施条例》第117条规定："企业所得税法第四十五条所称控制，包括：（一）居民企业或者中国居民直接或者间接单一持有外国企业10%以上有表决权股份，且由其共同持有该外国企业50%以上股份；（二）居民企业，或者居民企业和中国居民持股比例没有达到第（一）项规定的标准，但在股份、资金、经营、购销等方面对该外国企业构成实质控制。"通过前述的规定可知，我国CFC"控制"采用两个标准："法律控制"和"实质控制"。前述《企业所得税法实施条例》第117条第2项指的就是"实质控制"。

◆【案例1-10】

苏州工业园区地税局检查人员在梳理企业报送的对外投资受控企业信息报告时发现，A投资公司于2006年9月在我国香港地区设立全资子公司B公司，但B公司一直未实现盈利。从2014年起，B公司开始扭亏为盈，并在2015年年底获得净利润3 115.6万元，但该企业却并未进行利润分配，检查人员对这一情况十分重视。

综合A公司与其中国香港B公司的情况和报告中的数据，检查人员判断A公司涉嫌通过在低税率地区（中国香港）设立受控企业的方式，将大额利润留存在受控企业，以达到整体避税的目的。为此，苏州工业园区地税局成立专项工作小组，对A公司对外投资情况及账务处理进行了调查。

经调查，税务机关认为B公司符合CFC构成要件。B公司不作分配的利润应视同股息分配额，计入A公司的年度所得额，补缴企业所得税。A公司则认为从设立地点上，需接受反避税调查的受控企业是指设立在低税率（税率低于内地企业所得税税率的一半，即低于12.5%）国家/地区的企业，B公司设立地在中国香港，而中国香港的所得税率为16.5%，不符合该要件。

结合上述我国的CFC相关法律规定，笔者认为，A投资公司属于我国的居民企业，我国香港地区的B公司属于居民企业设立的企业。B公司取得的投资收益均为来源于中国香港之外的股权转让所得，而中国香港奉行领土税收制度（在领土税制下，税收仅付给收入来源国），以上所得根本无须在中国香港缴税，其实际税负为零。B公司历年形成的未分配利润仅做挂账处理，既没有用于拓展业务也没有用于再投资，属于非合理经营需要。并且B公司被A公司全资持有，符合"法律控制"的标准。因此，B公司属于A公司的CFC。

尽管从表面上看，CFC规则适用于公司之间，但许多国家的CFC规则在特定情形下也适用于其他法律实体，如信托、合伙企业和常设机构。可通过扩大适用范围，来防止母管辖区的纳税人通过转换子公司的形式来达到避税的目的。

实践过程中，不同国家对CFC的判定标准也是不同的，具体如表1-4所示：

表1-4　CFC的判定标准

国家	判定标准
英国	法律控制：测试持股和其他法律文件来确定是否为英国居民控制CFC； 经济控制：测试是否"经济"上为英国居民控制CFC，在不满足法律控制的条件下，他们仍将拥有对CFC的活动的经济效益； 会计控制：使用母公司的会计制度来测试一个CFC是否为其子公司； 合资控制：由两个或两个以上的企业或个人控制CFC并达到一定的股份（一个居民企业通常是25%）要求。 英国居民企业在国外的分支机构不属于CFC。
美国	CFC为由美国股东持有50%或以上（按投票权或股票价值计算）股份的外国企业。其中，美国股东包括持有受控外国企业10%或以上（按投票权或股票价值计算）的美籍个人、居民、公司、合伙制企业、遗产和信托，持有的股票形式包括直接或间接持有。
加拿大	第一，受加拿大实体管理、控制的外国公司（包括股份、资金、经营、购销等方面）； 第二，加拿大公司或个人拥有外国公司：（1）拥有其全部股份；或（2）个人拥有外国公司的股份不符合独立交易原则；或（3）个人居住在加拿大，并非加拿大纳税人，拥有外国公司所有股份。
澳大利亚	一家外国企业如果满足下列任意一个条件即被认定为受控外国企业： （1）不超过五个澳大利亚实体合计拥有该外国企业至少50%的股权，且澳大利亚实体各自拥有不少于1%的股权； （2）一个澳大利亚实体持有该外国企业至少40%的股权； （3）不超过五个澳大利亚实体实际控制该外国企业，如拥有任命董事的权利。

在判断一个外国实体是CFC后，也并不是必然会适用CFC规则进行

纳税调整。它通常还有一定的豁免。主要包括三种情形：一是真实经营活动豁免，是指在CFC开展真实的经济活动时为其提供豁免，以防止CFC税制的适用损害企业的积极经营活动，降低企业竞争力。例如，欧洲法院在Cadbury Schweppes案中指出，CFC税制只能适用于不反映经济现实、完全人为安排的设立行为。如果居民公司能够提供证据证明CFC已实际设立，并且活动是真实的，则可以免于适用CFC税制。二是行业活动豁免，给予从事特定行业的CFC免于适用CFC税制的待遇，如工业生产、制造业、服务业、农业等不易发生税基侵蚀的行业。三是小额豁免，如果CFC的所得达不到规定数额，则免于适用CFC税制。除了将具体数额作为判断标准外，也可以采用利润率作为判断标准。例如，欧盟反避税指令规定，在一个纳税年度内，如果CFC会计利润不超过750 000欧元且其非交易所得不超过75 000欧元，或其利润额不超过营业费用的10%，则可以适用豁免规则。[①]

◆【案例1-8分析】

根据甲国的CFC规则，B公司是A公司的CFC。B公司长期不向A公司分配股息，A公司在未获取股息的情形下，无须向甲国纳税。这样的商业安排，导致A公司利润减少，侵蚀A公司的税基，减少甲国的税收收入。这时，甲国税务机关会根据CFC规则，认定将B公司的收入应分配给A公司的部分，视为A公司的收入进行征税。对于2019年A公司和B公司之间的交易，因为关联关系的存在，导致每件交易价格降低50美元，这笔交易的交易价格可能会被税务机关按照转让定价规则重新定价，进行征税。

---

① 陈镜先、孙奕：《受控外国公司税制的最新发展与经验借鉴》，载《国际税收》2021年第5期。

第二章　中国反避税法律制度对家族企业和个人的影响

第一节　中国反避税法律制度对家族企业的影响

一、企业避税行为与相关反避税法律制度

（一）家族企业哪些行为会被税法认为是避税行为？

根据《企业所得税法》第六章特别纳税调整及其相关规定，家族企业的以下行为可能会被认为是避税行为：（1）通过关联方交易减少纳税；（2）利用受控外国企业转移利润；（3）通过资本弱化导致企业从其关联方接受的债权性投资与权益性投资的比例超过规定标准；（4）其他不具有合理商业目的的安排，如通过避税港境外间接转让境内股权等方式。

企业的避税行为和我国税法规定的反避税方法如表2-1所示：

表2-1　企业的避税行为和我国税法规定的反避税方法

企业避税行为	基本含义	反避税方法
1.关联方交易	母公司和子公司之间、子公司与子公司之间和其他依赖关系方的交易。	关联方申报、预约定价安排、成本分摊协议。

续表

企业避税行为	基本含义	反避税方法
2.受控外国企业	由居民企业或者由居民企业和居民个人控制的设立在实际税负低于所得税法规定税率水平50%的国家（地区），并非出于合理经营需要对利润不作分配或减少分配的外国企业。	上述利润中应归属于该居民企业的部分，应当计入该居民企业的当期收入。
3.资本弱化	当权益资本小于债务资本时，即为资本弱化。	企业从其关联方接受的债权性投资与权益性投资的比例超过标准而发生的利息支出（我国是2∶1），不得在税前扣除。
4.其他不具有合理商业目的的安排	境内企业在避税港设立非居民企业但不具有合理商业目的，通过非居民企业间接转让股权。	按照《企业所得税法》第47条的规定，重新定性该间接转让交易，确认为直接转让中国居民企业股权等财产。[①]

（二）企业相关反避税法律制度

目前，我国并无专门的反避税立法，相应的反避税制度规定在我国的《企业所得税法》《税收征收管理法》等法律法规中。《税收征收管理法》第36条规定了关联企业间有关转移定价的反避税制度，且调整主体不仅包括外资企业，还包括所有的国有、私营企业在内的全部内资企业。《企业所得税法》第六章"特别纳税调整"规定了几种特殊反避税制度，包括关联企业间的转移定价反避税制度、成本分摊协议反避税制度、资本弱化反避税制度和受控外国企业反避税制度等，同时第一次在我国引入一般反避税制度，即该法第47条，弥补了应对避税行为法律存在滞后性的缺点，为法院自由裁量提供了法律依据。[②]

[①] 国家税务总局公告2015年第7号《国家税务总局关于非居民企业间接转让财产企业所得税若干问题的公告》第1条。

[②] 刘子涵：《"苹果公司避税案"评析及启示》，载《天津商务职业学院学报》2019年第5期。

二、关联方交易反避税法律制度及其影响

◆【案例2-1】母子公司关联交易补税696万元[①]

1. 母公司：该公司员工455余人，注册资本42 044万元，2010年12月在深交所A股上市。公司产品包括装饰原纸、表层耐磨纸、无纺壁纸原纸三大系列500多个花色品种，产品出口30多个国家和地区。公司采用直销的销售模式，由终端客户直接向公司下订单，公司直接将货物发给客户并与其结算。该公司2014—2016年度经营收入分别为253 504万元、234 076万元、270 230万元，企业所得税适用税率为25%。

2. 子公司：该公司是以生产装饰原纸为主业的特种纸生产企业，员工1 148余人，注册资本18 000万元，是国家火炬计划重点高新技术企业，拥有某省装饰原纸工程技术研究中心、院士工作站和14条国际先进的特种纸生产线。该公司2014—2016年经营收入分别为226 675万元、217 096万元、249 117万元，企业所得税适用税率为15%。

3. 母子公司关联交易情况：根据母子公司购销合同约定，交易数量以母公司当月销售数量作为双方的交易数量，交易价格以母公司最终售价扣除1.5%的毛利润作为双方的交易价格。

税务机关发现的避税疑点是：通过采集企业填报的关联业务往来报告表、财务报表，利用互联网收集可比企业利润水平指标，综合绘制了盈利能力指标对比表、2012—2016年中国造纸行业毛利润走势图进行疑点分析。

（1）母子公司利润水平对比：通过分析，子公司息税前营业利润率、营业利润率、毛利率三项指标均高于母公司相关指标，说明子公司的盈利能力远远大于母公司，而母公司与子公司关联销售定价毛利率仅为实际销售价格的1.5%，明显不符合独立交易原则，造成大额利润留在享受高新技术企业优惠的子公司，存在调节利润规避企业所得税的风险。

（2）与可比企业利润水平对比：利用互联网收集该省同行业A公司、B公

[①] 王禹娇、李丽、刘莉、姚书琦：《某造纸上市公司转让定价反避税案例分析》，载《国际税收》2018年第10期。

司2014—2016年利润率指标与母子公司进行对比后发现，母公司的毛利率远低于A公司、B公司，说明其盈利能力远远低于同行业企业，反映出母公司关联采购、关联销售的定价方面可能存在转让定价不合理的风险；子公司营业利润率指标高于A公司、B公司，说明子公司的盈利能力高于同行业企业。从母子公司与可比企业盈利能力对比来看，母公司盈利能力偏低，不符合经济业务实质，存在利润留存低税率的子公司，造成少缴企业所得税的风险。

（3）与同行业利润水平对比：从全国造纸行业毛利润走势图的对比分析可以看出，子公司2014年、2015年毛利率高出全国造纸行业9%左右，2016年基本持平，总体来看明显高于全国毛利率水平，存在盈利能力偏高、人为留存大额利润的风险。

（4）企业功能风险分析对比：根据企业报送的《报告企业信息表》及经主管中心所日常管理了解，母子公司经营管理与实质控制属于典型的"两套牌子，一套人马"，母公司负担行政、人事和资金等管理和服务职能及风险，同时承担市场推广及销售功能；子公司主要承担全部的生产、研发功能和部分采购功能。结合母子公司利润率指标分析，母子公司在生产经营活动中存在承担的功能风险与利润回报不匹配的风险。

最后，税务局经过调查，对纳税人按照《特别纳税调查调整及相互协商程序管理办法》（国家税务总局公告2017年第6号）规定自行进行调整补缴税款及利息。经调整，母公司分别调增2014—2016年应纳税所得额1012万元、852万元、920万元，累计调整应纳税所得额2784万元，入库企业所得税696万元，加收利息55万元。

（一）税法认定关联交易的标准[①]

企业与其他企业、组织或者个人具有下列关系之一的，构成国家税务总局公告2016年第42号规定的关联关系：

[①] 国家税务总局公告2016年第42号《国家税务总局关于完善关联申报和同期资料管理有关事项的公告》第2条。

（1）股权关系：一方直接或者间接持有另一方的股份总和达到25%以上；双方直接或者间接同为第三方所持有的股份达到25%以上。

如果一方通过中间方对另一方间接持有股份，只要其对中间方持股比例达到25%以上，则其对另一方的持股比例按照中间方对另一方的持股比例计算。两个以上具有夫妻、直系血亲、兄弟姐妹以及其他抚养、赡养关系的自然人共同持股同一企业，持股比例合并计算。

（2）资金借贷关系：双方存在持股关系或者同为第三方持股，虽持股比例未达到本条第（1）项规定，但双方之间借贷资金总额占任一方实收资本比例达到50%以上，或者一方全部借贷资金总额的10%以上由另一方担保（与独立金融机构之间的借贷或者担保除外）。

借贷资金总额占实收资本比例=年度加权平均借贷资金/年度加权平均实收资本，其中：年度加权平均借贷资金=$\sum_{i=1}^{n}$ i笔借入或者贷出资金账面金额×i笔借入或者贷出资金年度实际占用天数/365；年度加权平均实收资本=$\sum_{i=1}^{n}$ i笔实收资本账面金额×i笔实收资本年度实际占用天数/365。

（3）特许权关系：双方存在持股关系或者同为第三方持股，虽持股比例未达到本条第（1）项规定，但一方的生产经营活动必须由另一方提供专利权、非专利技术、商标权、著作权等特许权才能正常进行。

（4）购销或劳务关系：双方存在持股关系或者同为第三方持股，虽持股比例未达到本条第（1）项规定，但一方的购买、销售、接受劳务、提供劳务等经营活动由另一方控制。

上述控制是指一方有权决定另一方的财务和经营政策，并能据以从另一方的经营活动中获取利益。

（5）任命或委派关系：一方半数以上董事或者半数以上高级管理人员（包括上市公司董事会秘书、经理、副经理、财务负责人和公司章程规定的其他人员）由另一方任命或者委派，或者同时担任另一方的董事或者高级管理人员；或者双方各自半数以上董事或者半数以上高级管理人员同为第三方任命或者委派。

（6）亲属关系：具有夫妻、直系血亲、兄弟姐妹以及其他抚养、赡养关系的两个自然人分别与双方具有本条第（1）至（5）项关系之一。

（7）实质关系：双方在实质上具有其他共同利益。

（二）中国税法规定的企业关联交易的类型

根据国家税务总局2016年第42号公告第4条的规定，关联交易主要包括：

（1）有形资产使用权或者所有权的转让。有形资产包括商品、产品、房屋建筑物、交通工具、机器设备、工具器具等。

（2）金融资产的转让。金融资产包括应收账款、应收票据、其他应收款项、股权投资、债权投资和衍生金融工具形成的资产等。

（3）无形资产使用权或者所有权的转让。无形资产包括专利权、非专利技术、商业秘密、商标权、品牌、客户名单、销售渠道、特许经营权、政府许可、著作权等。

（4）资金融通。资金包括各类长短期借贷资金（含集团资金池）、担保费、各类应计息预付款和延期收付款等。

（5）劳务交易。劳务包括市场调查、营销策划、代理、设计、咨询、行政管理、技术服务、合约研发、维修、法律服务、财务管理、审计、招聘、培训、集中采购等。

（三）我国税法规定的企业关联交易反避税措施

1.关联交易报告制度

企业向税务机关报送年度企业所得税纳税申报表时，应当就其与关联方之间的业务往来，附送年度关联业务往来报告表。税务机关在进行关联业务调查时，企业及其关联方，以及与关联业务调查有关的其他企业，应当按照规定提供相关资料。企业不提供与其关联方之间业务往来资料，或者提供虚假、不完整资料，未能真实反映其关联业务往来情况的，税务机关有权依法核定其应纳税所得额。[①]

2.预约定价安排

对于企业的关联交易，企业可以向税务机关提出与其关联方之间业务往来

---

① 参见《企业所得税法》第43—44条。

的定价原则和计算方法，税务机关与企业协商、确认后，达成预约定价安排。

3. 成本分摊协议

《企业所得税法实施条例》第112条规定，企业可以按照独立交易原则与其关联方分摊共同发生的成本，达成成本分摊协议。企业与其关联方分摊成本时，应当按照成本与预期收益相配比的原则进行分摊，并在税务机关规定的期限内，按照税务机关的要求报送有关资料。企业与其关联方分摊成本时违反上述规定的，其自行分摊的成本不得在计算应纳税所得额时扣除。

三、设立受控外国企业反避税法律制度及其影响

◆【案例2-2】在中国香港设立控股公司不分配利润补缴税款8 000万元[①]

A公司于1999年经批准设立，注册地址在某省某工业园，主要从事化工产品（不含危险品）销售。B公司为A公司设立在中国香港的全资子公司，主要从事国际贸易、信息咨询、投资业务，董事会成员5人，均为母公司——A公司委派。C投资公司是B公司在中国香港设立的全资子公司。C公司拥有中国境内三家外商投资企业D公司、E公司、F公司各90%的股份。股权架构如图2-1所示：

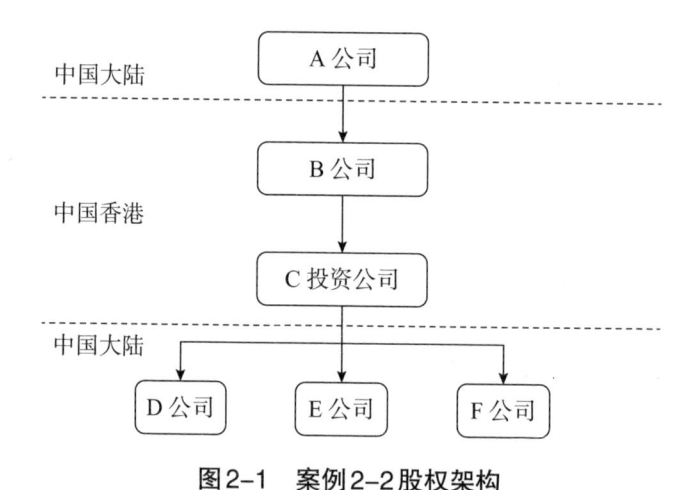

图2-1 案例2-2股权架构

---

① 余菁、程平、缪瑾：《境外有利润 为何迟迟不"回归"？》，载《中国税务报》2017年6月27日。

2011年，B公司与荷兰某公司签订了股权转让协议，B公司将C投资公司全部股权转让给该荷兰公司。荷兰公司实际取得中国境内三家外商投资企业D公司、E公司、F公司各90%的股份。扣除相关股权成本，B公司取得股权转让收益3亿元。

为享受《企业所得税法》第26条"符合条件的居民企业之间的股息、红利等权益性投资收益"免税条款，B公司向主管税务机关提出居民企业身份申请，上报国家税务总局后未予批准。但对应当归属于母公司——A公司的利润，B公司一直未作分配。

经过税企双方反复沟通，A公司最终认可了税务机关的意见，同意进行纳税调整。截至2014年，A公司已申报税款8 000余万元，其中入库企业所得税5 000余万元，入库个人所得税3 000余万元。

（一）受控外国企业的认定

受控外国企业是指由居民企业，或者由居民企业和居民个人控制的设立在实际税负低于所得税法规定税率水平50%的国家（地区），并非出于合理经营需要对利润不作分配或减少分配的外国企业。

目前，中国企业"走出去"境外投资被判定为受控外国公司的三个条件有：

（1）中国居民股东（包括中国居民企业股东和中国居民个人股东）控制。控制包括：第一，居民企业或者中国居民直接或者间接单一持有外国企业10%以上有表决权股份，且由其共同持有该外国企业50%以上股份；第二，居民企业，或者居民企业和中国居民持股比例没有达到上述规定的标准，但在股份、资金、经营、购销等方面对该外国企业构成实质控制。

（2）在低税率地区设立。实际税负低于12.5%的国家（地区）。为简化判定实际税负，国税函〔2009〕37号①文指定了12个非低税率国家（低税率检验白名单），分别为：美国、英国、法国、德国、日本、意大利、加拿大、

---

① 《国家税务总局关于简化判定中国居民股东控制外国企业所在国实际税负的通知》（国税函〔2009〕37号）。

澳大利亚、印度、南非、新西兰和挪威。凡是设立在这些国家的外国公司，不作为受控外国企业管理。

（3）不分配利润或减少利润分配之目的并非出于合理经营需要。（需纳税人举证）

从案例2-2分析，根据A公司与B（中国香港）公司之间的关联关系及业务处理，结合上述文件规定，税务机关认为存在如下事实：（1）B（中国香港）公司由中国居民企业——A公司控制；（2）B（中国香港）公司设立在实际税负低于法定税率50%的国家（地区）；（3）B（中国香港）有限公司所得为消极所得，且非出于合理经营需要对利润不作分配。

基于以上事实，税务机关认为B（中国香港）公司完全符合受控外国企业特别纳税调整事项管理的条件，归属其母公司——A公司的利润3亿元，需要进行特别纳税调整。

（二）中国对受控外国企业的反避税措施

根据《企业所得税法》第45条的规定："由居民企业，或者由居民企业和中国居民控制的设立在实际税负明显低于本法第四条第一款规定税率水平的国家（地区）的企业，并非由于合理的经营需要而对利润不作分配或者减少分配的，上述利润中应归属于该居民企业的部分，应当计入该居民企业的当期收入。"即将应归属于该居民企业的利润视作分配，由该居民企业缴纳企业所得税。

四、资本弱化反避税法律制度及其影响

◆【案例2-3】资本弱化纳税规划[①]

甲公司为乙公司股东，现乙公司因扩大生产，需增加运营资金1 000万元。甲公司资金充裕，有两种方案可以选择：一是甲公司对乙公司增资；二

---

① 方健超、杜成伟：《慎用资本弱化　防范税务风险》，载《中国税务报》2014年7月21日。

是甲公司借款给乙公司。从税收的角度考虑，哪种方案更适合呢？假设甲公司每年可取得股息100万元或者利息100万元，甲乙双方交易符合独立交易原则，不考虑相关优惠和附加税，甲、乙公司均为增值税一般纳税人。

可以分三种情况看：

（1）情况一：甲公司为居民企业，且甲、乙公司均持续盈利

方案一，甲公司对乙公司增资，甲公司取得股息，若为符合条件的居民企业之间的股息收入，则无须纳税；乙公司增加注册资本，不产生纳税义务。甲、乙公司整体税收成本为0。

方案二，甲公司取得利息100万元，需缴纳增值税5.66万元［100／（1+6%）×6%］，缴纳企业所得税23.58万元［100／（1+6%）×25%］；乙公司可以税前扣除利息100万元，减少企业所得税25万元。甲、乙公司整体税负为23.58+5.66-25=4.24万元。

此时，选择方案一为佳。

（2）情况二：甲公司为居民企业且处于亏损状态，乙公司盈利

方案一，甲、乙公司处理同情况一。

方案二，甲公司因取得的利息收入全部用于弥补亏损，无须缴税，但仍需缴纳增值税5.66万元。乙公司可以税前扣除利息100万元，减少企业所得税25万元。甲、乙公司整体税负为5.66-25=-19.34万元。

此时，选择方案二为佳，且存在强烈的加大债权性投资的动机。

（3）情况三：甲为非居民企业，不考虑税收协定

方案一，甲公司需就股息所得缴纳预提所得税10万元，乙公司增加注册资本，不产生纳税义务。甲、乙公司整体税收成本为10万元。

方案二，甲公司需就利息所得缴纳预提所得税10万元，增值税5.66万元；乙公司可以税前扣除利息100万元，减少企业所得税25万元。甲、乙公司整体税收成本为10+5.66-25=-9.34万元。

此时，选择方案二为佳，且存在强烈的加大债权性投资的动机。

通过对上述三种情形的分析得知，在特定情况下，企业更愿意通过加大债权性投资，减少权益性投资，来获取更多的税收利益，这种倾向在跨国投

资中更加明显。

（一）资本弱化的概念

企业资本根据筹资方式的不同，可以分为权益资本和债务资本。权益资本是所有者投入的资本，包括投入的资本金和由此形成的盈余公积和资本公积；债务资本就是从资本市场、银行、关联企业的融资。企业生产经营所用资金中，债务资本和权益资本的比例的大小反映了企业资本结构的优劣。如果企业资本中债务资本占的比例过高，就称为"资本弱化"。资本弱化在税收上的主要结果是增加利息在企业所得税前扣除，同时减少股息的所得税，从而实现降低税负的目的。

（二）中国税法关于资本弱化的反避税规定

为避免企业通过上述方式逃避纳税义务，各国普遍规定了资本弱化条款，以限制企业通过操纵各种债务形式的支付手段，增加税前列支，降低税收负担。我国在《企业所得税法》中亦引入了相应条款，主要从两个方面作出规定：一是独立交易原则；二是固定比例法。

1. 独立交易原则

独立交易原则要求，企业与其关联方之间的借款利息，不符合独立交易原则而减少企业或者其关联方应纳税收入或者所得额的，税务机关有权按照合理方法调整。[①]实务中主要关注的是借款利率是否公允。

2. 固定比例法

固定比例法主要对企业从其关联方接受的债权性投资与权益性投资的比例作出规定。《财政部、国家税务总局关于企业关联方利息支出税前扣除标准有关税收政策问题的通知》（财税〔2008〕121号）区分不同行业，对关联债资比（债权金额：股权金额）作出规定。其中，金融企业为5：1；其他企业

[①] 《企业所得税法》第41条第1款规定，企业与其关联方之间的业务往来，不符合独立交易原则而减少企业或者其关联方应纳税收入或者所得额的，税务机关有权按照合理方法调整。

为2∶1。超过比例部分的利息支出不得在税前扣除。

五、非居民企业间接转让股权反避税法律制度及其影响

◆【案例2-4】通过BVI公司间接转让境内股权补缴税款12亿元[①]

A公司在英属维尔京群岛注册成立，并且在开曼群岛成立了全资子公司B公司，B公司又在开曼群岛、我国香港地区等地分别成立了C、D、E、F公司。其中，C公司对北京X公司100%控股，D、E公司共同控股天津Y公司，F公司100%控股北京Z公司。2015年4月，A公司把B公司的部分股份转让给另一家境外的G公司，G公司是一家国际知名的互联网公司，同时，北京X公司和天津Y公司的股权也被间接转让给G公司。2015年8月，A公司又把B公司剩余的股份转让给G公司，北京税务局收到了间接转让北京Z公司的报送材料。转让以股份和现金结算的形式，总对价金额高达27.5亿美元，具体间接转让股权构架见图2-2。

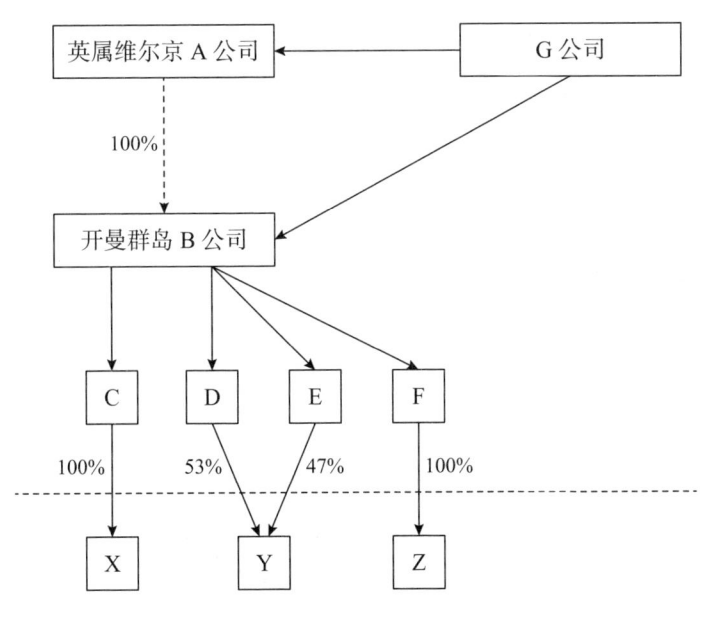

图2-2 间接转让股权架构

[①] 曹可成：《非居民企业间接股权转让的反避税案例研究》，载《财会通讯》2019年第29期。

由于多家境外公司在一年内分两次对我国的境内公司进行间接股权转让，而且转让方和受让方都位于英属维尔京群岛、开曼群岛、我国香港地区等避税地，加上近几年出现很多境外公司利用间接股权转让逃避我国税收监管的事件，因此这则消息让税务人员有所警觉。表面上，此项交易转让的是境外股权，且交易行为发生在境外。形式上，我国境内的X、Y、Z公司的股权结构并未发生变化，貌似本次境外交易不涉及我国境内税收，但税务人员通过深入了解企业的股权结构后认为，此笔股权交易可能是利用"导管公司"进行间接转让股权的避税行为。

税务局和企业进行了数次沟通，由于证据确凿，企业不得不承认了利用间接转让股权避税的事实，积极配合税务人员，最终向海淀区国税局缴纳企业所得税12亿元，该案件也成为当时全国范围内间接股权转让反避税查补税款最多的案件。

（一）非居民企业间接转让股权的认定

非居民企业间接转让股权是指非居民企业通过实施不具有合理商业目的的安排，通过转让直接或间接持有中国应税财产的境外企业（不含境外注册中国居民企业，以下简称境外企业）股权及其他类似权益（以下简称股权），产生与直接转让中国应税财产相同或相近实质结果的交易，包括非居民企业重组引起境外企业股东发生变化的情形。

1. 非居民企业的判定

《企业所得税法》第2条第3款规定，非居民企业是指依照外国（地区）法律成立且实际管理机构不在中国境内，但在中国境内设立机构、场所的，或者在中国境内未设立机构、场所，但有来源于中国境内所得的企业。我国根据注册地标准以及实际管理机构的双标准区分居民企业以及非居民企业，并对不同类型的非居民企业的不同情况，拥有不同范围的税收管辖权。

注册地标准，一般只要明确企业的登记注册地就能确定；而对实际管理机构标准，经济主体是否构成实际管理机构需要综合多方面的因素进行考虑，如《国家税务总局关于境外注册中资控股企业依据实际管理机构标准认定为居民企业有关问题的通知》（国税发〔2009〕82号，以下简称82号文）将高管所在地、决策所在地、主要财产账簿所在地等都作为判定考虑实际管理机构的标准。

2. 非居民企业间接转让股权基本架构

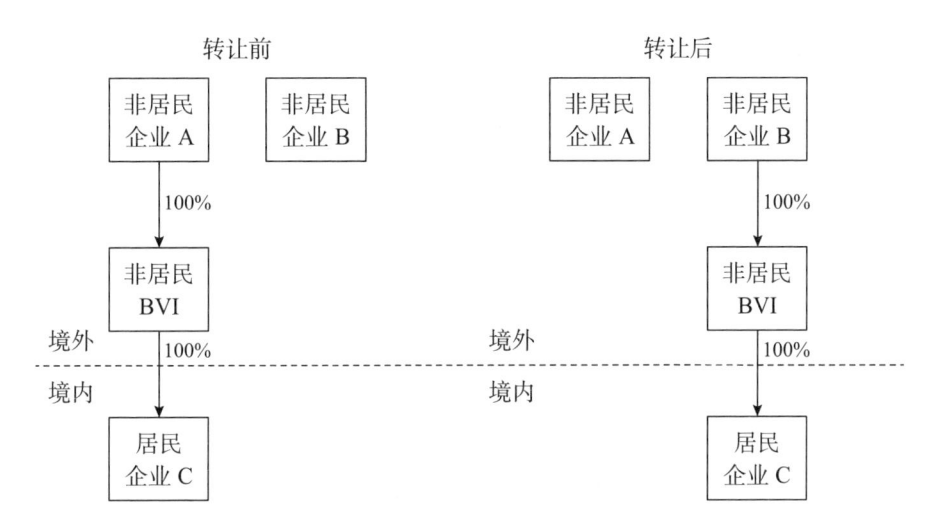

图2-3 非居民企业境外间接转让中国应税财产模式

3. 转让股权不具有合理商业目的

《企业所得税法》第47条规定："企业实施其他不具有合理商业目的的安排而减少其应纳税收入或者所得额的，税务机关有权按照合理方法调整。"这一规定既是《企业所得税法》第六章"特别纳税调整"的兜底条款，从法律形式上看，也属于一般反避税条款。而根据《企业所得税法实施条例》第120条的进一步解释："不具有合理商业目的，是指以减少、免除或者推迟缴纳税款为主要目的。"是否具有合理商业目的，国家税务总局公告2015年第7号文（以下简称7号公告）规定了具有合理商业目的的情形和不具有合理商业目的的情形，介于中间的情况需要运用一定的原则判断。

第一，直接认定具有合理商业目的情形（安全港规则）。根据7号公告第

6条的规定，间接转让中国应税财产同时符合以下条件的，应认定为具有合理商业目的：

（1）交易双方的股权关系具有下列情形之一：

①股权转让方直接或间接拥有股权受让方80%以上的股权；

②股权受让方直接或间接拥有股权转让方80%以上的股权；

③股权转让方和股权受让方被同一方直接或间接拥有80%以上的股权。

境外企业股权50%以上（不含50%）价值直接或间接来自中国境内不动产的，本条第（1）项第①②③目的持股比例应为100%。

上述间接拥有的股权按照持股链中各企业的持股比例乘积计算。

（2）本次间接转让交易后可能再次发生的间接转让交易相比在未发生本次间接转让交易情况下的相同或类似间接转让交易，其中国所得税负担不会减少。

（3）股权受让方全部以本企业或与其具有控股关系的企业的股权（不含上市企业股权）支付股权交易对价。

第二，直接认定为不具有合理商业目的的情形。7号公告第4条规定，与间接转让中国应税财产相关的整体安排同时符合以下情形的，应直接认定为不具有合理商业目的：

（1）境外企业股权75%以上价值直接或间接来自中国应税财产；

（2）间接转让中国应税财产交易发生前一年内任一时点，境外企业资产总额（不含现金）的90%以上直接或间接由在中国境内的投资构成，或间接转让中国应税财产交易发生前一年内，境外企业取得收入的90%以上直接或间接来源于中国境内；

（3）境外企业及直接或间接持有中国应税财产的下属企业虽在所在国家（地区）登记注册，以满足法律所要求的组织形式，但实际履行的功能及承担的风险有限，不足以证实其具有经济实质；

（4）间接转让中国应税财产交易在境外应缴所得税税负低于直接转让中国应税财产交易在中国的可能税负。

第三，不属于直接认定情形的，按合理商业目的判断原则判断。7号公

告第3条规定,判断合理商业目的,应整体考虑与间接转让中国应税财产交易相关的所有安排,结合实际情况综合分析以下相关因素:

(1)境外企业股权主要价值是否直接或间接来自中国应税财产;

(2)境外企业资产是否主要由直接或间接在中国境内的投资构成,或其取得的收入是否主要直接或间接来源于中国境内;

(3)境外企业及直接或间接持有中国应税财产的下属企业实际履行的功能和承担的风险是否能够证实企业架构具有经济实质;

(4)境外企业股东、业务模式及相关组织架构的存续时间;

(5)间接转让中国应税财产交易在境外应缴纳所得税情况;

(6)股权转让方间接投资、间接转让中国应税财产交易与直接投资、直接转让中国应税财产交易的可替代性;

(7)间接转让中国应税财产所得在中国可适用的税收协定或安排情况;

(8)其他相关因素。

(二)对非居民企业间接转让股权的反避税措施

非居民企业通过实施不具有合理商业目的的安排,间接转让中国居民企业股权等财产,规避企业所得税纳税义务的,应按照《企业所得税法》第47条的规定,重新定性该间接转让交易,确认为直接转让中国居民企业股权等财产。

案例2-4中,税务机关结合获取交易信息,首先通过国内X、Y、Z公司取得了境外A、B、G等多家公司的沟通方式,从而得知这些公司的股权交易信息,并且要求对方提供公司的股权结构、审计与财务报告以及转让合同等资料。在对获取到的资料进一步分析之后,税务机关认清了此次转让行为的实质。在了解了股权转让的具体情况后,调查组按照7号公告的规定一步步剖析该项间接股权转让是否应在我国纳税。第一步,分析该项交易是否属于7号公告第5条和第6条所述的安全港规则。若境外公司满足安全港规则的要求,则被视为有合理商业目的,无须在我国上缴企业所得税,上文也介绍了安全港规则的具体判定方法。根据7号公告第5条和第6条的规定，首先，本次股权转让不是在公开市场买入并卖出同一上市境外公司股权而获得的财产转让所得；其次，转让方和我国并没有签署相关的税收协定。除此之外，这两次转让的交易双方之间没有关联关系，支付的方式并不是完全以股权为交易对价，还有现金方式。因此，上述情况不适用7号公告的安全港规则。第二步，税务机关在搜集信息后发现，这些非居民企业虽然都不在境内成立，但是其拥有的股权价值几乎都来自我国的X、Y、Z公司。公司的产品研究开发和市场销售等过程都发生在我国，并且这些公司主要开展投融资的中介项目，公司的主要用户都源于我国，B公司和C、D、E、F公司对本次股权交易的影响甚微，从股权转让中获得的收益基本都来自我国，这些情况符合7号公告第4条不合理商业目的的判断规则的前3项所述的情形，表明本次股权转让没有经济实质。除此之外，这些公司均位于英属维尔京、开曼群岛、我国香港地区等典型的国际避税地，在这些地区的股权转让所取得的收益无须缴纳企业所得税，符合7号公告第4条第4项的规定。综上所述，此次股权转让符合7号公告第4条所述的直接判断为无合理商业目的的条件，因此税务机关认定该项交易不具有合理商业目的，我国税务机关有权对其所得征税。

（三）非居民企业间接转让境外中国应税财产规避税务风险的建议[①]

1. 合理构建境外注册居民企业架构

应对涉及中国的间接转让业务时，首先需要注意的是，应该通过合理的资产、经营、管理等资源调配，使其符合7号公告的"绿港""安全港"（7号公告第5条、第6条），规避"红港"（7号公告第4条）的高风险交易。虽然为了实现公告的要求，就必然不能达到经济利益最大化，但是却能较好规避稽查带来的惩罚性的涉税风险。另外，按照BEPS的相关行动计划的要求，对于合理商业目的的判定，能够参照7号公告中所提及的三

[①] 梁贝、廖晓熙：《非居民企业境外间接转让中国应税财产应防范税务风险》，载《管理观察》2016年第11期。

类共八项因素：是否来源于中国境内所得、经济实质评估和税收目的测试。按照国际交易的惯例，对于该判定，应该通过综合因素的考虑，而税务机关是否接受筹划方案提出的相关因素的考虑，很大程度上体现在企业是否在筹划方案实施前与税务机关进行积极主动的交流，使其经济活动的实质得到支持。

2.多渠道入手，探索解决信息不对称，进行有效的税收规划

根据7号公告第9条和第10条关于自愿报告和强制报告的要求，中间架构或者所谓的"导管公司"能否满足"合理商业目的"的要求，相比较规划方的税收架构设置，更重要的因素应该是其规划架构是否能够得到税务机关的认可以及支持。因此，不论是利益相关方，还是第三方的规划机构，都应该按照相关要求，主动积极地向税务机构提交相关资料，并配合税务机关的业务指导，以求其规划方案能够提前得到税务机关的指导或者认可，避免因税务机关的稽查带来的涉税风险。再者，可通过与税务机关的事前、事中的交流合作，积累相关的业务经验，增加自身税收规划方案的可行性。值得注意的是，在自愿申报的过程中，应提前做好税收协定相关国家的税收法律调研，避免因自愿申报导致"自愿缴纳税款"而无法进行税收抵免的后果，避免"双重征税"的风险。

第二节 中国反避税法律制度对家族个人的影响

一、家族个人常用避税行为和相关反避税法律制度

（一）家族个人常用避税行为

1.在避税地设立离岸公司

一些中国高净值人士在避税地设立离岸公司，将资产和所得转移到避税地，或者通过离岸公司与关联公司的交易，将利润转移到避税地，从而逃避

在中国应缴纳的所得税。

2. 隐匿居民身份

《个人所得税法》中，将自然人纳税人划分为居民和非居民，非居民纳税人仅就来源于中国境内的所得进行纳税。一些居民纳税人通过移民、购买护照等方式，试图隐匿居民身份，实现个人税收利益的最大化。一些移民中介以规避统一报告标准（CRS）为噱头推荐各种移民项目，帮助中国居民转换身份成为非居民，规避作为居民的纳税义务，从而实现避税目的。

3. 通过关联交易

有的个人为了节省个人所得税，通过个人向企业借钱，或者成立个人独资企业与自己的主体公司进行交易，通过关联交易，利用个人和主体公司间不同的税率，达到避税的目的。

（二）与个人相关的反避税法律制度

与个人相关的反避税制度，主要体现在《个人所得税法》第8条中。具体如下：

1. 引入CFC规则，打击个人境外设立离岸公司避税

一些中国的居民个人，通过在海外避税地建立公司，不从事实质经营业务，却将大量的利润留在海外避税地，迟迟不分配回国内，逃避个人所得税纳税义务，这已经引起了税务机关的高度关注。

《个人所得税法》引入了类似企业所得税的受控外国公司（CFC）规则。《个人所得税法》规定，居民个人控制的，或者居民个人和居民企业共同控制的设立在实际税负明显偏低的国家（地区）的企业，无合理经营需要，对应当归属于居民个人的利润不作分配或者减少分配的，税务机关有权按照合理方法进行纳税调整。这里的纳税调整就是将未分配利润视同已分配在中国缴税。当然，归属于该境外所得的、在境外已经缴纳的所得税性质的税款，可以抵免该所得在中国应缴纳的所得税款，以消除重复征税。

2.明确税务居民判断标准，缩短居住时间要求

个人所得税按照国际惯例，将纳税人划分为两种类型，分别是居民纳税人、非居民纳税人。根据相关规定，居民纳税人所担负的纳税义务是无限的，其个人所得不论来自全世界哪个国家，在居住国都具有纳税义务；非居民纳税人所承担的纳税义务是有限的，只需要对来自该国对应所得负有纳税义务。现行《个人所得税法》对居民以及非居民制定了明确的判定标准，此前，无住所个人居住在中国境内的时间满一年后成为中国税收居民，现在规定缩短为满183天即属于中国税收居民。这就使纳税人很难再通过集中休假等方式，规避中国纳税义务。同时，我国居民在移居国外之后，若要代表境外公司长期驻于境内提供服务，并在中国有常设机构，则该境外公司在中国境内所取得的收入，应属于境内常设机构经营所得，需要对其征收企业所得税，此个人所得也需要按照工资、薪金收入等，向我国税务机关进行个人所得税的缴纳。

3.引入关联交易反避税，闭合关联交易征管链条

我国税收征收相关管理法规当中，明确规定了企业之间对于关联交易税收问题应该如何处理，尤其在发现纳税人申报当中包含的计税依据，在没有正当理由条件下存在明显的偏低问题时，税务机关可以依法实现纳税调整。不过在以往税法制度中，对个人以及关联方彼此之间交易征管尚未作出明确规定，导致一些居民在移居国外之后，成为非居民身份，进而利用关联交易对应税所得加以转移，达到逃避中国税款的目的。例如，移居境外的非居民在向境内关联方进行特权使用费、货款、利益以及租金等费用收取的时候，存在恶意抬高价格现象，而在进行反向付款的时候，恶意压低付款价格，导致我国税款大量流失，危害国家利益。现行《个人所得税法》将独立交易原则引入其中，在相关条例规范下，税务机关有权结合实际情况，有针对性地调整个人与关联方进行交易时的纳税条件，使关联交易监控链条达到闭合状态。

4.引入一般反避税规则，保障个税征税权

《个人所得税法》未修正之前，由于没有一般反避税规则，对于非居民

个人间接转让中国境内财产（包含公司的股权）的交易涉及的税收问题，不能有效规范。在很多非居民企业间接转让中国境内公司股权的案例中，往往也能看到非居民个人参与其中，但以往对非居民个人的这种交易行为，我国税务机关是无能为力的。虽然一些税务机关在个别案例中进行了探索，但由于缺乏充分的法律依据，没有在全国范围内适用。

对于个人实施不具有合理商业目的的生产经营活动，以规避个人所得税的行为，2018年《个人所得税法》建立了一般反避税条款，即个人实施其他不具有合理商业目的的安排而获取不当税收利益的，税务机关可对其进行纳税调整，需要补征税款的，应当补征税款，并依法加收利息。

这一规则与企业所得税规则相对应。该规则的引入，使得税务机关可以在个人所得税层面，对非居民个人通过境外避税主体间接转让中国境内公司股权的活动，实施所得税征税权。同时，一般反避税规则的引入，建立了我国个人所得税管理的屏障，为我国后期不断完善个人所得税反避税体系提供了制度性保障。

二、CFC反避税制度对家族个人的影响

◆【案例2-5】居民个人在BVI设立公司避税[①]

某税务局正确运用居民纳税人须负全面纳税义务的原则，抓住关键证据，就某境外上市公司14名管理层股东通过BVI持股公司减持分配收益进行调查，成功补税24 760万元。该案例是我国极少数个人所得税境外间接股权转让案例，也是我国第一个通过界定境外SPV公司背后居民个人股东纳税义务进行反避税的案例。

2009—2010年，某省某境外上市公司大股东通过其BVI离岸公司FA分别减持其境外上市主体Y公司6 500万股、5 700万股，累计转让收入逾18亿港元。发生股权转让时公司境外架构如图2-4所示：

[①] 钱家俊、林大蓼：《全国首例居民个人境外间接股权转让案》，载《国际税收》2015年第2期。

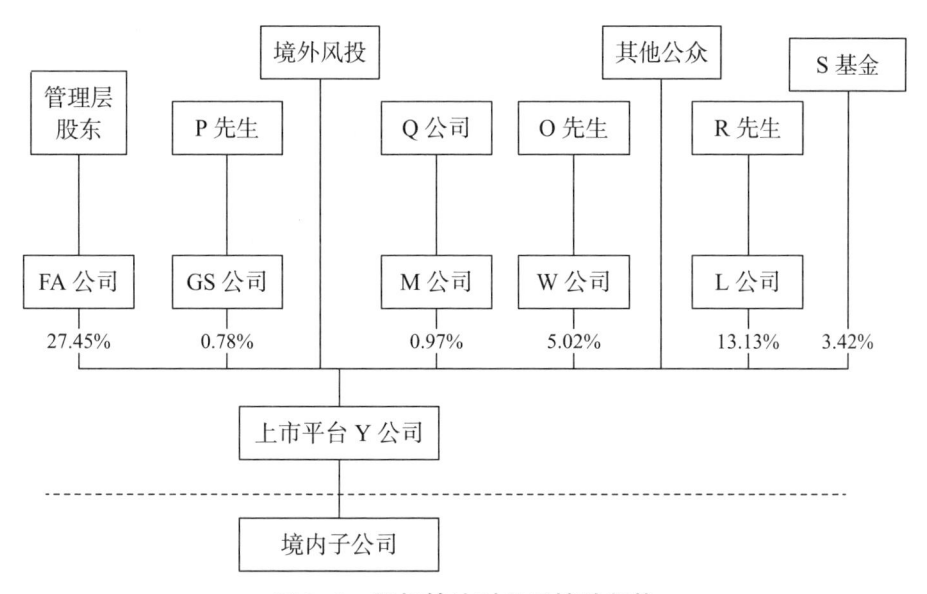

图 2-4　股权转让时公司境外架构

从上图可以看出，公司组织架构在境外上市企业中属相对简单、清晰，没有采用红筹上市时流行的双BVI架构，也没有在境内外公司间加入中国香港层，为了问题分析的清晰性，笔者对其中不相关部分进行剥离，并将两次股权转让情形加入，则组织架构如图2-5所示：

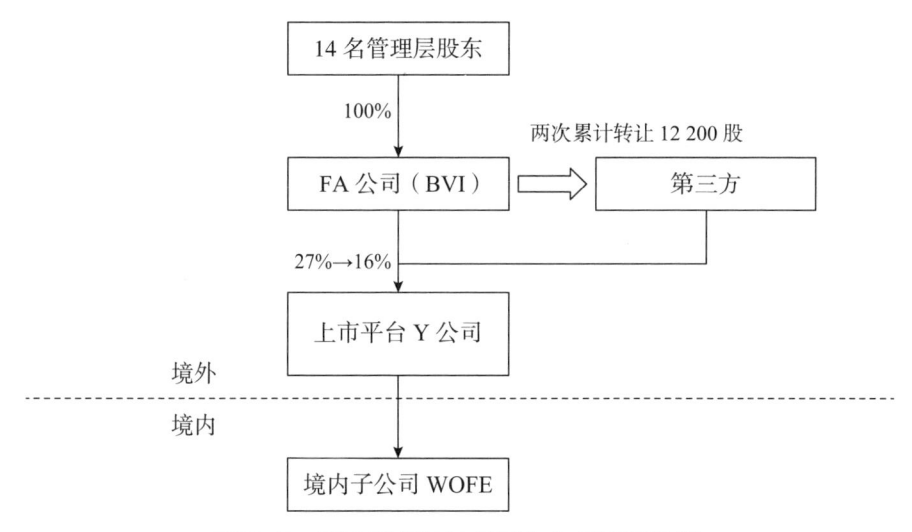

图 2-5　两次股权转让情形加入后组织架构

对该案件的处理，税务机关可以采取如下两种反避税策略：

策略一：依据《企业所得税法》的实际管理机构原则将Y公司认定为中国居民公司，进而可以确立中国税务机关的管辖权。如果这样，该转让行为则变为非居民公司FA转让居民公司Y。Y公司的招股说明书中风险因素段的风险提示有如下表述："大多数本公司董事和行政人员均居于中国境内，而本公司的资产及上述人员的资产几乎全部在中国境内。"可能是考虑到Y是境外上市公司，且认定Y公司为居民纳税人后会导致较为复杂的税务问题，主管税务机关并未采取该策略。

策略二：依据《企业所得税法》的实际管理机构原则将FA公司认定为中国居民公司。但该方案的问题在于缺乏明确的法律依据。《国家税务总局关于境外注册中资控股企业依据实际管理机构标准认定为居民企业有关问题的通知》（国税发〔2009〕82号）第1条规定，境外中资企业是指由中国境内的企业或企业集团作为主要控股投资者，在境外依据外国（地区）法律注册成立的企业。而FA公司的投资者是境内的14名自然人。

最终，某税务局采取了对居民自然人的管辖权原则——虽然FA公司对Y公司是非居民间转让，但FA公司的管理层股东为中国居民纳税人，如果FA公司就减持收益向其分配，中国税务机关应行使税收管辖权。而有效获取相关的涉税信息是税务机关得以最终成功征税的关键。

本案没有运用受控外国企业来进行反避税，那么引发的思考问题是：目前某税务局运用居民身份要求其履行纳税义务，但前提是这笔减持收入确实到了14名管理层股东的个人账户，如果这笔减持收入没有到14名管理层股东的个人账户，仍然在FA公司，中国税务局是否对14名管理层股东有征税权呢？下面结合这个问题论述受控外国企业CFC反避税制度对家族个人的影响。

（一）个人所得税法对CFC避税行为的界定

通过《个人所得税法》第8条规定可以看出，CFC避税行为是指居民个人的受控外国企业，是指居民个人控制的，或者居民个人和居民企业共同控制的设立在实际税负明显偏低的国家（地区）的企业，无合理经营需要，对应当归属于居民个人的利润不作分配或者减少分配。如果通过这种方式避税，则税务机关有权按照合理方法进行调整。

对于《个人所得税法》对CFC反避税的规定，实施条例中并未加以细化，有待后续的规范性文件加以具体化。

关于"控制"，可参考《特别纳税调整实施办法（试行）》（国税发〔2009〕2号）第77条规定："本办法第七十六条所称控制，是指在股份、资金、经营、购销等方面构成实质控制。其中，股份控制是指由中国居民股东在纳税年度任何一天单层直接或多层间接单一持有外国企业10%以上有表决权股份，且共同持有该外国企业50%以上股份。中国居民股东多层间接持有股份按各层持股比例相乘计算，中间层持有股份超过50%的，按100%计算。"目前没有层数限制。

关于"实际税负明显偏低"，可参考《企业所得税法实施条例》第118条规定："企业所得税法第四十五条所称实际税负明显低于企业所得税法第四条第一款规定税率水平，是指低于企业所得税法第四条第一款规定税率的50%。"

关于"无合理经营需要利润不作分配或减少分配"，可参考《特别纳税调整实施办法（试行）》（国税发〔2009〕2号）第84条规定："中国居民企业股东能够提供资料证明其控制的外国企业满足以下条件之一的，可免于将外国企业不作分配或减少分配的利润视同股息分配额，计入中国居民企业股东的当期所得：（一）设立在国家税务总局指定的非低税率国家（地区）；（二）主要取得积极经营活动所得；（三）年度利润总额低于500万元人民币。"

（二）CFC反避税规定对CFC股东个人的影响

1. CFC反避税规定会导致税务局征税更容易

案例2-5中，某税务局最后作出征税决定的依据其实是通过各种资料，推论出FA公司实际上已经对14名股东进行了利润分配，因此，税务局是对已经进行的分红进行征税。但是如果14名股东是企业，在《个人所得税法》

第8条有CFC规则的情况下，不需要得出FA公司实际上已经对14名股东进行了利润分配的结论，只需要证明FA公司产生了可供分配的利润，在该公司不能证明其不对利润进行分配有合理经营目的的情况下，就可以直接对企业股东视同已经分配了利润，进行征税。

因此，有了针对居民个人的反避税条款，税务机关只需要证明FA公司通过减持获得了收益，就可以向该14名个人股东进行征税了，除非该14名股东能证明其对利润不做分配具有合理的经营需要。如果家族个人通过在境外低税地区设立离岸公司，需要按照《个人所得税法》的反避税规则考虑更全面。

2. CFC反避税规定需要股东个人证明合理经营需要

要证明合理的经营需要，对于股东个人来说还是有一定难度的。参照《特别纳税调整实施办法（试行）》（国税发〔2009〕2号）第84条的规定，合理经营需要满足以下三个条件之一：

（1）证明设立在国家税务总局指定的非低税率国家（地区）。虽然《个人所得税法》没有指定低税率的国家或地区，但很多家族个人倾向于在BVI等无税地区设立离岸公司，因此这一条就很难证明。

（2）证明主要取得积极经营活动所得。主要是指从事生产、提供劳务、承包工程等经营活动取得的所得。而投资类所得如利息、股息、红利、租金、特许权使用费所得、转让财产所得等则属于消极经营活动所得。

（3）证明年度利润总额低于500万元人民币。利润500万元对企业来说数额较低，企业留存500万元不分配被认为是合理的。

三、转变税务居民身份反避税制度对家族个人的影响

◆【案例2-6】美籍华人规划中国居住时间减轻纳税责任

何先生是早年移民美国的华人，打算来中国居住一年半，本来计划于2017年1月1日来中国并于2018年5月30日回美国。在《个人所得税法》修正之前，何先生请人做了这样一个税收规划：为了避免成为中国的居民个

人,何先生对其行程进行调整,决定于2017年2月10日来中国,于2018年7月10日回国。这样,虽然何先生仍然在中国居住了一年半时间,但由于跨越了两个纳税年度,而且在这两个纳税年度内均没有居住满一年,因此并不构成我国的居民纳税人。也就是说,何先生可以只就来源于中国的所得纳税,从而避免了全面纳税义务。

何先生当时这样进行税收规划,主要是基于我国原来的《个人所得税法》及其实施条例的有关规定,但2019年1月1日以后,《个人所得税法》(2018年修正)生效,将居住在中国境内外国人成为中国税务居民的时间由一年改为183天,上述的税收规划已经不适用。

(一)《个人所得税法》(2018年修正)对税务居民身份的相关规定

根据《个人所得税法》(2018年修正)第1条的规定,无住所[①]而一个纳税年度内在中国境内居住累计满183天的个人,为居民个人。居民个人从中国境内和境外取得的所得缴纳个人所得税。相应地,无住所而一个纳税年度内在中国境内居住累计不满183天的个人,为非居民个人。

而《个人所得税法实施条例》第4条和第5条又规定,在中国境内无住所的个人,在中国境内居住累计满183天的年度连续不满六年的,经向主管税务机关备案,其来源于中国境外且由境外单位或者个人支付的所得,免予缴纳个人所得税;在中国境内居住累计满183天的任一年度中有一次离境超过30天的,其在中国境内居住累计满183天的年度的连续年限重新起算。在中国境内无住所的个人,在一个纳税年度内在中国境内居住累计不超过90天的,其来源于中国境内的所得,由境外雇主支付并且不由该雇主在中国境内的机构、场所负担的部分,免予缴纳个人所得税。

(二)居民个人居住时间由一年改为183天对家族个人的影响

在2018年《个人所得税法》修正前,原《个人所得税法》将住所和"居

---

① 住所是指因户籍、家庭、经济利益关系而在中国境内习惯性居住的场所。

住满一年"作为判定一个人是否为中国税务居民的两个选择性标准,只要满足一个就成为中国税务居民。居住满一年,是指在一个纳税年度中在中国境内居住365天。临时离境的,不扣减日数。临时离境,是指在一个纳税年度中一次不超过30天或者多次累计不超过90天的离境。而对于外籍人士,则设置了一个巨大礼包:只有在中国居住满五年、从第六年开始才需要在中国就全球所得纳税。实践中,只要安排一个30天的一次性境外休假和出差,或者一年内在境外超过90天,就轻松实现了"在中国居住不满一年"。

根据《个人所得税法》(2018年修正)的规定,无住所而一个纳税年度内在中国境内居住累计满183天的个人,为居民个人。居民个人要履行全面纳税义务,从中国境内和境外取得的所得都要缴纳个人所得税。相比原来住满一年才会构成居民的规定,183天更容易让外籍人士成为中国的税务居民。这就使得一些移民的家族个人如果还继续住在中国,很容易成为中国的税务居民,而一旦成为中国的税务居民,则要针对全球的所得在中国征收个人所得税,自然加大了这些移民后又继续住在中国的高净值人士的纳税义务。

是不是一年内只要住满183天就要全球纳税呢?其实也不是。根据2018年修正后的《个人所得税法实施条例》第4条的规定,可以把在中国境内没有住所的居民分为两种:

第一种:在中国境内一年内住满183天但不满六年的人,这种人在性质上属于居民个人,本应该就境内境外的所得均向中国履行纳税义务,但如果向主管税务机关备案,其来源于中国境外且由境外单位或者个人支付的所得,可以免予缴纳个人所得税;在中国境内居住累计满183天的任一年度中有一次离境超过30天的,其在中国境内居住累计满183天的年度的连续年限重新起算。案例2-6中的何先生可以利用境外单位或个人支付免缴个人所得税和每年离境达到30天重新起算的规定进行规划。

第二种:在中国境内居住满六年以上的人,这种人在性质上属于居民个人,与在中国境内有住所的人一样,针对境内外所得全面履行纳税义务。

根据以上分析,对于已经成为外籍人士的家族个人而言,个人所得税中居民个人183天的判定标准的变化虽然加重了纳税义务，但《个人所得税法实施条例》第4条、第5条对无住所外籍人士提供的优惠政策，彰显了中国无意扩大对无住所人士的税收征管权，鼓励外籍人士来华。只要外籍人士在六年内离境超过30天，就可以自这一年开始重新计算六年，因此稍加注意，就可以实现外籍人士的境外所得由境外机构支付部分免税。

四、个人关联交易反避税制度对家族个人的影响

◆【案例2-7】某企业通过个人独资企业与公司关联交易

A企业从事精密仪器的销售，一年销售额在数千万元上下，实际利润在1 000万元左右。在日常操作中，A企业的财务团队，碰到了很多财税难题，主要的难题有：(1)由于产品的特殊性，毛利较高，这样增值税和企业所得税税收成本一直居高不下；(2)还有一部分费用需要用于市场公关，对方多是个人，且无法提供正规发票，有些费用只能找票来冲，但是依然无法完全满足。在税务趋严的大背景下，A企业的财务团队面临巨大的挑战，故希望在寻求到一个合理税务规划解决方案的同时，实现合法合规节约税收成本。

税收规划组讨论给出的解决方案是：

A企业可以选择贸易型个人独资企业或者服务型个人独资企业+核定征收产品，来解决税收成本高的问题。

但这种方案在后续实施时就需要A企业和各企业之间进行关联交易，那么通过这种税收规划进行关联交易，根据当前的《个人所得税法》，可以实现吗？

（一）个人关联交易主要体现的方面

对于个人的关联交易类型，当前税法并没有明确的规定。参考国家税务总局2016年第42号公告以及实践中的做法，个人关联交易主要包括：

（1）个人（或个人独资企业）与关联公司进行有形资产使用权或者所有权的转让。有形资产包括商品、产品、房屋建筑物、交通工具、机器设备、

工具器具等。

（2）个人（或个人独资企业）与关联公司进行金融资产的转让。金融资产包括应收账款、应收票据、其他应收款项、股权投资、债权投资和衍生金融工具形成的资产等。

（3）个人（或个人独资企业）与关联公司进行无形资产使用权或者所有权的转让。无形资产包括专利权、非专利技术、商业秘密、商标权、品牌、客户名单、销售渠道、特许经营权、政府许可、著作权等。

（4）个人（或个人独资企业）与关联公司进行资金融通。资金包括各类长短期借贷资金（含集团资金池）、担保费、各类应计息预付款和延期收付款等，如个人股东向企业借钱等。

（5）个人（个人独资企业）为关联公司提供劳务交易。劳务包括市场调查、营销策划、代理、设计、咨询、行政管理、技术服务、合约研发、维修、法律服务、财务管理、审计、招聘、培训、集中采购等。

（二）关于个人关联交易的反避税规则

《个人所得税法》第8条规定，个人与其关联方之间的业务往来不符合独立交易原则而减少本人或者其关联方应纳税额，且无正当理由，税务机关有权按照合理方法进行纳税调整。

独立交易原则，是指没有关联关系的交易各方，按照公平成交价格和营业常规进行业务往来遵循的原则；在定价方面可以参考税务机关的合理方法，在具体标准上《个人所得税法》并没有明确的规定，借鉴《特别纳税调查调整及相互协商程序管理办法》的规定，符合独立交易原则的定价方法主要有：

1. 再销售价格法

再销售价格法以关联方购进商品再销售给非关联方的价格减去可比非关联交易毛利后的金额作为关联方购进商品的公平成交价格。其计算公式如下：

公平成交价格=再销售给非关联方的价格×（1-可比非关联交易毛利率）

可比非关联交易毛利率=可比非关联交易毛利/可比非关联交易收入净额

×100%

再销售价格法一般适用于再销售者未对商品进行改变外形、性能、结构或者更换商标等实质性增值加工的简单加工或者单纯购销业务。

2. 成本加成法

成本加成法以关联交易发生的合理成本加上可比非关联交易毛利后的金额作为关联交易的公平成交价格。其计算公式如下：

公平成交价格＝关联交易发生的合理成本×（1+可比非关联交易成本加成率）

可比非关联交易成本加成率＝可比非关联交易毛利/可比非关联交易成本×100%

成本加成法一般适用于有形资产使用权或者所有权的转让、资金融通、劳务交易等关联交易。

3. 交易净利润法

交易净利润法以可比非关联交易的利润指标确定关联交易的利润。利润指标包括息税前利润率、完全成本加成率、资产收益率、贝里比率等。具体计算公式如下：

（1）息税前利润率＝息税前利润/营业收入×100%

（2）完全成本加成率＝息税前利润/完全成本×100%

（3）资产收益率＝息税前利润/[（年初资产总额+年末资产总额）/2]×100%

（4）贝里比率＝毛利/（营业费用+管理费用）×100%

交易净利润法一般适用于不拥有重大价值无形资产企业的有形资产使用权或者所有权的转让和受让、无形资产使用权受让以及劳务交易等关联交易。

4. 利润分割法

利润分割法根据企业与其关联方对关联交易合并利润（实际或者预计）的贡献计算各自应当分配的利润额。利润分割法主要包括一般利润分割法和剩余利润分割法。

一般利润分割法通常根据关联交易各方所执行的功能、承担的风险和使用的资产，采用符合独立交易原则的利润分割方式，确定各方应当取得的合理利润；当难以获取可比交易信息但能合理确定合并利润时，可以结合实际情况考虑与价值贡献相关的收入、成本、费用、资产、雇员人数等因素，分析关联交易各方对价值做出的贡献，将利润在各方之间进行分配。

剩余利润分割法将关联交易各方的合并利润减去分配给各方的常规利润后的余额作为剩余利润，再根据各方对剩余利润的贡献程度进行分配。

利润分割法一般适用于企业及其关联方均对利润创造具有独特贡献、业务高度整合且难以单独评估各方交易结果的关联交易。利润分割法的适用应当体现利润应在经济活动发生地和价值创造地征税的基本原则。

5. 其他符合独立交易原则的方法

包括成本法、市场法和收益法等资产评估方法，以及其他能够反映利润与经济活动发生地和价值创造地相匹配原则的方法。成本法是以替代或者重置原则为基础，通过在当前市场价格下创造一项相似资产所发生的支出确定评估标的价值的评估方法。成本法适用于能够被替代的资产价值评估。市场法是利用市场上相同或者相似资产的近期交易价格，经过直接比较或者类比分析以确定评估标的价值的评估方法。市场法适用于在市场上能找到与评估标的相同或者相似的非关联可比交易信息时的资产价值评估。收益法是通过评估标的未来预期收益现值来确定其价值的评估方法。收益法适用于企业整体资产和可预期未来收益的单项资产评估。

（三）关联交易反避税对家族个人的影响

案例2-7给出的税收规划方案是A企业可以通过选择贸易型个人独资企业或者服务型个人独资企业+核定征收产品，来解决税收成本高的问题。但这种方案在后续实施时就需要A企业和各企业之间进行关联交易，如果进行关联交易，需要具有合理商业目的并遵守独立交易原则，在定价上一定要符合公平成交价格，不能采取无偿的办法，也不能采取低价或高价的办法，最终的定价应该符合关联交易定价规则。此外还需要注意，核定征收只在特定的条件下适用。随着税收征管力度的加大,核定征收使用不当可能会给家族个人带来税务风险。

五、一般反避税规则对家族个人的影响

◆【案例2-8】频繁变更股东逃避缴纳个税案[①]

2017年4月底,徐州市铜山区地税局收到市综合治税办公室转来的工商登记变更信息。梳理这些信息,税务人员发现甲公司在当年1月4日进行了减资处理,涉及自然人及单位减资1 506万元,并涉及股东数量变化。但铜山区地税局基础税源管理分局每月上报的自然人股权转让监控结果显示,当月并无有关甲公司股权变更的记录。

根据徐州市地税局与市工商管理部门联合确定的自然人股权转让变更协作意见,一般只要企业在工商管理部门做了股权变更登记,铜山区地税局基础税源管理分局就会监控到相关信息,不会出现不相符的情况。

根据初步发现的问题,税务人员收集了甲公司近几年来的工商登记及变更信息。资料显示,甲公司在2010—2015年之间频繁变换公司名称及股东:2010年,公司名称变更,同年7月再次变更,2013年又做变更。2011年,公司股东人数由2人变为4人,增加了1名法人股东,同时注册资本由806万元变更为1 506万元。2014年,公司股东人数变为6人,注册资本增加到3 000万元。2015年,公司进行减资操作,注册资本由3 000万元减少到1 494万元,公司股东由6人减少到2人……2017年,公司股东及公司注册资本再度变化。

甲企业这几年的频繁增减资,股东的频繁进出,有悖常理。到底是纯属巧合的自然处理,还是刻意而为的避税安排?经过调查,事实是:老股东退出后,甲公司给予了一些补偿,但考虑到因工商和税务部门有联系,股东变更时会涉及缴纳个人所得税,就做了一些避税筹划,即以新股东注资入股、

[①] 百胜财务:《频繁变更股东逃避缴纳个税案》,http://www.hibaisheng.com/article/288.html,2018年11月1日。

老股东撤资退股的形式掩盖股权转让行为，通过股东频繁变动等方式遮人耳目，以达到逃避股权转让所得缴纳个人所得税的目的。

经过查证，检查人员确认，甲公司有关操作，完全是为了避税，没有任何商业目的，使得退出股东未按规定申报股权转让所得93.96万元，未缴纳个人所得税18.79万元，甲公司也未对该项税款履行扣缴义务。最终税务局依法将有关处理涉及的税款及滞纳金追征入库。

（一）《个人所得税法》对一般反避税规则的界定

《个人所得税法》第8条对一般反避税规则这样界定：个人实施其他不具有合理商业目的的安排而获取不当税收利益，税务机关有权按照合理方法进行纳税调整。

这条反避税规则为兜底条款，只要进行避税行为又不具有合理商业目的的，税务机关均可以进行反避税，关键是什么是不合理商业目的。

对于什么是"不合理商业目的"，《个人所得税法》（2018年修正）并未作出界定。而企业所得税对于不合理商业目的的相关规定则较为清晰。因此可以参照企业所得税对不合理商业目的的界定规则。

根据《企业所得税法实施条例》第120条和《一般反避税管理办法（试行）》第4条的规定，不合理商业目的，是指以减少、免除或者推迟缴纳税款为主要目的。企业实施的不具有合理商业目的而获取税收利益的避税安排有两个特点：一是以获取税收利益为唯一目的或主要目的；二是以形式符合税法规定、但与其经济实质不符的方式获取税收利益。

判定是否属于不合理商业目的的安排需要同时考虑结果和动机两个方面。

首先，在结果方面，考量在实施某项商业安排后是否获取了税收利益。目前，对于纳税人商业安排税收结果的分析相对明确。这主要是因为，税收结果是客观存在的，即使商业安排尚未实际进行，税务机关也可以明确分析出该安排是否导致纳税人减少、免除或推迟缴纳税款。需要注意的是，在进行具有合理商业目的的安排时，纳税人有可能同时也获取了税收利益，如企业海外上市或引入海外战略投资者时可能会在境外设立公司，并获取潜在的税收利益。在实务操作中，这类情况是否属于不合理商业安排，不仅要考虑纳税人获取的税收利益，还要考虑到纳税人通过这一安排获取的其他利益，而非仅以是否获取了税收利益来判断其合理性。

其次，在动机方面，考量获取税收收益是否为实施某项商业安排是考虑的重点。纳税人实施的不合理商业安排是以获取税收利益为唯一目的或者主要目的。其中，以获取税收利益为唯一目的容易理解，即纳税人实施某项商业安排除获取税收收益外没有任何其他经营等方面的理由。以获取税收利益为主要目的，是指纳税人实施某商业安排可能同时存在运营需求和获取税收收益的动机，此时情况比较复杂，要区分获取税收收益是否为主要目的。

（二）一般反避税规则对家族个人的影响

案例2-8中的避税方案利用了货币增资和货币减资没有缴纳个人所得税相关规定的漏洞，但作为纳税人反复增资和减资超出了合理的范围，很难证明其具有合理的商业目的，因此税务机关认为股东具有逃税的目的。一般反避税规则的反避税效果是最强的。无论家族个人是通过海外转让股权，还是通过其他方式规避相关征税规定，只要个人不能证明具有合理商业目的，就会被税务机关进行纳税调整。

第三章 家族面临的主要税务风险与责任

第一节 家族面临的主要税务风险

◆【案例3-1】建筑业和酒店业老板的税务风险

家族掌门人甲乙夫妇，甲先生68岁，乙女士63岁，均有圣基茨护照，在美国有房产，育有一子一女。大儿子28岁，略有残疾，缺乏劳动能力；小女儿19岁，在加拿大读大学，未来有移民可能。

企业情况：甲先生有多家家族企业，涉足建筑业、洗浴汗蒸酒店业等行业，均由甲先生白手起家一手创办，目前企业未分配利润为3亿元左右，保守估计家族资产达20亿元。在交易中经常采取现金交易，也经常直接从自己的企业借钱到个人账户，提供建筑服务过程中经常挂靠到其他企业来承揽工程。甲先生觉得自己年龄大了，想通过遗嘱、信托、保险等工具来为子孙规划未来。但如果做保险和信托，保险公司和信托公司要求证明财产来源合法，他觉得自己无法提供充分的证明；如果通过遗嘱，又担心未来的遗产税。那么甲乙夫妇到底面临哪些税收风险呢？

从总体上看，甲乙夫妇面临遗产税风险、财产来源不合法的风险、CRS涉税信息交换风险、逃税风险、虚开增值税发票的风险。

一、遗产税风险

（一）美国遗产税的风险

十九世纪末，美国经济蓬勃发展，开始出现垄断，一些家族如洛克菲洛、卡耐基家族富可敌国，而很多黑人和产业工人却生活在贫困线上。为了缩小贫富差距，为美国经济注入持续发展的动力，同时也为了消除影响欧洲达几个世纪之久的富有家族对社会的影响，1916年，遗产税首次在美国制度化。美国公民及居民享有一定的遗产税免征额，对于超出部分适用累进税率。此外，还有州遗产税。例如，比尔盖茨若不将其价值580亿美元的财产捐出成立基金会，而在将来由他的子女继承，将会面临巨额遗产税，此外还需缴纳所得税，两税相加，其税负程度可想而知。2023年，美国遗产税免征额为1 292万美元[①]，超过部分适用18%—40%的超额累进税率。美国的遗产税制度是美国富豪建立慈善基金会、热衷社会慈善的重要原因之一。

案例3-1中的甲乙夫妇在美国有房产，一旦甲乙夫妇离世，该房产就会变为遗产，甲乙夫妇属于美国遗产税的纳税人，但他们又不是美国的税务居民，美国遗产税对于非美国居民只有6万美元的免税额。因此甲乙夫妇是存在缴纳美国遗产税风险的。

（二）我国开征遗产税的可能性

甲乙夫妇在中国也有大量的财产，我国目前虽然没有遗产税的正式立法，但相关立法准备由来已久。早在中华人民共和国成立后，1950年颁布的《全国税政实施要则》就将遗产税作为拟开征税种之一予以规定，但并未实际开征。1994年的新税制改革中，我国已将遗产税列为可能开征的税种之一，1996年全国人大批准的《国民经济和社会发展"九五"计划和2010年远景目

[①] 参见美国税务局网站，https://www.irs.gov/businesses/small-businesses-self-employed/estate-tax，最后访问时间：2023年2月6日。

标纲要》提出,"逐步开征遗产和赠与税"。1997年党的十五大报告明确提出,要"调节过高收入,完善个人所得税制,开征遗产税等新税种"。2004年《遗产税暂行条例(建议稿)》已提交主管部门,但被搁置。2014年2月,国务院在批转发改委等部门颁布的《关于深化收入分配制度改革的若干意见》(国发〔2013〕6号)中提及,"研究在适当时期开征遗产税问题"。[①]全国人大代表、全国人大财经委委员、中国税务学会会长汪康在2021年两会期间提出:"为缩小贫富差距可考虑开征遗产税等措施"。政府部门和专家学者从未放弃对遗产税的探索。

理论界对于遗产税的征收原则和方案尚有诸多争论,但对开征遗产税多持支持的态度。党的二十大报告中也强调了要加大税收、社会保障、转移支付等的调节力度。完善个人所得税制度,规范收入分配秩序,规范财富积累机制,保护合法收入,调节过高收入,取缔非法收入。其中,财富积累机制就与遗产税有关联,因为遗产税是规范财富积累机制的重要手段之一。

因此从长远来看,甲乙夫妇也可能存在缴纳中国遗产税的风险。

二、财产来源不合法的风险

(一)合法的财产来源

合法的财产来源,意味着本人要对这些财产拥有所有权。财产所有权是一项民事权利,是物权的一种。根据《民法典》第129条的规定,民事权利可以依据民事法律行为、事实行为、法律规定的事件或者法律规定的其他方式取得。《民法典》物权编也规定了个人取得财产所有权的合法方式,从大的分类上看,可以分为原始取得和继受取得两种,考虑到篇幅限制,本部分仅说明个人合法取得财产的主要方式,不探讨公权力征收征用、拾得遗失物等非主要方式。

[①] 金鹏辉:《遗产税立法宜早》,载《学习时报》2015年1月12日。

1. 个人原始取得财产所有权的合法方式

原始取得是指根据法律规定，最初取得财产的所有权或不依赖于他人的权利和意志而取得财产的所有权。

（1）劳动生产：即通过建造房屋、耕种土地等方式取得财产。通过劳动生产创造出来的新产品的所有权当然属于创造出产品的人。它是取得所有权的最基本、最重要的合法方式。根据《民法典》第231条的规定，因合法建造、拆除房屋等事实行为设立或者消灭物权的，自事实行为成就时发生效力。实践中常见的有房产商在建设用地上建筑楼房、村民在宅基地上盖房。这里的建筑房屋是事实行为，只要建造到一定程度，如封顶，即使不办理所有权登记，房产商或者村民也取得房屋所有权。

（2）收益：收益在法律上也称孳息，《民法典》第321条规定了天然孳息及法定孳息归属：天然孳息，由所有权人取得；既有所有权人又有用益物权人的，由用益物权人取得。当事人另有约定的，按照其约定。法定孳息，当事人有约定的，按照约定取得；没有约定或者约定不明确的，按照交易习惯取得。个人收益主要体现为银行的存款利息、租金、股息等。如果企业盈利但没有分红，私营企业主直接从企业借来资金，则不属于合法来源。

（3）法院的判决和仲裁机关的裁决。这里的判决和裁决，一般是指在对所有权的归属发生争议，双方对簿公堂时，法院或仲裁机构最终作出的确认产权归属的判决和裁决。其一旦作出，判决书或裁决书中记载的权利人就立即取得财产。不动产不需要去登记，动产也不需要另行交付，取得财产的时间一般为判决或裁决确定生效之日。

2. 个人继受取得财产所有权的合法方式

继受取得是指通过某种法律行为或其他法律事实，从原所有人那里取得对某项财产的所有权。

（1）合同：取得财产所有权最为重要的方式是订立合同，根据《民法典》第209条至第226条的规定，依照合同方式取得财产所有权，对于不动产，必须办理过户登记，不办理登记则所有权不能移转；对于动产，则必须进行交付方可有效地移转财产所有权。合同方式主要可以体现为买卖、赠与或通过劳动合同取得工资、薪金等。

（2）继承或受遗赠：继承是指自然人死亡后，其遗留的个人合法财产依照法律规定或有效遗嘱，无偿转移给其近亲属所有的法律制度。根据《民法典》第230条的规定，因继承取得物权的，自继承开始时发生效力。而又根据《民法典》第1121条第1款的规定，继承从被继承人死亡时开始。

遗赠是公民以遗嘱方式表示在其死后将其遗产的部分或全部赠给国家、集体或者法定继承人以外的人的单方行为。根据《民法典》第1124条第2款的规定："受遗赠人应当在知道受遗赠后六十日内，作出接受或者放弃受遗赠的表示；到期没有表示的，视为放弃受遗赠。"因此受遗赠开始时应该是指受遗赠人明确表示接受遗赠时，这也是取得财产所有权的时间。

（二）如何证明财产来源合法？

目前不论是移民还是做信托、保险，一般均需要证明自己的财产来源合法。根据前述合法取得财产所有权的方式，个人合法的财产来源可以通过以下方法证明：

1. 工作证明或个体营业账簿证明

个人如果有工资收入，可以找自己的工作单位开具工作证明，如果是个体户或合伙企业，可以通过企业的营业账簿证明。

2. 个人所得税缴纳单

税收是证明自己收入来源合法的最主要方式。可以去当地税务局或网上申请开具个人所得税的缴纳证明。最好能够提供近五年的报税记录，以证明个人财产的合法来源。

3. 投资收益证明

股票收益应该提供在证券公司开户的记录和交易流水，一般股权投资可以提供股东证明和分红记录。

4. 继承或赠与公证书

赠与是可以证明合法来源的。但赠与要能让第三人知晓并理解。但为了防范洗钱，赠与人需要出具书面文件阐明赠送这笔钱给被赠与人的原因以及解释赠与资金的来源，而且赠与人与被赠与人之间最好有亲属关系。如果没有亲属关系，也容易受到反洗钱质疑。

三、CRS涉税信息交换风险

案例3-1中的家族掌门人甲乙夫妇，甲先生68岁，乙女士63岁，均有圣基茨护照，女儿未来如果再移民加拿大，涉及跨境身份，就会遇到CRS信息交换的风险。

（一）小国护照的CRS风险

案例3-1中的甲乙夫妇持有圣基茨护照，在加拿大或中国开立金融账户，会被特别询问和增强CRS尽职调查程序。主要理由是OECD于2018年10月16日发布指南，为避免账户持有人滥用特定法域的投资居民（RBI）或投资公民计划（CBI）规避CRS报送，要求金融机构对通过上述计划获得相关身份的账户持有人增强尽职调查程序。上述高风险计划包括圣基茨投资居民计划和投资公民计划。

若金融机构怀疑该对夫妇的圣基茨税务居民身份，金融机构可考虑提出进一步的问题，包括：

- 是否根据投资居民计划或投资公民计划获得居住权利？
- 在其他法域拥有居住权利吗？
- 过去一年，是否曾在其他法域逗留超过90天？
- 过去一年，在哪个法域提交个人所得税申报表？

上述问题的答复可能导致该对夫妇不被认定为圣基茨税务居民，最后导致甲先生无法规避加拿大居民或者中国居民身份的事实，海外账户信息向加拿大或者中国交换。

（二）家庭中外国税务居民的 CRS 风险

由于甲乙夫妇的孩子可能将在加拿大取得移民身份，导致甲乙夫妇成为加拿大的税务居民，加拿大以外的账户信息会一并报送到加拿大。根据《加拿大所得税法》（ITA）第 250（2）条的规定，加拿大非税务居民是指完全切断与加拿大的居住关系，而且上个税务年度完全没有住在加拿大或者在加拿大的时间少于 183 天的居民。居住联系包括在加拿大有居所、在加拿大有配偶或同居伴侣、在加拿大有受抚养人等，对于生活在海外的与加拿大有关系的人士，原则上不能轻易就认定自己是加拿大非税务居民。因此，若甲乙夫妇及家族成员向加拿大的银行声明自己是加拿大税务居民，并提供合理的当地住址、邮箱和电话等资料，可能会被认定为加拿大税务居民，因而其在加拿大金融机构的金融账户不会进行 CRS 交换，海外金融机构若认定其为加拿大税务居民，则会将其金融账户信息报送回加拿大。

但目前甲乙夫妇在美国的房产等不会受到 CRS 影响，这是因为，一方面美国没有加入 CRS，另一方面 CRS 主要影响的是金融账户。

（三）CRS 相关信息被报送到中国的风险

甲乙夫妇由于可能会经常居住在中国，有可能成为中国的税务居民，导致 CRS 相关信息向中国报送。根据我国《个人所得税法》第 1 条的规定，在中国境内有住所，或者无住所而一个纳税年度内在中国境内居住累计满 183 天的个人，为居民个人。甲乙夫妇和家族成员因为持有中国护照和/或长时间在中国居住（满 183 天），所以是中国税务居民。该对夫妇和家族成员若向中国的银行声明自己是中国税务居民，并提供合理的当地住址、邮箱和电话等资料，可能会被认定为中国税务居民，从而在中国金融机构的金融账户不会进行 CRS 交换，海外金融机构若认定其为中国税务居民，则会将其金融账户信息报送回中国。

如果甲乙夫妇是中国的税务居民，个人在中国以外设立公司、取得收入都有可能被征税。海外的账户信息若被报送回中国税务机关,若有未完税收入,可能面临补交税款、滞纳金,甚至处以所偷税款50%至5倍的罚款,如果构成犯罪,还会被追究刑事责任。

四、偷逃税款风险

(一)偷(逃)税行为的表现

所谓偷税是指行为人采取隐秘手段,蒙蔽税务机关,不缴或者少缴应纳税款的行为。从税收征收管理法层面看,这种行为被称为"偷税",从刑法层面看,这种行为被称为"逃税"。

按照《税收征收管理法》第63条的规定,偷税主要表现为通过以下几种方式不缴或者少缴应纳税款的行为。

1.伪造、变造、隐匿、擅自销毁账簿、记账凭证

所谓伪造账簿,是指违反会计法和国家统一的会计制度的规定,根据伪造或者变造的虚假会计凭证填制会计账簿,或者不按要求登记账簿,或者对内对外采用不同的确认标准、计量方法等手段登记会计账簿的行为。所谓变造账簿,是指采取涂改、挖补或者其他手段改变会计账簿的真实内容的行为。所谓伪造记账凭证,是指以虚假的经济业务或者资金往来为前提,填写、制作记账凭证的行为。所谓变造记账凭证,是指采取涂改、挖补以及其他方法改变记账凭证真实内容的行为。所谓隐匿,是指故意转移、隐藏应当保存的账簿、记账凭证的行为。所谓销毁,是指故意将依法应当保存的账簿、记账凭证予以毁灭的行为。

2.在账簿上多列支出或者不列、少列收入

所谓多列支出,是指在账簿上填写超出实际支出的数额以冲抵或减少实际收入的数额。所谓不列、少列收入,是指瞒报或者少报收入,并在账簿上作虚假登记,以不缴或者少缴应纳税款的行为。比如,为了少缴纳或不缴纳应纳税款,有意少报、瞒报应税项目、销售收入和经营利润;有意虚增成

本、乱摊费用，缩小应税所得额；转移财产、收入和利润等。

3.经税务机关通知申报而拒不申报或者进行虚假的纳税申报

所谓经税务机关通知申报而拒不申报，指的是应当依法办理纳税申报的纳税人，不按照法律、行政法规的规定办理纳税申报，并经税务机关通知，仍拒不申报的行为。所谓进行虚假的纳税申报，是指纳税人在进行纳税申报的过程中，制造虚假情况，不如实填写或者提供纳税申报表、财务会计报告及其他纳税资料的行为。

偷税行为的行为人一般为纳税人，但是，扣缴义务人采取伪造、变造、隐匿、擅自销毁账簿、记账凭证，或者在账簿上多列支出或者不列、少列收入，或者经税务机关通知申报而拒不申报或者进行虚假的纳税申报等手段，不缴或者少缴已扣、已收税款的，也是一种偷税行为。

（二）实践中企业和个人容易产生的偷逃税风险

从2018年演员范某某偷税案来看，范某某在某电影剧组拍摄过程中实际取得片酬3 000万元，其中1 000万元已经申报纳税，其余2 000万元以拆分合同方式偷逃个人所得税618万元，少缴营业税及附加112万元，合计730万元。此外，还查出范某某及其担任法定代表人的企业少缴税款2.48亿元，其中偷逃税款1.34亿元。对于上述违法行为，根据国家税务总局指定管辖，江苏省税务局依据《税收征收管理法》第32条、第52条的规定，对范某某及其担任法定代表人的企业追缴税款2.55亿元，加收滞纳金0.33亿元；并对范某某进行了行政处罚。[①]范某某及其企业主要是采取伪造记账凭证和少计收入的手段偷税从而产生税收风险的。

从案例3-1甲先生的情况看，甲先生经营的洗浴汗蒸等业务基本上属于个人消费项目，个人消费经常不需要提供发票，如果甲先生取得的现金收入不入账，就属于不计收入的偷（逃）税行为。目前，税务机关的金税系统在

[①] 参见央广网百家号：https://baijiahao.baidu.com/s?id=1613268620698782126&wfr=spider&for=pc，最后访问时间：2023年9月4日。

一定时间内会自动测算酒店税负率，假设该酒店的税负率被发现低于行业平均水平，则有被确认为逃税（偷税）的风险。

五、虚开增值税发票的风险

（一）虚开增值税发票的界定

虚开增值税发票分为虚开增值税专用发票和虚开增值税普通发票。《发票管理办法》第22条规定："开具发票应当按照规定的时限、顺序、栏目，全部联次一次性如实开具，并加盖发票专用章。任何单位和个人不得有下列虚开发票行为：（一）为他人、为自己开具与实际经营业务情况不符的发票；（二）让他人为自己开具与实际经营业务情况不符的发票；（三）介绍他人开具与实际经营业务情况不符的发票。"

根据1996年10月17日《最高人民法院关于适用〈全国人民代表大会常务委员会关于惩治虚开、伪造和非法出售增值税专用发票犯罪的决定〉的若干问题的解释》之规定，具有下列行为之一的，即属本罪的虚开：（1）没有货物购销或者没有提供或接受应税劳务而为他人、为自己、让他人为自己、介绍他人开具增值税专用发票；（2）有货物购销或者提供或接受了应税劳务但为他人、为自己、让他人为自己、介绍他人开具数量或者金额不实的增值税专用发票；（3）进行实际经营活动，但让他人为自己代开增值税专用发票。

综合以上两个规定，虚开增值税专用发票的具体行为方式有以下四种。

1. 为他人虚开增值税专用发票

指合法拥有增值税专用发票的单位或者个人，明知他人没有货物购销或者没有提供或接受应税劳务而为其开具增值税专用发票，或者即使有货物购销或者提供了应税劳务但为其开具数量或者金额不实的增值税专用发票或用于骗取出口退税、抵扣税款的其他发票的行为。

2. 为自己虚开增值税专用发票

指合法拥有增值税专用发票的单位和个人，在本身没有货物购销或者没有提供或接受应税劳务的情况下为自己开具增值税专用发票,或者即使有货物购销或者提供或接受了应税劳务但却为自己开具数量或者金额不实的增值税专用发票的行为。

3. 让他人为自己虚开增值税专用发票

指没有货物购销或者没有提供或接受应税劳务的单位或者个人要求合法拥有增值税专用发票的单位或者个人为其开具增值税专用发票,或者即使有货物购销或者提供或接受了应税劳务但要求他人开具数量或者金额不实的增值税专用发票或者进行了实际经营活动,但让他人为自己代开增值税专用发票的行为。

4. 介绍他人虚开增值税专用发票

指在合法拥有增值税专用发票的单位或者个人与要求虚开增值税专用发票的单位或者个人之间沟通联系、牵线搭桥的行为。

(二)实践中虚开发票的主要风险点

在实践中,虚开发票的主要风险点体现在:

1. 企业利用空余开票额度虚开

利用部分商品销售的"空余开票额度"虚开增值税专用发票。一般纳税人销售货物给个人、小规模纳税人以及不要增值税发票的一般纳税人或单位,是不能或不用开具专用发票的,这就使企业产生了"空余开票额度"。而有的一般纳税人企业为了偷税,到处购买增值税发票用于抵扣,前者为谋求利益将发票虚假开给后者,于是,虚开、接受虚开增值税发票就自然地产生了。比如,加油站的消费者多是个人,很多都不需要发票,这就使得企业产生"空余开票额度",部分企业就利用这部分"空余开票额度"对外虚开。

2. 无货虚开

主要是纳税人没有生产或经营开票的货物,或是生产经营其他货物,但手上有增值税专用发票,因业务往来或为了收取手续费而向外虚开发票。如某市国税稽查局对某铸造公司进行检查时,对该公司从某经贸公司取得的购进煤炭的一批专用发票通过金税系统发函协查。受托方国税机关复函为有该企业,也有此代码、号码的发票,但该经贸公司根本没有经营煤炭的业务,属无货虚开。后经查实,该铸造公司的供销人员从小煤窑购煤后,没有取得增值税发票,为了取得进项,其给予该经贸公司财务人员好处费后,要求对方为自己虚开。

3.有货虚开

企业有产品,有场地,有生产能力,但生产能力与销售能力不相配,销售量远大于生产量,企业生产少量产品,主要是应付税务检查,然后通过领票对外虚开发票谋利,当开票量达到一定程度时,企业就注销或走逃,让人无法查找。

4.票货不一致虚开

表现为购货方从销货方购入甲产品,又从其他地方购有乙产品,乙产品价格较低,但购货方无法取得购进乙产品的专用发票,恰好销货方又有与乙产品相同或相似的产品,应购货方的要求,销货方按乙产品的交易金额,为购货方开具货物名称为甲产品的增值税专用发票,也就是张冠李戴。

案例3-1中甲先生的企业在建筑业务过程中经常挂靠到其他企业来承揽工程,如果不注意实施细节,很容易产生虚开发票的风险。

第二节 家族面临的税务风险责任

◆【案例3-2】张老板借用女儿账户收租案

张老板拥有一幢商铺大楼,主要从事服装销售店铺出租管理生意,大约共有200个经营小商铺租赁出去,他每月都有稳定的租金收入现金流。为了少开发票不交税,他便用女儿的名义在银行开立账户,并通知部分不要发票的商户将租金直接支付到女儿的银行账户中,几年累积下来,女儿的账户共收租金过千万。但张老板没想到,后来女儿女婿闹离婚起诉到了法院,女婿向法官说妻子名下还有千万银行存款,那是夫妻共同财产,坚决要求分割,而女儿告诉法官那是父亲公司的钱,不是自己的收入。如此一来,父亲借用女儿账户收取企业往来经营款的行为被曝光在司法机关面前,如果法院发出司法建议书，或是女婿一气之下到税务机关举报，那么张老板将面临偷逃税的刑事责任，同时企业也将面临债务偿还并由股东个人家庭承担连带责任的严重后果。①

一、家族税务风险可能面临的民事责任

家族税务风险面临的民事责任主要是由财产来源不合法引起的。对民营企业家来说，其不是"巨额财产来源不明罪"的主体，因为本罪主体是特殊主体，即国家工作人员。非国家工作人员并非本罪主体。因此，在财产来源不能证明合法性的情况下，企业家面临的更多是民事责任。

（一）财产来源无法证明合法性影响信托的法律效力

《信托法》第11条规定，委托人以非法财产或者本法规定不得设立信托的财产设立信托，信托无效。因此，委托人设立家族信托的财产必须具有合法性，否则会存在使家族信托无效或者被撤销的法律风险。根据《信托法》要求，以下财产不能设立家族信托：第一，非法的财产。委托人以非法财产或者《信托法》规定不得设立信托的财产设立家族信托的，该信托无效。例如，走私、盗窃、抢劫获得的非法财产以及其他非法侵占的公私财产，他人的财产包括夫妻另外一方的财产等，都属于上述情况。第二，不存在的财产。不存在的财产，包括尚未存在的财产和已经不存在的财产。委托人将来可能取得的财产或权利、已经依法转让给他人的财产或权利、已经失效的权利等，均不得设立家族信托。第三，权属不清的财产。在家族信托设立过程中，受托人应当对设立家族信托的财产进行核实，包括对委托人拟设立信托财产的质量、数量、权利凭证等进行审查，不得接受存在权利瑕疵的财产。第四，未经批准的限制流通的财产。未经批准的限制流通的财产，不能作为信托财产。

---

① 翟玉锦：《企业家如何防范家业企业不分的法律风险》，载简书网 2020 年 2 月 1 日，https://www.jianshu.com/p/181dd7d9d8d7。

根据《信托法》上述规定，如果家族想通过信托来做财产隔离、家族传承等，无法证明财产来源合法性会导致信托无效的风险。

（二）财产来源无法证明合法性容易产生债务责任

企业家作为公司股东以个人账户收取企业往来经营款，这种个人账户的存款很难证明是有合法来源的，而且容易被认定为家庭和企业资产混同，有滥用股东权利、损害债权人利益、逃避公司债务的嫌疑。《公司法》第20条规定："公司股东应当遵守法律、行政法规和公司章程，依法行使股东权利，不得滥用股东权利损害公司或者其他股东的利益；不得滥用公司法人独立地位和股东有限责任损害公司债权人的利益。公司股东滥用股东权利给公司或者其他股东造成损失的，应当依法承担赔偿责任。公司股东滥用公司法人独立地位和股东有限责任，逃避债务，严重损害公司债权人利益的，应当对公司债务承担连带责任。"因此，无法证明财产来源合法性容易产生债务责任，即本来是合法的财产，却因为说不清是公司的还是个人的，从而导致个人为企业的债务承担无限连带责任。

二、家族税务风险可能面临的行政责任

税务风险可能导致行政责任还是比较常见的，如CRS申报不真实、偷（逃）税、虚开发票均会面临行政责任。本章主要说明偷（逃）税的行政责任和虚开发票的行政责任。

（一）偷（逃）税的行政责任

偷（逃）税的行政责任是指罚款。《税收征收管理法》第63条明确规定："纳税人伪造、变造、隐匿、擅自销毁帐簿、记帐凭证，或者在帐簿上多列支出或者不列、少列收入，或者经税务机关通知申报而拒不申报或者进行虚假的纳税申报，不缴或者少缴应纳税款的，是偷税。对纳税人偷税的，由税务机关追缴其不缴或者少缴的税款、滞纳金，并处不缴或者少缴的税款百分

之五十以上五倍以下的罚款；构成犯罪的，依法追究刑事责任。扣缴义务人采取前款所列手段，不缴或者少缴已扣、已收税款，由税务机关追缴其不缴或者少缴的税款、滞纳金，并处不缴或者少缴的税款百分之五十以上五倍以下的罚款；构成犯罪的，依法追究刑事责任。"

范某某偷税案中，范某某及其控制的企业偷税行为所承担的行政责任就是依据上述规定确定的。对于范某某偷税的违法行为，根据国家税务总局指定管辖，江苏省税务局依据《税收征收管理法》第32条、第52条的规定，对范某某及其担任法定代表人的企业追缴税款2.55亿元，加收滞纳金0.33亿元；依据《税收征收管理法》第63条的规定，对范某某采取拆分合同手段隐瞒真实收入偷逃税款处4倍罚款计2.4亿元，对其利用工作室账户隐匿个人报酬的真实性质偷逃税款处3倍罚款计2.39亿元；对其担任法定代表人的企业少计收入偷逃税款处1倍罚款计94.6万元；依据《税收征收管理法》第69条和《税收征收管理法实施细则》第93条的规定，对其担任法定代表人的两家企业未代扣代缴个人所得税和非法提供便利协助少缴税款各处0.5倍罚款，分别计0.51亿元、0.65亿元。

依据《行政处罚法》第42条以及《江苏省行政处罚听证程序规则》相关规定，2018年9月26日，江苏省税务局依法向范某某下达《税务行政处罚事项告知书》，对此范某某未提出听证申请。9月30日，江苏省税务局依法向范某某正式下达《税务处理决定书》和《税务行政处罚决定书》，要求其在收到上述处理处罚决定后将追缴的税款、滞纳金、罚款在规定期限内缴清。

（二）虚开发票的行政责任

虚开发票的行政责任主要包括罚款、没收违法所得。根据《发票管理办法》第37条的规定，虚开发票的，由税务机关没收违法所得；虚开金额在1万元以下的，可以并处5万元以下的罚款；虚开金额超过1万元的，并处5万元以上50万元以下的罚款；构成犯罪的，依法追究刑事责任。

◆【案例3-3】

武汉某新技术有限公司于2009年3月27日注册成立，公司类型为有限责任公司，公司法定代表人为张某某，黄某某系该公司负责人。该公司与个体户"赵勇"签订采购供应合同，从"赵勇"处购进一批价值20万元的橡塑保温板。因"赵勇"无法开具增值税专用发票，黄某某作为该公司的实际负责人，多次催促"赵勇"为其公司开具增值税专用发票。"赵勇"通过快递形式，将销货单位为某商贸有限公司的两张增值税专用发票（票号为00024421、00024422）邮寄至武汉某新技术有限公司，价税合计233 100元，其中税额合计33 869.24元。武汉某新技术有限公司将上述增值税专用发票在税务机关申报抵扣了税款33 869.24元。后来，税务机关从武汉某新技术有限公司追回了抵扣的税款33 869.24元，并对该公司处罚款33 869.24元。后来黄某某和武汉某新技术有限公司也被追究了刑事责任。

三、家族税务风险可能面临的刑事责任

（一）逃税罪的刑事责任

从2009年2月28日起，"偷税"不再作为一个刑法概念存在。第十一届全国人大常委会第七次会议表决通过了《刑法修正案（七）》，修正后的《刑法》对第201条关于不履行纳税义务的定罪量刑标准和法律规定中的相关表述方式进行了修改。用"逃避缴纳税款"的表述取代了原法律条文中"偷税"的表述。规定"纳税人采取欺骗、隐瞒手段进行虚假纳税申报或者不申报，逃避缴纳税款数额较大并且占应纳税额百分之十以上的，处三年以下有期徒刑或者拘役，并处罚金；数额巨大并且占应纳税额百分之三十以上的，处三年以上七年以下有期徒刑，并处罚金"。有逃避缴纳税款行为的纳税人，"经税务机关依法下达追缴通知后，补缴应纳税款，缴纳滞纳金，已受行政处罚的，不予追究刑事责任；但是，五年内因逃避缴纳税款受过刑事处罚或者被税务机关给予二次以上行政处罚的除外"。

那么，上述规定中的数额较大和数额巨大的标准是多少呢？逃税罪入刑的金额门槛很低，逃税数额10万元以上便属于数额较大。这就意味着，若高

净值人士恰好有几套房子出租并忽略了个税申报，便有刑事责任风险。而庆幸的是，逃税罪有"首次刑责豁免"的相关规定。为了增强经济活力和体现人道主义精神，《刑法修正案（七）》提升了经济犯罪刑事责任门槛，适当降低了经济犯罪惩罚力度，也对逃税罪进行了修改。修正案规定"经税务机关依法下达追缴通知后，补缴应纳税款，缴纳滞纳金，已受行政处罚的，不予追究刑事责任；但是，五年内因逃避缴纳税款受过刑事处罚或者被税务机关给予二次以上行政处罚的除外"。如果是初犯，补缴税款及滞纳金后，便可免除刑事责任。演员范某某逃税金额上亿却可免除刑事责任便是由于《刑法修正案（七）》的这一规定。

（二）虚开增值税专用发票的刑事责任

与逃税罪不同的是，虚开增值税专用发票罪没有"首次刑责豁免"的相关规定，且虚开增值税专用发票罪的范围很广，为他人虚开、为自己虚开、让他人为自己虚开、介绍他人虚开行为，均属于该罪的范围之内。

根据《刑法》第205条第1款、第2款的规定："虚开增值税专用发票或者虚开用于骗取出口退税、抵扣税款的其他发票的，处三年以下有期徒刑或者拘役，并处二万元以上二十万元以下罚金；虚开的税款数额较大或者有其他严重情节的，处三年以上十年以下有期徒刑，并处五万元以上五十万元以下罚金；虚开的税款数额巨大或者有其他特别严重情节的，处十年以上有期徒刑或者无期徒刑，并处五万元以上五十万元以下罚金或者没收财产。单位犯本条规定之罪的，对单位判处罚金，并对其直接负责的主管人员和其他直接责任人员，处三年以下有期徒刑或者拘役；虚开的税款数额较大或者有其他严重情节的，处三年以上十年以下有期徒刑；虚开的税款数额巨大或者有其他特别严重情节的，处十年以上有期徒刑或者无期徒刑。"

那么如何确定起刑点以及数额较大、数额巨大呢？根据《最高人民检察院、公安部关于公安机关管辖的刑事案件立案追诉标准的规定（二）》（公通字〔2022〕12号）、《最高人民法院关于虚开增值税专用发票定罪量刑标准有关问题的通知》（法〔2018〕226号）等规定，虚开的税款数额在10

万元以上或者造成国家税款损失数额在5万元以上的,应予立案追诉;虚开的税款数额在50万元以上的,认定为《刑法》第205条规定的"数额较大";虚开的税款数额在250万元以上的,认定为《刑法》第205条规定的"数额巨大"。

第二部分
境内家族税收法律制度与税务规划

第四章 境内家族面临的主要税种与规划

第一节 家族成员个人所得税

◆【案例4-1】某歌星的综合所得如何纳税？

歌星张某每月工资35 000元（税前），同时他还接受了另一家演出公司的聘请，取得劳务费120万元（税前），该120万元按十二个月分别支付，每月支付10万元。张某支付社会保险费用每月5 000元，支付住房贷款利息每月2 000元，住房租金支出每月10 000元。按照2018年修正的《个人所得税法》的综合所得征税，应该缴纳多少税？

2018年修正的《个人所得税法》主要修改内容包括：一是借鉴国际惯例，明确引入了居民个人和非居民个人的概念，并将在中国境内居住的时间这一判定居民个人和非居民个人的标准，由现行的是否满一年调整为是否满183天。二是对部分劳动性所得实行综合征税。三是优化调整税率结构，实行综合所得税率。四是提高综合所得基本减除费用标准。五是设立专项附加扣除。六是增加反避税条款。其中第二、三、四、五均是结合个人所得税综合征税产生的变化。关于居民个人和非居民个人的概念在第二章已述，本节主要介绍个人所得税的征税项目和免税项目，并在介绍综合所得计算时分析案例4-1。

一、个人所得税不同纳税人的征税法域

个人所得税的纳税人分为两种，一种是居民个人，一种是非居民个人。

根据《个人所得税法》及其实施条例的规定，在中国境内有住所，或者无住所而一个纳税年度内在中国境内居住累计满183天的个人，为居民个人。居民个人从中国境内和境外取得的所得，依法缴纳个人所得税。

在中国境内无住所又不居住，或者无住所而一个纳税年度内在中国境内居住累计不满183天的个人，为非居民个人。非居民个人从中国境内取得的所得，依法缴纳个人所得税。

（一）来源于中国境内的所得

根据《个人所得税法实施条例》第3条的规定，除国务院财政、税务主管部门另有规定外，下列所得，不论支付地点是否在中国境内，均为来源于中国境内的所得：

（1）因任职、受雇、履约等在中国境内提供劳务取得的所得；

（2）将财产出租给承租人在中国境内使用而取得的所得；

（3）许可各种特许权在中国境内使用而取得的所得；

（4）转让中国境内的不动产等财产或者在中国境内转让其他财产取得的所得；

（5）从中国境内企业、事业单位、其他组织以及居民个人取得的利息、股息、红利所得。

（二）来源于中国境外的所得

根据《财政部、国家税务总局关于境外所得有关个人所得税政策的公告》（财政部、国家税务总局公告2020年第3号）的规定，下列所得，为来源于中国境外的所得：

（1）因任职、受雇、履约等在中国境外提供劳务取得的所得；

（2）中国境外企业以及其他组织支付且负担的稿酬所得；

（3）许可各种特许权在中国境外使用而取得的所得；

（4）在中国境外从事生产、经营活动而取得的与生产、经营活动相关的所得；

（5）从中国境外企业、其他组织以及非居民个人取得的利息、股息、红利所得；

（6）将财产出租给承租人在中国境外使用而取得的所得；

（7）转让中国境外的不动产、转让对中国境外企业以及其他组织投资形成的股票、股权以及其他权益性资产（以下称权益性资产）或者在中国境外转让其他财产取得的所得。但转让对中国境外企业以及其他组织投资形成的权益性资产，该权益性资产被转让前三年（连续36个公历月份）内的任一时间，被投资企业或其他组织的资产公允价值50%以上直接或间接来自位于中国境内的不动产的，取得的所得为来源于中国境内的所得；

（8）中国境外企业、其他组织以及非居民个人支付且负担的偶然所得；

（9）财政部、税务总局另有规定的，按照相关规定执行。

二、高净值家庭的个人所得征税项目

根据《个人所得税法》第2条的规定，个人所得税征税项目主要包括：工资、薪金所得，劳务报酬所得，稿酬所得，特许权使用费所得，经营所得，利息、股息、红利所得，财产租赁所得，财产转让所得，偶然所得。其中工资、薪金所得，劳务报酬所得，稿酬所得，特许权使用费所得四项所得对于居民个人采取综合征收，也可以一并称为"综合所得"，具体见表4-1。

表4-1 个人所得税非居民个人与居民个人税目

税　　目	非居民个人	居民个人
1.工资、薪金所得	按月分项计算	按纳税年度合并计算个人所得税
2.劳务报酬所得	按次分项计算	
3.稿酬所得	按次分项计算	
4.特许权使用费所得	按次分项计算	
5.经营所得	按年分项计算	按年分项计算
6.利息、股息、红利所得	按次分项计算	按次分项计算

续表

税　　目	非居民个人	居民个人
7.财产租赁所得	按次分项计算	按次分项计算
8.财产转让所得	按次分项计算	按次分项计算
9.偶然所得	按次分项计算	按次分项计算

本部分重点对居民个人所得税进行分析，非居民个人所得税在本节第四部分"无住所个人的个人所得税"中进行介绍。

（一）综合所得

1.综合所得的界定

（1）工资、薪金所得：个人因任职或者受雇而取得的工资、薪金、奖金、年终加薪、劳动分红、津贴、补贴以及与任职或者受雇有关的其他所得。

（2）劳务报酬所得：个人独立从事各种非雇佣的劳务的所得。包括从事设计、装潢、安装、制图、化验、测试、医疗、法律、会计、咨询、讲学、翻译、审稿、书画、雕刻、影视、录音、录像、演出、表演、广告、展览、技术服务、介绍服务、经纪服务、代办服务以及其他劳务的所得。

（3）稿酬所得：个人因其作品以图书、报刊形式出版、发表而取得的所得。不以图书、报刊出版、发表的独立翻译、审稿、书画所得归为劳务报酬所得。

（4）特许权使用费所得：个人提供专利权、商标权、著作权、非专利技术以及其他特许权的使用权的所得。提供著作权的使用权的所得，不包括稿酬所得。作者将自己的文字作品手稿原件或复印件公开拍卖（竞价）的所得属于特许权使用费所得。

2.综合所得的税率（见表4-2）

表4-2　综合所得税率（按年）

级数	累计预扣预缴应纳税所得额	税率（%）	速算扣除数
1	不超过36 000元	3	0

续表

级数	累计预扣预缴应纳税所得额	税率（%）	速算扣除数
2	超过36 000元至144 000元的部分	10	2520
3	超过144 000元至300 000元的部分	20	16920
4	超过300 000元至420 000元的部分	25	31920
5	超过420 000元至660 000元的部分	30	52920
6	超过660 000元至960 000元的部分	35	85920
7	超过960 000元的部分	45	181920

3.综合所得的计算方法

综合所得的计算方法对于居民个人来说是按年计算的，全年应纳税所得额是指居民个人取得综合所得以每一纳税年度收入额减除费用6万元以及专项扣除、专项附加扣除和依法确定的其他扣除后的余额。其中劳务报酬所得、稿酬所得、特许权使用费所得以收入减除20%的费用后的余额为收入额，稿酬所得的收入额减按70%计算。专项扣除包括居民个人按照国家规定的范围和标准缴纳的基本养老保险、基本医疗保险、失业保险等社会保险费和住房公积金等；专项附加扣除包括子女教育、继续教育、大病医疗、住房贷款利息和住房租金等支出。

◆【案例4-1分析】

以案例4-1为例进行计算，张某全年的应税收入总额=工资薪金收入+劳务报酬收入=35 000×12+1 200 000×（1-20%）=1 380 000元

张某全年可以扣除的费用=60 000+5 000×12+1 000×12=132 000元

张某全年的应纳税所得额=1 380 000-132 000=1 248 000元

则张某适用45%的税率

张某全年应纳个人所得税=1 248 000×45%-181 920=379 680元

张某个人所得税税负率=379 680/1 620 000=23.4%

由于2018年修正的《个人所得税法》仅针对工资、薪金，劳务报酬，稿酬和特许权使用费进行综合征收，如果高净值人士以这些收入为主，在大部分情况下税负会略有上升，除非该人士可扣除的支出较大。

因此，此次税改或许会加重高收入人群的税收负担。比如演艺明星，按照以往规定每笔演出劳务报酬的最高税率是20%，而经过综合征收后税率很容易就能达到45%，提高了税率，因此劳动收入较高的人群税务负担比以前分项纳税要略高一些。

如果高净值人士的收入是利息、股息、红利所得，财产租赁所得，财产转让所得，偶然所得，则税负不会发生变化。而且对于个人取得的经营所得，因为适用税率对应的全年应纳税所得额的调整，税负还会明显下降。

（二）经营所得

1.经营所得的界定

根据《个人所得税法实施条例》第6条的规定，经营所得主要包括：（1）个体工商户从事生产、经营活动取得的所得，个人独资企业投资人、合伙企业的个人合伙人来源于境内注册的个人独资企业、合伙企业生产、经营的所得；（2）个人依法从事办学、医疗、咨询以及其他有偿服务活动取得的所得；（3）个人对企业、事业单位承包经营、承租经营以及转包、转租取得的所得；（4）个人从事其他生产、经营活动取得的所得。

2.经营所得的税率（见表4-3）

表4-3　个人所得税经营所得税率

级数	全年应纳税所得额	税率（%）	速算扣除数
1	不超过30 000元的	5	0
2	超过30 000元至90 000元的部分	10	1500
3	超过90 000元至300 000元的部分	20	10500
4	超过300 000元至500 000元的部分	30	40500
5	超过500 000元的部分	35	65500

3.经营所得的计算

取得经营所得的个人，没有综合所得的，计算其每一纳税年度的应纳税所得额时，应当减除费用6万元、专项扣除、专项附加扣除以及依法确定的其他扣除，专项附加扣除在办理汇算清缴时减除。

个体工商户个人所得税计税办法比对企业所得税处理。个体工商户的生产、经营所得适用五级超额累进税率，以其应纳税所得额按适用税率计算应纳税额。

应纳税所得额＝收入总额－成本－费用－损失－税金－其他支出－允许弥补的以前年度亏损

应纳税额＝应纳税所得额×适用税率－速算扣除数

按月预缴税额和年终汇算清缴税额。

其计算公式为：

本月应预缴税额＝本月累计应纳税所得额×适用税率－速算扣除数－上月累计已预缴税额

全年应纳税额＝全年应纳税所得额×适用税率－速算扣除数

汇算清缴税额＝全年应纳税额－全年累计已预缴税额

4.应纳税额的计算

第一种：查账征收

（1）应纳税所得额＝Σ各个企业的经营所得（汇总确定税率）

（2）应纳税额＝应纳税所得额×税率－速算扣除数

（3）本企业应纳税额＝应纳税额×本企业的经营所得÷Σ各个企业的经营所得

（4）本企业应补缴的税额＝本企业应纳税额－本企业预缴的税额

第二种：核定征收

（1）有下列情形之一的，主管税务机关应采取核定征收方式征收个人所得税：

a.企业依照国家有关规定应当设置但未设置账簿的；

b.企业虽设置账簿，但账目混乱或者成本资料、收入凭证、费用凭证残缺不全，难以查账的；

c.纳税人发生纳税义务，未按照规定的期限办理纳税申报，经税务机关责令限期申报逾期仍不申报的。

但要注意的是，实行核定征税的投资者不得享受个人所得税的优惠。此外，持有股权、股票、合伙企业财产份额等权益性投资的个人独资企业、合伙企业，一律适用查账征收方式计征个人所得税，不得适用核定征收。

（2）核定征收方式包括定额征收、核定应税所得率征收以及其他合理的征收方式。

实行核定应税所得率征收方式的，应纳所得税额的计算公式如下：

（1）应纳所得税额=应纳税所得额×适用税率

（2）应纳税所得额=收入总额×应税所得率

或=成本费用支出额/（1-应税所得率）×应税所得率

但要注意的是，企业经营多业的，无论其经营项目是否单独核算，均应根据其主营项目确定适用的应税所得率。

（三）利息、股息、红利所得

利息、股息、红利所得，是指个人拥有债权、股权等而取得的利息、股息、红利所得。

1. 利息、股息、红利所得的计税方法

应纳税所得额无费用扣除。

应纳税额=应纳税所得额×适用税率=每次收入额×20%

2. 利息、股息、红利所得的计税特殊规定

（1）国债、地方政府债券利息和国家发行的金融债券利息免个税；自2008年10月9日起，对居民储蓄存款利息暂免征收个人所得税。

（2）职工个人取得的量化资产。[①]

①对职工个人以股份形式取得的仅作为分红依据，不拥有所有权的企业量化资产，不征收个人所得税。

②对职工个人以股份形式取得的拥有所有权的企业量化资产，暂缓征收个人所得税；待个人将股份转让时，就其转让收入额，减除个人取得该股份时实际支付的费用支出和合理转让费用后的余额，按"财产转让所得"项目

[①] 参见《国家税务总局关于企业改组改制过程中个人取得的量化资产征收个人所得税问题的通知》（国税发〔2000〕60号）。

计征个人所得税。

③对职工个人以股份形式取得的企业量化资产参与企业分配而获得的股息、红利，应按"利息、股息、红利所得"项目征收个人所得税。

（3）上市公司股息红利差别化个人所得税政策（见表4-4）及持有全国中小企业股份转让系统挂牌公司股票所获得股息红利所得额的确认。[①]

表4-4　上市公司股息红利差别化个人所得税政策

持股期限	应纳税所得额确认
一个月以内（含一个月）	全额计入应纳税所得额
一个月以上至一年（含一年）	减按50%计入应纳税所得额
超过一年	免征

（4）个人转让股票时，按照先进先出的原则计算持股期限，即证券账户中先取得的股票视为先转让。

（5）个人持有的上市公司限售股，解禁后取得的股息红利，持股时间自解禁日起计算；解禁前取得的股息红利继续暂减按50%计入应纳税所得额，适用20%的税率计征个人所得税。

（6）沪港、深港股票市场交易互联互通机制试点有关税收政策。[③]（见表4-5）

表4-5　沪港、深港股票市场交易互联互通机制内地和香港投资者税收政策对比

内地投资者（个人）	①沪港、深港股票市场股票转让差价所得，暂免征收个人所得税。[③] ②通过沪港通、深港通从上市H股、非H股取得的股息红利，按照20%的税率缴纳个人所得税； 个人投资者在国外已缴纳的预提税，可持有效扣税凭证到中国结算的主管税务机关申请税收抵免。

---

① 参见财政部、国家税务总局、证监会公告2019年第78号《财政部、国家税务总局、证监会关于继续实施全国中小企业股份转让系统挂牌公司股息红利差别化个人所得税政策的公告》。

② 参见财政部、国家税务总局、证监会公告2019年第93号《财政部、国家税务总局、证监会关于继续执行沪港、深港股票市场交易互联互通机制和内地与香港基金互认有关个人所得税政策的公告》和财政部、税务总局公告2023年第2号《财政部、国家税务总局关于延续实施有关个人所得税优惠政策的公告》。

③ 参见《财政部、国家税务总局、证监会关于沪港股票市场交易互联互通机制试点有关税收政策的通知》（财税〔2014〕81号）。

续表

香港市场投资者	①对香港市场投资者（包括企业和个人）投资A股取得的转让差价所得，暂免征收所得税。 ②对香港市场投资者（包括企业和个人）投资A股取得的股息红利所得，暂不执行按持股时间实行差别化征税政策，由上市公司按照10%的税率代扣所得税。对于香港投资者中属于其他国家税收居民且其所在国与中国签订的税收协定规定股息红利所得税率低于10%的，企业或个人可以自行或委托代扣代缴义务人，向上市公司主管税务机关提出享受税收协定待遇的申请，主管税务机关审核后，应按已征税款和根据税收协定税率计算的应纳税款的差额予以退税。

（四）财产租赁所得

财产租赁所得是指个人出租建筑物、土地使用权、机器设备、车船以及其他财产取得的所得。

1.财产租赁所得的计税方法

财产租赁所得，以一个月内取得的收入为一次。

（1）应纳税所得额的确定

①每次收入≤4 000元：

应纳税所得额=每次收入额−准予扣除项目−修缮费用（800元为限）−800元

②每次收入>4 000元：

应纳税所得额=［每次收入额−准予扣除项目−修缮费用（800元为限）］×（1−20%）

（2）个人出租房产扣除的费用

在计算应纳税所得额时从不含增值税收入中依次扣除以下费用：

①财产租赁过程中缴纳的税费（城建税及附加、房产税）；

②向出租方支付的租金及增值税额（转租）；

③由纳税人负担的该出租财产实际开支的修缮费用（每次800元为限）；

④税法规定的费用扣除标准（800元或20%）。

（3）一般税率为20%，个人按市场价格出租的居民住房适用税率10%。

（4）应纳税额=应纳税所得额×适用税率

需要注意的是，出现财产租赁所得的纳税人不明确的情况，在确定财产租赁所得纳税人时，应以产权凭证为依据。无产权凭证的，由主管税务机关根据实际情况确定纳税人。如果产权所有人死亡，在未办理产权继承手续期间，该财产出租且有租金收入的，以领取租金的个人为纳税人。

2.财产租赁所得个人所得税的特殊规定

（1）个人取得的财产转租收入属于"财产租赁所得"。[①]

（2）房地产开发企业与商店购买者个人签订协议规定，房地产开发企业按优惠价格出售其开发的商店给购买者个人，但购买者个人在一定期限内必须将购买的商店无偿提供给房地产开发企业对外出租使用。对购买者个人少支出的购房价款视同"财产租赁所得"。每次财产租赁所得的收入额，按照少支出的购房价款和协议规定的租赁月份数平均计算确定。[②]

3.个人财产租赁所得的税务处理[③]（见表4-6）

表4-6　个人财产租赁所得的税务处理

涉及税种	个人财产租赁所得税收政策
增值税	个人出租住房，按照5%的征收率减按1.5%计算应纳税额。
城建税及附加	以计算的增值税为依据。
房产税	个人出租住房，按4%的税率征收房产税，由于个人是小规模纳税人，现行政策规定，小规模纳税人的房产税在现行优惠政策的基础上再减半。因此，个人住房出租按2%的税率征收房产税。
个人所得税	对个人按市场价格出租居民住房取得的所得减按10%的税率征收个人所得税。

[①] 参见《国家税务总局关于个人转租房屋取得收入征收个人所得税问题的通知》（国税函〔2009〕639号）。

[②] 参见《国家税务总局关于个人与房地产开发企业签订有条件优惠价格协议购买商店征收个人所得税问题的批复》（国税函〔2008〕576号）。

[③] 参见《财政部、国家税务总局关于廉租住房、经济适用住房和住房租赁有关税收政策的通知》（财税〔2008〕24号）。

（五）财产转让所得

财产转让所得，是指个人转让有价证券、股权、建筑物、土地使用权、机器设备、车船以及其他财产取得的所得。

1. 财产转让所得的基本计税方法

（1）计算公式

应纳税所得额＝每次收入额－财产原值－合理税费

应纳税额＝应纳税所得额×适用税率20%

（2）财产原值的确定（见表4-7）

表4-7　财产转让所得财产原值确定

财产类别	原值的确定
有价证券	买入价以及买入时按规定缴纳的有关费用，转让债券采用"加权平均法"确定（配比原则）
建筑物	建造费或者购进价格以及其他有关税费
土地使用权	取得土地使用权所支付的金额、开发土地的费用以及其他有关税费
机器设备、车船	购进价格、运输费、安装费以及其他相关费用

一次卖出某一种类的债券允许扣除的买价和费用＝购进该种债券买入价和买进过程中缴纳的税费总和÷购进该种类债券总数量×一次卖出的该种类债券数量＋卖出的该种类债券过程中缴纳的税费[1]

2. 个人因购买和处置债权取得所得征收个人所得税[2]

（1）个人通过招标、竞拍或其他方式购置债权以后，通过相关司法或行政程序主张债权而取得的所得，应按照"财产转让所得"项目缴纳个人所得税。

（2）个人通过上述方式取得"打包"债权，只处置部分债权的，其应纳税所得额按以下方式确定：

---

[1]《国家税务总局关于征收个人所得税若干问题的规定》（国税发〔1994〕89号，部分条款失效）。
[2]《国家税务总局关于个人因购买和处置债权取得所得征收个人所得税问题的批复》（国税函〔2005〕655号）。

①以每次处置部分债权的所得,作为一次财产转让所得征税。

②其应税收入按照个人取得的货币资产和非货币资产的评估价值或市场价值的合计数确定。

③所处置债权成本费用(财产原值),按下列公式计算:

当次处置债权成本费用=个人购置"打包"债权实际支出×当次处置债权账面价值(或拍卖机构公布价值)÷"打包"债权账面价值(或拍卖机构公布价值)

④个人购买和处置债权过程中发生的拍卖招标手续费、诉讼费、审计评估费以及缴纳的税金等合理税费,在计算个人所得税时允许扣除。

3.财产转让所得个人所得税的特殊规定

(1)境内上市公司股票转让所得暂不征收个人所得税。

(2)个人转让自用五年以上并且是家庭唯一生活用房取得的所得免税。

(3)个人拍卖除自己的文字作品原稿及复印件外的其他财产,应按"财产转让所得"项目缴纳个人所得税。

这里需要注意的是,作者将自己的文字作品手稿原件或复印件拍卖取得的所得,按照"特许权使用费所得"项目缴纳个人所得税。

(4)量化资产股份转让。[①]对职工个人以股份形式取得的拥有所有权的企业量化资产,暂缓征税;待个人将股份转让时,就其转让收入额,减除取得该股份时实际支付的费用支出和合理转让费用后的余额,按财产转让所得征税。财产量化资产个人所得税政策见表4-8。

表4-8 财产量化资产个人所得税政策

个人在形式上取得企业量化资产	不征个人所得税
个人在实质上取得企业量化资产	缓征个人所得税
个人转让量化资产	按"财产转让所得"项目计征个人所得税
个人取得量化资产的分红	按"利息、股息、红利所得"项目征收个人所得税

---

① 参见《国家税务总局关于企业改组改制过程中个人取得的量化资产征收个人所得税问题的通知》(国税发〔2000〕60号)。

（六）偶然所得

偶然所得，是指个人得奖、中奖、中彩以及其他偶然性质的所得。

1. 偶然所得的计税方法

偶然所得以个人每次取得的收入额为应纳税所得额，不扣除任何费用。

应纳税额＝应纳税所得额（每次收入额）×20%

2. 适用偶然所得的应税所得

适用偶然所得的应税所得类型主要包括：第一，累积消费抽奖所得，即企业对累积消费达到一定额度的顾客，给予额外抽奖机会，个人的获奖所得；第二，不竞争款项所得，即对于资产购买方企业与资产出售方企业自然人股东之间在资产购买交易中，通过签订保密和不竞争协议等方式，约定资产出售方企业自然人股东在交易完成后一定期限内，承诺不从事有市场竞争的相关业务，并负有相关技术资料的保密义务，资产购买方企业则在约定期限内，按一定方式向资产出售方企业自然人股东所支付的不竞争款项；第三，有奖发票奖金所得，即个人取得单张有奖发票奖金所得超过800元的所得；第四，使用权奖项所得，消费者在购物有奖活动中，取得的住房、汽车等实物的使用权；第五，体育彩票中奖所得；第六，境外博彩所得；第七，提供担保获得收入；第八，无偿受赠房产（法定免征情形除外）；第九，其他单位赠送礼品所得，即企业在业务宣传、广告等活动中，随机向本单位以外的个人赠送礼品（包括网络红包），以及企业在年会、座谈会、庆典以及其他活动中向本单位以外的个人赠送礼品。

3. 偶然所得的特殊规定

购买社会福利有奖募捐奖券一次中奖不超过1万元的，暂免征税，超过1万元的全额征税。①

---

① 参见《国家税务总局关于社会福利有奖募捐发行收入税收问题的通知》（国税发〔1994〕127号，部分条款失效）。

三、高净值家庭个人所得税减免税项目

（一）免税项目[1]

1.省级人民政府、国务院部委和中国人民解放军军以上单位，以及外国组织、国际组织颁发的科学、教育、技术、文化、卫生、体育、环境保护等方面奖金。

2.国债和国家发行的金融债券利息。

3.按照国家统一规定发给的补贴、津贴。包括按照国务院规定发给的政府特殊津贴、院士津贴、资深院士津贴和国务院规定免纳个人所得税的其他补贴、津贴（特殊津贴）。

4.福利费、抚恤金、救济金。

5.保险赔款。

6.军人的转业费、复员费、退役金。

7.按照国家统一规定发给干部、职工的安家费、退职费、基本养老金或者退休费、离休费、离休生活补助费。

需要注意的是离退休人员除按规定领取离退休工资或养老金外，另从原任职单位取得的各类补贴、奖金、实物，不属于《个人所得税法》规定可以免税范围的，应按"工资、薪金所得"项目的规定缴纳个人所得税。

8.依照有关法律规定应予免税的各国驻华使馆、领事馆的外交代表、领事官员和其他人员的所得。

9.中国政府参加的国际公约、签订的协议中规定免税的所得。

10.国务院规定的其他免税所得。

（二）减税项目

1.残疾、孤老人员和烈属的所得。对残疾人个人取得的劳动所得才适用减税规定。

---

[1] 参见《个人所得税法》第4条。

2.因严重自然灾害造成重大损失的。

3.其他经国务院财政部门批准减税的。

（三）暂免征税项目

1.超国民待遇

（1）外籍个人以非现金形式或实报实销形式取得的住房补贴、伙食补贴、搬迁费、洗衣费。

（2）外籍个人按合理标准取得的境内、境外出差补贴。

（3）外籍个人取得的探亲费、语言训练费、子女教育费等，经当地税务机关审核批准为合理的部分。

（4）符合条件的外籍专家取得的工资、薪金所得。

（5）外籍个人从外商投资企业取得的股息、红利所得。

2.个人举报、协查各种违法、犯罪行为而获得的奖金。

3.个人办理代扣代缴手续，按规定取得的扣缴手续费。

4.个人转让自用达五年以上，并且是唯一的家庭生活用房取得的所得。

5.对个人购买福利彩票、赈灾彩票、体育彩票，一次中奖收入在1万元以下（含1万元）的暂免征收个人所得税，超过1万元的，全额征收个人所得税。

6.达到离休、退休年龄，但确因工作需要，适当延长离休、退休年龄的高级专家，其在延长离休、退休期间的工资、薪金所得，视同离休、退休工资免征个人所得税。

7.城镇企业事业单位及其职工个人按照《失业保险条例》规定的比例，实际缴付的失业保险费，均不计入职工个人当期的工资、薪金所得，免予征收个人所得税。

企业和个人按照国家或地方政府规定的比例，提取并向指定金融机构实际缴付的住房公积金、医疗保险金、基本养老保险金，免予征收个人所得税。

8.个人领取原提存的住房公积金、医疗保险金、基本养老保险金，以及具备《失业保险条例》规定条件的失业人员领取的失业保险金，免予征收个人所得税。

9.按照国家或省级地方政府规定的比例缴付的住房公积金、医疗保险金、基本养老保险金、失业保险金存入银行个人账户所取得的利息所得，免予征收个人所得税。

10.生育妇女取得符合规定的生育津贴、生育医疗费或其他属于生育保险性质的津贴、补贴，免征个税。

11.对符合地方政府规定条件的低收入住房保障家庭从地方政府领取的住房租赁补贴，免征个人所得税。

四、无住所个人的个人所得税

（一）无住所个人工资、薪金所得收入额计算[①]

1.无住所个人为非居民个人的情形[②]

非居民个人取得工资、薪金所得，除"无住所个人为高管人员的情形"规定以外，当月工资、薪金收入额分别按照以下两种情形计算：

（1）非居民个人境内居住时间累计不超过90天的情形。（见表4-9）

表4-9　非居民个人境内居住时间累计不超过90天的纳税规则

居住时间	纳税人性质	境内所得		境外所得	
		境内支付	境外支付	境内支付	境外支付
累计不超过90天	非居民	√	免税	×	×

在一个纳税年度内，在境内累计居住不超过90天的非居民个人，仅就归属于境内工作期间并由境内雇主支付或者负担的工资、薪金所得计算缴纳个人所得税。

[①] 参见财政部、国家税务总局公告2019年第35号《财政部、国家税务总局关于非居民个人和无住所居民个人有关个人所得税政策的公告》。

[②] 参见《个人所得税法实施条例》第4条、第5条。

当月工资、薪金收入额的计算公式如下：

当月工资、薪金收入额＝当月境内外工资、薪金总额×（当月境内支付工资、薪金数额÷当月境内外支付工资、薪金总额）×（当月工资、薪金所属工作期间境内工作天数÷当月工资、薪金所属工作期间公历天数）（境内所得，境内支付）

（2）非居民个人境内居住时间累积超过90天但不满183天的情形。

在一个纳税年度内，在境内累计居住超过90天但不满183天的非居民个人，其取得归属于境内工作期间的工资、薪金所得，均应当计算缴纳个人所得税；其取得归属于境外工作期间的工资、薪金所得，不征收个人所得税。

当月工资、薪金收入额的计算公式如下：

当月工资、薪金收入额＝当月境内外工资、薪金总额×（当月工资、薪金所属工作期间境内工作天数÷当月工资、薪金所属工作期间公历天数）

2.无住所个人为居民个人的情形

在一个纳税年度内，在境内累计居住满183天的无住所居民个人取得工资、薪金所得，当月工资、薪金收入额按照以下规定计算：

（1）无住所居民个人在境内居住累计满183天的年度连续不满六年的情形。（见表4-10）

表4-10 无住所居民个人在境内居住累计满183天的年度
连续不满六年纳税规则

居住时间	纳税人性质	境内所得		境外所得	
		境内支付	境外支付	境内支付	境外支付
累计满183天的年度连续不满六年	居民	√	√	√	免税

当月工资、薪金收入额＝当月境内外工资、薪金总额×[1-（当月境外支付工资、薪金数额÷当月境内外工资、薪金总额）×（当月工资、薪金所属工作期间境外工作天数÷当月工资、薪金所属工作期间公历天数）]

（2）无住所居民个人在境内居住累计满183天的年度连续满六年的情形。

（见表4-11）

表4-11 无住所居民个人在境内居住累计满183天的年度连续满六年纳税规则

居住时间	纳税人性质	境内所得		境外所得	
		境内支付	境外支付	境内支付	境外支付
六年以上	居民	√	√	√	√

在境内居住累计满183天的年度连续满六年后，不符合优惠条件的无住所居民个人，其从境内、境外取得的全部工资、薪金所得均应计算缴纳个人所得税。

3.无住所个人为高管人员的情形（见表4-12）

表4-12 无住所个人为高管人员纳税规则

居住时间	纳税人性质	境内所得		境外所得	
		境内支付	境外支付	境内支付	境外支付
累计不超过90天	非居民	√	免税	√	×
累计90—183天	非居民	√	√	√	×
累计满183天的年度连续不满六年	居民	√	√	√	免税
累计满183天的年度连续满六年	居民	√	√	√	√

（1）无住所居民个人为高管人员的，工资、薪金收入额按照上述"2.无住所个人为居民个人的情形"规定计算纳税。

（2）非居民个人为高管人员的，按照以下规定处理：

①高管人员在境内居住时间累计不超过90天的情形。

当月工资、薪金收入额为当月境内支付或者负担的工资、薪金收入额。不是由境内雇主支付或者负担的工资、薪金所得，不缴纳个人所得税。

②高管人员在境内居住时间累计超过90天不满183天的情形。

当月工资、薪金收入额=当月境内外工资、薪金总额×[1-（当月境外支付工资、薪金数额÷当月境内外工资、薪金总额）×（当月工资、薪金所属工作期间境外工作天数÷当月工资、薪金所属工作期间公历天数）]

根据以上分析，对无住所个人所得税的计算，可以总结如下（见表4-13）：

表4-13 无住所个人纳税规则总结

居住时间	纳税人性质	境内所得 境内支付	境内所得 境外支付	境外所得 境内支付	境外所得 境外支付
累计不超过90天	非居民	√	免税	×（高管交）	×
累计90—183天	非居民	√	√	×（高管交）	×
累计满183天的年度连续不满六年	居民	√	√	√	免税
累计满183天的年度连续满六年	居民	√	√	√	√

（二）无住所个人税款计算

1. 无住所居民个人税款计算的规定

无住所居民个人取得综合所得，年度终了后，应按年计算个人所得税；有扣缴义务人的，由扣缴义务人按月或者按次预扣预缴税款；需要办理汇算清缴的，按照规定办理汇算清缴，年度综合所得应纳税额计算公式如下：

年度综合所得应纳税额=（年度工资、薪金收入额+年度劳务报酬收入额+年度稿酬收入额+年度特许权使用费收入额–减除费用–专项扣除–专项附加扣除–依法确定的其他扣除）×适用税率–速算扣除数

需要注意的是：无住所居民个人为外籍个人的，2022年1月1日前计算工资、薪金收入额时，已经按规定减除住房补贴、子女教育费、语言训练费等八项津补贴的，不能同时享受专项附加扣除。

2. 非居民个人税款计算的规定

（1）非居民个人当月取得工资、薪金所得，以按照上述规定计算的当月收入额，减去税法规定的减除费用后的余额，为应纳税所得额，适用月度税率表计算应纳税额。

（2）非居民个人一个月内取得数月奖金，单独按上述规定计算当月收入额，不与当月其他工资、薪金合并，按六个月分摊计税，不减除费用，适用月度税率表计算应纳税额，在一个公历年度内，对每一个非居民个人，该计

税办法只允许适用一次。计算公式如下：

当月数月奖金应纳税额=[（数月奖金收入额÷6）×适用税率−速算扣除数]×6

个人所得税税率（非居民个人工资、薪金所得，劳务报酬所得，稿酬所得，特许权使用费所得适用）如下表4-14。

表4-14 非居民个人工资、薪金所得，劳务报酬所得，
稿酬所得，特许权使用费所得税率

级数	应纳税所得额	税率（%）	速算扣除数
1	不超过3 000元	3	0
2	超过3 000元至12 000元的部分	10	210
3	超过12 000元至25 000元的部分	20	1410
4	超过25 000元至35 000元的部分	25	2660
5	超过35 000元至55 000元的部分	30	4410
6	超过55 000元至80 000元的部分	35	7160
7	超过80 000元的部分	45	15160

（3）非居民个人一个月内取得股权激励所得，单独按照上述规定计算当月收入额，不与当月其他工资、薪金合并，按六个月分摊计税（一个公历年度内的股权激励所得应合并计算），不减除费用，适用月度税率表计算应纳税额，计算公式如下：

当月股权激励所得应纳税额=[（本公历年度内股权激励所得合计额÷6）×适用税率−速算扣除数]×6−本公历年度内股权激励所得已纳税额

（4）非居民个人取得来源于境内的劳务报酬所得、稿酬所得、特许权使用费所得，以税法规定的每次收入额为应纳税所得额，适用月度税率表计算应纳税额。

（三）无住所个人适用税收协定

按照我国政府签订的避免双重征税协定、内地与我国香港、澳门地区签订的避免双重征税安排（以下简称税收协定）居民条款规定为缔约对方税收

居民的个人（以下简称对方税收居民个人），可以按照税收协定及财政部、国家税务总局有关规定享受税收协定待遇，也可以选择不享受税收协定待遇计算纳税。

1. 无住所个人适用受雇所得条款的规定

（1）无住所个人享受境外受雇所得协定待遇

境外受雇所得协定待遇，是指按照税收协定受雇所得条款规定，对方税收居民个人在境外从事受雇活动取得的受雇所得，可不缴纳个人所得税。

无住所个人为对方税收居民个人，其取得的工资、薪金所得可享受境外受雇所得协定待遇的，可不缴纳个人所得税。

无住所居民个人为对方税收居民个人的，可在预扣预缴和汇算清缴时按规定享受协定待遇；非居民个人为对方税收居民个人的，可在取得所得时按规定享受协定待遇。

（2）无住所个人享受境内受雇所得协定待遇

境内受雇所得协定待遇，是指按照税收协定受雇所得条款规定，在税收协定规定的期间内境内停留天数不超过183天的对方税收居民个人，在境内从事受雇活动取得受雇所得，不是由境内居民雇主支付或者代其支付的，也不是由雇主在境内常设机构负担的，可不缴纳个人所得税（境内所得，境内支付则需缴税）。

无住所个人为对方税收居民个人，其取得的工资、薪金所得可享受境内受雇所得协定待遇的，可不缴纳个人所得税。

无住所居民个人为对方税收居民个人的，可在预扣预缴和汇算清缴时按规定享受协定待遇；非居民个人为对方税收居民个人的，可在取得所得时按规定享受协定待遇。

2. 无住所个人适用独立个人劳务或者营业利润条款的规定

独立个人劳务或者营业利润协定待遇，是指按照税收协定独立个人劳务或者营业利润条款规定，对方税收居民个人取得的独立个人劳务所得或者营业利润符合税收协定规定条件的，可不缴纳个人所得税。

无住所居民个人为对方税收居民个人，其取得的劳务报酬所得、稿酬所得可享受独立个人劳务或者营业利润协定待遇的，在预扣预缴和汇算清缴时，可不缴纳个人所得税。

非居民个人为对方税收居民个人，其取得的劳务报酬所得、稿酬所得可享受独立个人劳务或者营业利润协定待遇的，在取得所得时可不缴纳个人所得税。

3.无住所个人适用董事费条款的规定

对方税收居民个人为高管人员，该个人适用的税收协定未纳入董事费条款，或者虽然纳入董事费条款但该个人不适用董事费条款，且该个人取得的高管人员报酬可享受税收协定受雇所得、独立个人劳务或者营业利润条款规定待遇的，该个人取得的高管人员报酬可不适用上述"（一）无住所个人工资、薪金所得收入额计算"的第3条规定，分别按照上述第1条、第2条规定执行。

对方税收居民个人为高管人员，该个人取得的高管人员报酬按照税收协定董事费条款规定可以在境内征收个人所得税的，应按照有关工资、薪金所得或者劳务报酬所得规定缴纳个人所得税。

4.无住所个人适用特许权使用费或者技术服务费条款的规定

特许权使用费或者技术服务费协定待遇，是指按照税收协定特许权使用费或者技术服务费条款规定，对方税收居民个人取得符合规定的特许权使用费或者技术服务费，可按照税收协定规定的计税所得额和征税比例计算纳税。

无住所居民个人为对方税收居民个人，其取得的特许权使用费所得、稿酬所得或者劳务报酬所得可享受特许权使用费或者技术服务费协定待遇的，可不纳入综合所得，根据取得当月按照税收协定规定的计税所得额和征税比例计算应纳税额，并预扣预缴税款。

年度汇算清缴时，该个人取得的已享受特许权使用费或者技术服务费协定待遇的所得不纳入年度综合所得，单独按照税收协定规定的计税所得额和征税比例计算年度应纳税额及补退税额。

非居民个人为对方税收居民个人，其取得的特许权使用费所得、稿酬所得或者劳务报酬所得可享受特许权使用费或者技术服务费协定待遇的，可按照税收协定规定的计税所得额和征税比例计算应纳税额。

（四）无住所个人相关征管规定

1.无住所个人预计境内居住时间的规定

无住所个人在一个纳税年度内首次申报时，应当根据合同约定等情况预计一个纳税年度内境内居住天数以及在税收协定规定的期间内境内停留天数，按照预计情况计算缴纳税款。实际情况与预计情况不符的，分别按照以下规定处理：

（1）无住所个人预先判定为非居民个人，因延长居住天数达到居民个人条件的，一个纳税年度内税款扣缴方法保持不变，年度终了后按照居民个人有关规定办理汇算清缴，但该个人在当年离境且预计年度内不再入境的，可以选择在离境之前办理汇算清缴。

（2）无住所个人预先判定为居民个人，因缩短居住天数不能达到居民个人条件的，在不能达到居民个人条件之日起至年度终了15天内，应当向主管税务机关报告，按照非居民个人重新计算应纳税额，申报补缴税款，不加收税收滞纳金。需要退税的，按照规定办理。

（3）无住所个人预计一个纳税年度境内居住天数累计不超过90天，但实际累计居住天数超过90天的，或者对方税收居民个人预计在税收协定规定的期间内境内停留天数不超过183天，但实际停留天数超过183天的，待达到90天或者183天的月度终了15天内，应当向主管税务机关报告，就以前月份工资、薪金所得重新计算应纳税款，并补缴税款，不加收税收滞纳金。

2.无住所个人境内雇主报告境外关联方支付工资、薪金所得的规定

无住所个人在境内任职、受雇取得来源于境内的工资、薪金所得，凡境内雇主与境外单位或者个人存在关联关系，将本应由境内雇主支付的工资、薪金所得，部分或者全部由境外关联方支付的，无住所个人可以自行申报缴纳税款，也可以委托境内雇主代为缴纳税款。

无住所个人未委托境内雇主代为缴纳税款的，境内雇主应当在相关所得支付当月终了15天内向主管税务机关报告相关信息，包括境内雇主与境外关联方对无住所个人的工作安排、境外支付情况以及无住所个人的联系方式等信息。

第二节 家族企业所得税

一、家族企业所得税简介

(一)企业所得税的纳税人

企业所得税的纳税人包括各类企业、事业单位、社会团体、民办非企业单位和从事经营活动的其他组织,但不包括个人独资企业和合伙企业。个人独资企业和合伙企业不缴纳企业所得税,而是按照本章第一节"经营所得"的个人所得税规定缴纳个人所得税。

企业所得税的纳税人包括居民企业和非居民企业。居民企业是指依法在中国境内成立的企业(即注册地在境内);依照外国(地区)法律成立但实际管理机构在中国境内的企业(即注册地在境外,但实际管理机构在境内)。非居民企业是指依照外国(地区)法律成立且实际管理机构不在中国境内,但在中国境内设立机构、场所的企业;依照外国(地区)法律成立且实际管理机构不在中国境内,在中国境内未设立机构、场所,但有来源于中国境内所得的企业。

(二)企业所得税的征税对象和范围

企业所得税的征税对象从内容上看包括企业的生产经营所得、其他所得和清算所得,从空间范围上看包括来源于中国境内的所得和境外的所得。

居民企业的征税范围是来源于中国境内的所得和境外的所得;非居民企业在中国境内设立机构、场所的,应当就其所设机构、场所取得的来源于中国境内的所得,以及发生在中国境外但与其所设机构、场所有实际联系的所得,缴纳企业所得税。非居民企业在中国境内未设立机构、场所的,或者虽设立机构、场所但取得的所得与其所设机构、场所没有实际联系的，应当就其来源于中国境内的所得缴纳企业所得税。

（三）企业所得税税率（见表4-15）

表4-15　企业所得税税率

税率	适用范围
25%	居民企业
	在中国境内设有机构、场所且所得与机构、场所有关联的非居民企业
20%（实际10%）	在中国境内未设立机构、场所的非居民企业
	虽设立机构、场所但取得的所得与其所设机构、场所没有实际联系的非居民企业
20%	符合条件的小型微利企业
15%	国家重点扶持的高新技术企业
	经认定的技术先进型服务企业
	西部地区鼓励类产业项目为主营业务的企业
	注册在海南自由贸易港并实质性运营的企业（负面清单行业除外）
	横琴新区、平潭综合实验区和前海深港现代服务业合作区的鼓励类产业企业
10%	国家鼓励的重点集成电路设计企业和软件企业（第六年度起）

二、企业所得税收入总额的计算

（一）企业所得税的计算公式

企业所得税的计算公式为：

企业所得税=应纳税所得额×税率

应纳税所得额=收入总额−不征税收入−免税收入−各项扣除−允许弥补的以前年度亏损

从总体看，企业所得税的收入总额既包括货币形式的收入，也包括非货币形式的收入，但均为不含增值税的收入。具体见表4-16：

表4-16 企业所得税收入形式

收入形式	举　例
货币形式	现金、银行存款、应收账款、应收票据、准备持有至到期的债券投资、债务的豁免等
非货币形式	包括固定资产、生物资产、无形资产、股权投资、存货、不准备持有至到期的债券投资、劳务以及有关权益等

（二）收入总额中各项收入的确认

1. 销售货物收入

销售货物收入在会计科目上主要是指主营业务收入，是指销售商品、产品、原材料、包装物、低值易耗品以及其他存货取得的收入。

2. 提供劳务收入

提供劳务收入在会计科目上一般体现为主营业务收入或者其他业务收入，是指企业从事建筑安装、修理修配、交通运输、仓储租赁、金融保险、邮电通信、咨询经纪、文化体育、科学研究、技术服务、教育培训、餐饮住宿、中介代理、卫生保健、社区服务、旅游、娱乐、加工以及其他劳务服务活动取得的收入。

3. 转让财产收入

转让财产收入包括转让固定资产、无形资产、股权、债券等财产所有权收入。

股权转让收入的确认方法如下：（1）应于转让协议生效且完成股权变更手续时确认收入实现。（2）股权转让所得=转让股权收入−股权成本；计算时不得扣除被投资企业未分配利润等股东留存收益中按该项股权所可能分配的金额。

4. 股息、红利等权益性投资收益

股息、红利等权益性投资收益在会计科目中一般情况下计入投资收益。具体涉税规定如下：

（1）除另有规定外，按被投资企业股东会或股东大会作出利润分配或转股决定的日期确认收入。

（2）被投资企业将股权（票）溢价所形成的资本公积转为股本的，不作为投资方企业的股息、红利收入，投资方企业也不得增加该项长期投资的计税基础。

以未分配利润、盈余公积转增资本，作为投资方企业的股息、红利收入，投资方企业增加该项长期投资的计税基础。

（3）被清算企业的股东分得的剩余资产的金额，其中相当于被清算企业累计未分配利润和累计盈余公积中按该股东所占股份比例计算的部分，应确认为股息所得；剩余资产减除股息所得后的余额，超过或低于股东投资成本的部分，应确认为股东的投资转让所得或损失。

5. 利息收入

利息收入在会计科目中主要体现在主营业务收入、投资收益、财务费用。具体规定如下：

（1）国债利息免税。

（2）按照合同约定的债务人应付利息的日期确认收入的实现。

（3）企业混合性投资业务企业所得税处理：企业混合性投资业务，是指兼具权益和债权双重特性的投资业务。同时符合下列条件的混合性投资业务，按下列方法进行企业所得税处理：

①被投资企业接受投资后，需按投资合同或协议约定的利率定期支付利息（保底利息、固定利润、固定股息，下同）；

②有明确的投资期限或特定的投资条件，并在投资期满或者满足特定投资条件后，被投资企业需要赎回投资或偿还本金；

③投资企业对被投资企业净资产不拥有所有权；

④投资企业不具有选举权和被选举权；

⑤投资企业不参与被投资企业日常生产经营活动。

符合规定的混合性投资业务，按下列规定进行企业所得税处理：

①投资企业应于被投资企业应付利息的日期，确认收入的实现，并计入当期应纳税所得额。

②被投资企业应于应付利息的日期，确认利息支出，按规定进行税前扣除。

③对于被投资企业赎回的投资，投资双方应于赎回时将赎价与投资成本

之间的差额确认为债务重组损益，分别计入当期应纳税所得额。

6. 租金收入

租金收入在会计科目中一般计入其他业务收入，是指固定资产、包装物及其他有形资产使用权转让收入，按照合同约定的承租人应付租金的日期确认收入的实现，但对于跨年度租金，如果交易合同或协议中规定租赁期限跨年度且租金提前一次性支付的，出租人可对上述已确认的收入，在租赁期内，分期均匀计入相关年度收入。

7. 特许权使用费收入

特许权使用费收入在会计科目中一般计入其他业务收入，是指企业提供专利权、非专利技术、商标权、著作权以及其他特许权的使用权取得的收入。按照合同约定的特许权使用人应付特许权使用费的日期确认收入。

8. 接受捐赠收入

接受捐赠收入在会计科目中一般记为营业外收入，按照实际收到捐赠资产的日期确认收入。但受赠非货币性资产计入应纳税所得额的内容包括受赠资产公允价值和捐赠企业视同销售的增值税，不包括受赠企业另外支付或应付的相关税费。

9. 其他收入

其他收入是指企业取得的上述规定收入外的其他收入，包括企业资产溢余收入、逾期未退包装物押金收入、确实无法偿付的应付款项、已作坏账损失处理后又收回的应收款项、债务重组收入、补贴收入、违约金收入、汇兑收益等。

但要注意，"其他收入"是税法口径，不同于会计科目中的"其他业务收入"。

三、企业所得税的各项扣除范围

企业所得税计算公式中的扣除主要包括成本、费用、税金、损失、其他支出以及亏损弥补。

（一）可以扣除的项目和标准

1.成本：包括销售成本、销货成本、业务支出以及其他耗费。即销售商品，提供劳务，转让固定资产、无形资产（包括技术转让）的成本。

2.费用：期间费用（销售费用、管理费用和财务费用）。

3.税金：允许扣除的税金如表4-17所示：

表4-17 企业所得税允许扣除的税金

扣除方式	税　种
计入税金及附加	房产税、车船税、城镇土地使用税、印花税、消费税、城建税、教育费附加和地方教育附加、出口关税、资源税、土地增值税（房地产开发企业）
计入相关资产的成本	车辆购置税、契税、进口关税、耕地占用税、不得抵扣的增值税
通过损失扣除	购进货物发生非正常损失的增值税进项税额转出

但以下税金不得扣除：企业所得税、可以抵扣的增值税、企业为职工负担的个人所得税。

4.损失：企业在生产经营活动中发生的固定资产和存货的盘亏、毁损、报废损失，转让财产损失，呆账损失，坏账损失，自然灾害等不可抗力因素造成的损失以及其他损失。

（1）损失按减除责任人赔偿和保险赔款后的余额扣除；

（2）已做损失处理的资产以后年度又全部或部分收回时，应计入当期收入。

5.扣除的其他支出：除成本、费用、税金、损失外，企业在生产经营活动中发生的与生产经营活动有关的、合理的支出。（见表4-18）

表4-18 企业所得税其他支出扣除

项目	扣除标准	超标准处理
职工福利费	不超过工薪总额14%的部分准予扣除	不得扣除
工会经费	不超过工薪总额2%的部分准予扣除	不得扣除
职工教育经费	不超过工薪总额8%的部分准予扣除	超过部分准予结转以后纳税年度扣除

续表

项目	扣除标准	超标准处理
补充养老、医疗保险	分别不超过工薪总额的5%	不得扣除
利息费用	不超过金融企业同期同类贷款利率计算的利息、关联企业利息费用符合条件可以扣除	不得扣除
业务招待费	按照发生额的60%扣除，但最高不得超过当年销售（营业）收入的5‰	不得扣除
广告费和业务宣传费	不超过当年销售（营业）收入15%的部分化妆品制造或销售、医药制造和饮料制造：30%烟草：不得扣除	当年不得扣除；但准予结转以后纳税年度扣除
手续费和佣金	一般企业：不超过收入金额的5%保险企业：不超过保费收入净额的15%房地产企业：不超过委托销售收入的10%	不得扣除；保险企业允许结转以后年度扣除
公益性捐赠支出	不超过年度利润总额12%的部分准予当年扣除（目标脱贫地区的扶贫捐赠支出，据实扣除）	三年内结转

（二）不能税前扣除的项目

下列支出虽然也属于会计上的支出，但在税法上不得作为扣除项目从收入中扣除：

1.向投资者支付的股息、红利等权益性投资收益款项。

2.企业所得税税款。

3.税收滞纳金。

4.罚金、罚款和被没收财物的损失。这里的罚款是指行政性罚款，不包括合同违约等产生的经营性罚款。比如，纳税人逾期归还银行贷款，银行按规定加收的"罚息"和纳税人签发空头支票，银行按规定处以的"罚款"，是否允许税前扣除呢？纳税人逾期归还银行贷款，"罚息"不属于行政性罚款，允许在税前扣除；纳税人签发空头支票，银行按规定处以"罚款"，属于行政性罚款，不允许在税前扣除。

5.超过年度利润总额12%部分的公益性捐赠支出，不得在当年扣除；非公益性的捐赠全额不得扣除。

6.企业发生与生产经营活动无关的各种非广告性质的赞助支出。

7.未经核定的准备金支出。

8.企业之间支付的管理费、企业内营业机构之间支付的租金和特许权使用费,以及非银行企业内营业机构之间支付的利息,不得扣除。

9.与取得收入无关的其他支出。

(三)企业所得税亏损弥补

根据《企业所得税法》第18条的规定,企业纳税年度发生的亏损,准予向以后年度结转,用以后年度的所得弥补,但结转年限最长不得超过五年。具体规定如下:

1.《企业所得税法》所称亏损,是指企业依照《企业所得税法》及其实施条例的规定将每一纳税年度的收入总额减除不征税收入、免税收入和各项扣除后小于零的数额。

2.五年弥补期自亏损年度的下一年度算起,不论盈亏连续计算,先亏先补,后亏后补。

自2018年1月1日起,将高新技术企业和科技型中小企业亏损结转年限由五年延长至十年。

3.筹办期间不计算为亏损年度,企业开始生产经营的年度,为开始计算损益的年度。

企业从事生产经营之前进行筹办活动期间发生筹办费用支出,不得计算为当期的亏损,企业可以在开始经营之日的当年一次性扣除,也可以按照长期待摊费用的处理规定处理,但一经选定,不得改变。

4.如果企业当期境内外所得盈利额与亏损额加总后和为零或正数,则其当年度境外分支机构的非实际亏损额可无限期向后结转弥补;如果企业当期境内外所得盈利额与亏损额加总后和为负数,则以境外分支机构的亏损额超过企业盈利额部分的实际亏损额,按《企业所得税法》第18条规定的期限进行亏损弥补,未超过企业盈利额部分的非实际亏损额仍可无限期向后结转弥补。

四、家族成员个人所得税与企业所得税的协同规划

(一)股东在家族企业领取工资的个人所得税与企业所得税协同规划

在实践中,有的股东或家族成员在家族企业工作,不让企业给自己发工资,甚至连社会保险也不在家族企业。这样做表面上看不涉及个人所得税,但实际上却因没有扣除工资薪酬所得和社会保险,导致变相多交企业所得税。因此并不是不交个人所得税就一定节省税收。在家族企业中,个人所得税和企业所得税要协同规划。

1.企业工资薪酬对企业所得税和个人所得税的影响

企业所得税认可的工资薪酬是可以在企业所得税前扣除的。那什么是企业所得税认可的薪酬呢?它与会计应付职工工资薪金类似,但又有很大不同。会计上的职工薪酬主要包括:短期薪酬、离职后福利、辞退福利、其他长期职工福利。其中短期薪酬有"工资、奖金、津贴、补贴","职工福利","社会保险费","住房公积金","工会经费","职工教育经费",非货币福利,短期带薪缺勤和短期利润分享计划等。但这些都可以在企业所得税前扣除吗?下面通过表4-19对企业所得税和个人所得税做一比较:

表4-19 工资薪酬企业所得税和个人所得税对比

会计上的应付职工薪酬的种类		企业所得税前可否扣除?	个人所得税前是否可以扣除?
短期薪酬	工资、奖金、津贴、补贴	原则上可以,强调"实际"与"合理"	每年允许定额扣除6万元
	职工福利费	工资总额的14%且符合《国家税务总局关于企业工资薪金及职工福利费扣除问题的通知》(国税函〔2009〕3号)规定的范围	有条件免税:根据国家有关规定,从企业、事业单位、国家机关、社会组织提留的福利费或者工会经费中支付给个人的生活补助费免税

续表

会计上的应付职工薪酬的种类		企业所得税前可否扣除？	个人所得税前是否可以扣除？
	社会保险费	按规定的比例扣除	个人承担的规定比例内的社保保险费全额扣除
	工会经费和职工教育经费	工会经费不超过工资总额2%、职工教育经费不超过工资薪金总额8%的部分，准予在计算企业所得税应纳税所得额时扣除；超过部分，准予在以后纳税年度结转扣除①	职工参加学位教育学费按每月400元扣除，参加资格培训按每年3 600元一次性扣除
	非货币福利	企业所得税视同销售处理	征税，但对于集体享受的、不可分割的、未向个人量化的非现金方式的福利，原则上不征收个人所得税
	其他：短期带薪缺勤、短期利润分享计划	只要合理，可以扣除，但不属于税法的"工资薪金总额"	—

2.家族企业如何为在企业中工作的家族成员发放工资？

如果家族成员在家族企业工作，即使该家族成员是企业的股东，也要给该家族成员发放工资薪金，这样才能实现综合节税的结果。但一般来说，企业家及其家族成员可以通过自己控制的公司为自己发工资，社保随工资一起缴纳。例如：企业为家族成员每月发20 000元工资，假设各项社会保险费1 000元，则每月纳税1 390元，税负为1 390÷20 000=6.9%。

由于该20 000元是可以在企业所得税前扣除的，而如果不给家族成员发放该20 000元，则该20 000元需要缴纳25%的企业所得税。花费6.9%的个人所得税可节省25%的企业所得税。因此如果给在企业工作的家族成员发工资，既节省了企业所得税，家族成员本人也有个人所得税纳税记录，证明个人财产来源合法也非常方便。

---

① 参见《财政部、国家税务总局关于企业职工教育经费税前扣除政策的通知》(财税〔2018〕51号)。

家族企业给家族成员在一定标准内发工资是可以节省企业所得税的，同时也不会浪费个人所得税。但一定要注意三个条件：一是家族成员必须在家族企业有实际工作岗位；二是家族成员要与家族企业签订劳动合同；三是社会保险的缴纳要与家族企业工资的发放同步。这样才能符合《企业所得税法》工资税前扣除的规定。

（二）家族企业股东借款的个人所得税与企业所得税协同规划

在实践中，家族企业的股东经常认为自己与家族企业是一家人，企业的资金与个人的资金经常以借款的方式混用。那么这种情况是否会涉及个人所得税和企业所得税呢？

1. 股东向企业借钱的税务风险与规划

一般来说，股东从企业借钱，企业应该向股东收取利息，然后企业针对利息收入缴纳增值税和企业所得税。但在实务中，股东向自己投资的企业借钱，一般是无偿借钱，企业没有取得利息，还要交税吗？股东无偿借了钱长时间不还，股东会涉及纳税问题吗？下面就从股东个人涉税的视角和企业涉税的视角分别分析一下：

（1）股东个人涉税的视角：根据《财政部、国家税务总局关于规范个人投资者个人所得税征收管理的通知》（财税〔2003〕158号）的规定，纳税年度内个人投资者从其投资企业（个人独资企业、合伙企业除外）借款，在该纳税年度终了后既不归还，又未用于企业生产经营的，其未归还的借款可视为企业对个人投资者的红利分配，依照"利息、股息、红利所得"项目计征个人所得税。那就意味着股东向企业借钱在同时满足两个条件时会涉及20%的个人所得税：一是借款未用于企业生产经营；二是年度终了后未归还。

（2）企业涉税的视角：在2016年营业税改增值税之后，企业对其他企业和个人的贷款服务，属于增值税的应税范畴。如果收取利息，肯定要交增值税，但是如果不收利息，根据《财政部、国家税务总局关于全面推开营业税改征增值税试点的通知》（财税〔2016〕36号）附件1《营业税改征增值税试点实施办法》第14条的规定，单位或者个体工商户向其他单位或者个人无偿提供服务会视同销售,但用于公益事业或者以社会公众为对象的除外。该"无偿提供服务"的内容就包括向其他企业和个人提供借款。据此,各地营改增政策普遍表示:无偿借款需要视同销售缴纳增值税。

因此,即便在视同"对投资者分配红利"的期限前归还了借款,企业也需要视同提供"贷款服务"交增值税。

具体总结如表4-20所示:

表4-20 股东向企业借款涉及税收

主体	涉及税种	纳税规定
股东个人	个人所得税	在该纳税年度终了后既不归还,又未用于企业生产经营的,其未归还的借款可视为企业对个人投资者的红利分配,依照"利息、股息、红利所得"项目计征个人所得税,税率为20%
企业	增值税及其附加、企业所得税	《营业税改征增值税试点实施办法》第14条规定:"下列情形视同销售服务、无形资产或者不动产:(一)单位或者个体工商户向其他单位或者个人无偿提供服务,但用于公益事业或者以社会公众为对象的除外……" 《企业所得税法实施条例》(国务院令第512号)第25条规定:"企业发生非货币性资产交换,以及将货物、财产、劳务用于捐赠、偿债、赞助、集资、广告、样品、职工福利或者利润分配等用途的,应当视同销售货物、转让财产或者提供劳务……"

(3)股东借款的涉税规划:考虑到即使无偿借款也会涉及相应的税收,一旦企业被稽查,面临的不仅是补税,还有滞纳金,如果被税务机关认为是故意偷税,还会面临罚款,情节严重还会构成逃税罪。因此企业借款给股东个人最好是签订书面有偿借款合同,正规操作,借款利息可以比银行同期贷款利率略低,只要在公允价值允许的范围内就可以,这样才能最大限度地节省纳税成本。

2.企业向自然人股东借款的税务风险与规划

(1)企业向自然人股东借款的税务风险

◆**【案例4-2】股东借钱给企业纳税吗?**

张某持有公司100%的股权,公司资金流出现问题,于是张某把自己的

100万元借给公司,没有约定利息,一年后公司将100万元归还张某,是否会涉及纳税问题?

首先考虑增值税及其附加,该情形属于个人无偿借钱给企业,只有单位或个体户提供无偿服务才会视同销售交增值税,那就意味着——自然人无偿提供贷款服务不属于视同销售情形。所以张某把自己的100万元借给公司,没有约定利息是不会视同销售缴纳增值税的。

其次考虑个人所得税,个人所得税一直没有视同销售的概念,也就是说,既然是无偿——没有取得所得,那就不需要缴纳个人所得税。

最后考虑企业所得税,因为无偿借款,企业无法做利息扣除,无法扣除的利息会变相多交25%的企业所得税,企业不知不觉中多交了税款。

企业向自然人股东借款的税务情况见表4-21:

表4-21 企业向自然人股东借款涉税情况

主体	税种	涉税情况
股东个人	增值税及其附加	不涉及增值税
	个人所得税	不涉及个人所得税
企业	企业所得税	因企业无偿借款给个人,企业无法扣除利息,变相增加企业所得税

(2)企业向股东借款的涉税规划

个人无偿借钱给企业,总体上税务风险较小。但到底是有偿借款在税收上合适还是无偿借款在税收上合适呢?如果是有偿借款,假设公司向股东张某借款100万元,每年支付利息5万元。那么张某要缴纳增值税及其附加和个人所得税。在实务操作中一般由企业到税务机关以张某名义代开发票并缴纳税款。这样,支付的利息5万元就可以在企业所得税前扣除。

自然人股东以有偿的方式对企业借款,虽然纳了税,但实际上是划算的。表面上看张某缴纳了3.36%的增值税及其附加和20%的个人所得税,但却节省了25%的企业所得税。因此,通过有偿依法纳税的方式可以节省1.64%的税款,但节省不明显。

如果自然人股东想进行有偿借款，在确定利率时要注意两个问题：

一是要注意利率尽量与银行的贷款利率持平。根据《国家税务总局关于企业向自然人借款的利息支出企业所得税税前扣除问题的通知》（国税函〔2009〕777号）的规定，企业向内部职工或其他人员借款的利息支出，也是在不超过按照金融企业同期同类贷款利率计算的数额的部分准予扣除。

二是要注意股东向企业提供借款的额度。根据《财政部、国家税务总局关于企业关联方利息支出税前扣除标准有关税收政策问题的通知》（财税〔2008〕121号）的规定，对非金融企业来说，在计算应纳税所得额时，企业实际支付给关联方的利息支出，在接受关联方债权性投资与其权益性投资比例不超过2∶1的部分，准予扣除，超过的部分不得在发生当期和以后年度扣除。也就是说，如果张某在公司享受的股权额是20万元，那最多只能给公司提供借款40万元，如果提供100万元借款，多出的60万元产生的利息就不能扣除，就意味着60万元产生的利息需要缴纳企业所得税。

第三节　家族房产税

◆【案例4-3】

张先生在海南买了10套住宅房，用于经营民宿。李先生在北京买了一套普通住宅房，空置；在上海买了一套普通住宅房，出租；在深圳买了一套普通住宅房，自住。而王先生在南京买了一套350平方米的别墅，自住。最近听说要征收房产税，他们担心这些房子会不会被征收房产税？

一、经营用房产的房产税

中国从1986年开始一直都有征收房产税。1986年9月15日，国务院正式发布了《房产税暂行条例》，该条例从1986年10月1日开始实施；2011年1月8日，根据国务院令第588号《国务院关于废止和修改部分行政法规的决定》修订。房产税是指以房屋为征税对象,按房屋的计税余值或租金收入为计税依据,向产权所有人征收的一种财产税。

(一)当前房产税的免税情况

既然房产税自1986年就开始征收了,为什么张先生、李先生、王先生的住房一直没有被征税呢?那是因为1986年生效的《房产税暂行条例》第5条规定,个人所有非营业用的房产免纳房产税。

也就是说,个人住宅如果是自己居住,不营业,是免征房产税的。因此目前自然人购买住宅用房,不需要缴纳房产税。但如果将住宅用于出租、用于个人或公司经营,则需要缴纳房产税。张先生利用个人住宅经营民宿,属于用于经营,应该征收房产税;李先生将上海的住宅房出租,也应该征收房产税。

(二)当前房产税的征收标准

房产税征收标准从价或从租的两种情况:

1. 从价计征

从价计征的,其计税依据为房产原值一次减去10%—30%后的余值,按年计算。10%—30%的具体减除幅度由省、自治区、直辖市人民政府确定,如浙江省规定具体减除幅度为30%。应纳税额的计算公式为:应纳税额=房产原值×(1-10%或30%)×税率(1.2%)。张先生在海南买了10套住宅房,用于经营民宿,其房产就应该从价计征,如果该10套房购买时价值300万元,则张先生每年的应纳税额为:300万×(1-30%)×1.2%=2.52万元。

2. 从租计征

从租计征的(即房产出租的),以房产租金收入为计税依据。如果将房产出租,是要优先采取从租计征这种方法纳税的。年税率为12%,计算公式为:应纳税额=当年房产租金收入×12%。

但对于个人住宅出租,依据《财政部、国家税务总局关于廉租住房、经济适用住房和住房租赁有关税收政策的通知》(财税〔2008〕24号)第2条第

3项之规定,对个人出租住房,不区分用途,按4%的税率征收房产税。营改增之后,依据《财政部、国家税务总局关于营改增后契税、房产税、土地增值税、个人所得税计税依据问题的通知》(财税〔2016〕43号)之规定,房产出租的,计征房产税的租金收入不含增值税。

因此,李先生在上海买了一套普通住宅房用于出租,假设2018年租金收入为10万元,则李先生2018年需要缴纳房产税为:100 000元/(1+5%)×4%=3 809.5元(当然,李先生还需缴纳增值税和个人所得税)。

二、当前上海和重庆住宅房产税的征收情况

如果大家都像王先生那样,购买住宅不出租,空置或自住,目前是不征收房产税的。但财政部在2010年7月22日举行的地方税改革研讨会上,提出住宅房产税试点要于2012年开始推行,上海、重庆成为住宅房产税的试点城市。

(一)上海当前试点住宅房产税的征收情况

2011年1月28日,《上海市开展对部分个人住房征收房产税试点的暂行办法》(以下简称《房产税暂行办法》)正式施行。

1.上海需要缴纳住宅房产税的情形

上海住宅房产税的征收对象是本市居民家庭在本市新购且属于该居民家庭第二套及以上的住房(包括新购的二手存量住房和新建商品住房)和非本市居民家庭在本市新购的住房。

2.上海住宅房产税计算

计税依据为参照应税住房的房地产市场价格确定的评估值。试点初期,暂以应税住房的市场交易价格作为计税依据。房产税暂按应税住房市场交易价格的70%计算缴纳。适用税率暂定为0.6%(若应税住房每平方米市场交易价格低于本市上年度新建商品住房平均销售价格2倍(含2倍)的,税率暂减为0.4%)。

上海市居民家庭在本市新购且属于该居民家庭第二套及以上住房的,合

并计算的家庭全部住房面积（即住房建筑面积，下同）人均不超过60平方米（即免税住房面积，含60平方米）的，其新购的住房暂免征收房产税；人均超过60平方米的，对属新购住房超出部分的面积，按《房产税暂行办法》规定计算征收房产税。上海应税住房年应纳房产税（元）=新购住房应征税面积（建筑面积）×新购住房单价（或核定的计税价格）×70%×税率。例如：王先生一家三口有100平方米的存量房，现购买了130平方米的新房，单价20 000元/平方米，新购住房应征税面积为：100+130-180=50平方米；应缴房产税额为：50×20 000×70%×0.6%=4 200元。

3. 上海减免房产税的情况

（1）本市居民家庭在本市新购且属于该居民家庭第二套及以上住房的，合并计算的家庭全部住房建筑面积人均不超过60平方米（即免税住房面积，含60平方米）的，其新购的住房暂免征收房产税。

（2）本市居民家庭中的子女成年后，因婚姻等需要而首次新购住房，且该住房属于成年子女家庭唯一住房的，暂免征收房产税。

（3）符合国家和本市有关规定引进的高层次人才、重点产业紧缺急需人才，持有本市居住证并在本市工作生活的，其在本市新购住房，且该住房属于家庭唯一住房的，暂免征收房产税。

（4）持有本市居住证满三年并在本市工作生活的购房人，其在本市新购住房，且该住房属于家庭唯一住房的，暂免征收房产税。持有本市居住证但不满三年的购房人，其上述住房先按《房产税暂行办法》规定计算征收房产税，待持有本市居住证满三年并在本市工作生活的，其上述住房已征收的房产税，可予退还。

（5）本市居民家庭因房屋征收或拆迁而购买或取得的住房。

（6）本市农村居民通过宅基地置换试点政策取得的住房。

（二）重庆房产税的征收情况

2011年1月28日《重庆市关于开展对部分个人住房征收房产税改革试点的暂行办法》和《重庆市个人住房房产税征收管理实施细则》正式施行，

2017年1月14日,又对上述文件进行了修订。

1. 重庆需要缴纳房产税的情形

重庆试点的区域为主城九区,包括渝中区、江北区、沙坪坝区、九龙坡区、大渡口区、南岸区、北碚区、渝北区、巴南区,含北部新区、高新技术开发区、经济技术开发区,在这些区域的以下房产需要缴纳住宅房产税:

(1)个人拥有的独栋商品住宅。房地产商品房开发项目中在国有土地上依法修建的独立、单栋且与相邻房屋无共墙、无连接的成套住宅。

(2)个人新购的高档住房。高档住房是指建筑面积交易单价达到上两年主城九区新建商品住房成交建筑面积均价2倍(含2倍)以上的住房。

(3)在重庆市同时无户籍、无企业、无工作的个人新购的首套及以上的普通住房。

2. 重庆住宅房产税计算

应税住房的计税价值为房产交易价。独栋商品住宅和高档住房一经纳入应税范围,如无新的规定,无论是否发生产权变动均属纳税对象,其计税交易价和适用的税率均不再变动。即使将应税住房用于出租的,也不再按租金收入征收房产税。

房产税的税率采取不同房产不同税率的方式(见表4-22):

表4-22 重庆住宅房产税税率

房产类型	税率
独栋商品住宅和高档住房建筑面积交易单价在上两年主城九区新建商品住房成交建筑面积均价3倍以下的住房	0.5%
独栋商品住宅和高档住房建筑面积交易单价在上两年主城九区新建商品住房成交建筑面积均价3倍(含3倍)至4倍的住房	1%
独栋商品住宅和高档住房建筑面积交易单价在上两年主城九区新建商品住房成交建筑面积均价4倍(含4倍)以上的住房	1.2%
在重庆市同时无户籍、无企业、无工作的个人新购首套及以上的普通住房	0.5%

3. 重庆减免房产税的情况

2011年1月28日前拥有的独栋商品住宅,免税面积为180平方米;新购独栋商品住宅、高档住房，免税面积为100平方米。免税面积以家庭为单位进行扣除。但在重庆市同时无户籍、无企业、无工作的个人应税住房不予扣除免税面积；纳税人家庭拥有的第二套（含）以上的应税住房不予扣除免税面积。

例如，重庆的赵先生在2003年购买了一栋独栋别墅，建筑面积350平方米，购买价140万元（每平方米4 000元），假设该独栋商品住宅和高档住房建筑面积交易单价在上两年主城九区新建商品住房成交建筑面积均价3倍以下，税率适用0.5%，则赵先生2018年应纳住宅房产税为：4 000元×（350平方米－180平方米）×0.5%=3 400元。

三、中国住宅房产税的发展趋势

（一）当前住宅房产税的整体思路

2021年10月21日，全国人民代表大会常务委员会发布《关于授权国务院在部分地区开展房地产税改革试点工作的决定》，授权国务院在部分地区开展房地产税改革试点工作。试点地区的房地产税征税对象为居住用和非居住用等各类房地产，不包括依法拥有的农村宅基地及其上住宅。土地使用权人、房屋所有权人为房地产税的纳税人。非居住用房地产继续按照《房产税暂行条例》《城镇土地使用税暂行条例》执行。该试点与上海和重庆的房产税试点所不同的是：将房产税和城镇土地使用税合二为一进行试点。

2022年11月2日，全国政协经济委员会副主任、国经中心副理事长、国家统计局原局长在《党的二十大报告辅导读本》中发表题为《构建初次分配、再分配、第三次分配协调配套的制度体系》文章提到，积极稳妥推进房地产税立法和改革。

因此，未来住宅房产税的立法整体思路是：将房产税和土地使用税合二为一，建立房地产税，按照"立法先行、充分授权、分步推进"的原则逐步实施。

（二）世界房地产税的通行做法

作为一个世界通行的税种，房地产税有四个通行的制度性安排。一是都会按照评估值来征税。二是都有一些税收优惠，如规定一定的扣除标准，或者对一些低收入家庭给予一定的税收减免等。三是收入归属于地方政府。四是房地产税的税基确定非常复杂，需要建立完备的税收征管模式。

我国将参考国际通行的制度性安排的一些特点，并从中国的国情出发来合理设计房地产税制度。比如，合并整合相关的一些税种，又如，合理降低房地产在建设交易环节的一些税费负担等。

第五章　家族持有的财产涉税分析与规划

第一节　现金涉税分析与规划

一、家族持有现金涉及的税收

◆【案例5-1】韩女士三口之家的财产安排

韩女士53岁，与丈夫非常恩爱。韩女士是全职太太，主要负责家庭的理财。丈夫郭先生经营一家家具出口公司，小有成就，经过多年打拼，积累了一定的财富，其中存款1 500万元。夫妇二人唯一的女儿小郭26岁，在加拿大留学毕业后，留在加拿大工作，目前已加入加拿大国籍。随着财富的积累和小郭的成长，韩女士打算将这1 500万元存款在未来某个时点给小郭。经过了解和学习，韩女士考虑了两种方式：一种是以存款的方式直接给小郭；另一种是通过家族信托受益分配的方式给小郭。但是让韩女士困扰的是，以上述哪种方式给小郭，从税务成本上看更为划算？

家族持有现金常采用储蓄存款的形式，储蓄存款会产生利息收入。对于利息收入，通常会涉及以下税收：

(一) 境内利息收入涉及的税收

1. 个人所得税

根据《财政部、国家税务总局关于储蓄存款利息所得有关个人所得税政策的通知》（财税〔2008〕132号）可知，我国关于存款利息收入个人所得税的税收政策共分为四个阶段：第一阶段，1999年10月31日前孳生的利息所得，不征收个人所得税；第二阶段，1999年11月1日至2007年8月14日孳生的利息所得，按照20%的比例税率征收个人所得税；第三阶段，2007年8月15日至2008年10月8日孳生的利息所得，按照5%的比例税率征收个人所得税；第四阶段，自2008年10月9日起，对储蓄存款利息所得暂免征收个人所得税。因此，目前家族成员个人以存款的形式持有现金产生的利息收入，暂不产生个人所得税。

2. 企业所得税

家族企业持有的现金放在银行存储，会产生企业所得税的税负。根据《企业所得税法》规定，征纳企业所得税的收入包括利息收入。利息收入是指企业将资金提供他人使用但不构成权益性投资，或者因他人占用本企业资金取得的收入，包括存款利息、贷款利息、债券利息、欠款利息等收入。利息收入，按照合同约定的债务人应付利息的日期确认收入的实现。对于此部分收入按照企业所得税的计算方式计算缴纳企业所得税。

3. 增值税及其附加

《财政部、国家税务总局关于全面推开营业税改征增值税试点的通知》（财税〔2016〕36号）附件2《营业税改征增值税试点有关事项的规定》第1条第2款第2项规定，不征收增值税项目就包括存款利息。因此，家族成员或企业获得的银行存款利息收入不征收增值税及其附加。

（二）境外利息收入涉及的税收

案例5-1中韩女士的女儿小郭已移民加拿大，其家庭可能涉及加拿大的税收。根据加拿大的相关法规，非居民企业从加拿大获得的利息收入，除依据税收协定降低适用税率外，一般需按25%缴纳预提所得税。加拿大居民个人从加拿大境内外获得的利息收入，属于加拿大个人所得税的征税范围，需要向加拿大的税务机关缴纳15%—33%的联邦所得税，还有可能需缴纳各省及属地的所得税。[①]

◆【案例5-1分析】

对于韩女士这样的跨国家庭，经过前述分析，韩女士在中国境内的存款获得的利息收入，不产生中国的个人所得税和增值税及其附加。而韩女士利用这笔存款在中国境内做资金家族信托，除受托管理环节的增值税及其附加（约为增值额的3.36%）外，也没有其他的税收成本。若韩女士通过存款的形式将1 500万元给小郭，可能会产生加拿大的税收。小郭常年居住在加拿大，并且已加入加拿大国籍，一般会被认定为加拿大的税务居民。作为加拿大税务居民的小郭，对从中国境内获得的利息收入，需要向加拿大的税务机关申报缴纳联邦所得税。而小郭若作为资金家族信托的信托受益人，通过信托收益分配形式获得收入，在中国境内由于尚不属于个人所得税征税税目，目前暂不产生中国境内的个人所得税。根据加拿大的税法，对于加拿大居民个人，作为非居民信托的受益人，从非居民信托中获得的信托收益（外国资产增值部分），自收到分配时点起，向加拿大税务机关纳税。若不进行信托分配，就不产生加拿大的税收。因此，可以通过信托架构的设计和合理的信托分配条款设计，帮助小郭递延纳税，使用低的累进税率，节省在加拿大的税收成本。

二、大额资金转账的税收风险与防范

◆【案例5-2】

张女士将自己名下的3 000万元人民币现金资产放在甲银行理财，理财过程中张女士经常使用其丈夫王先生和女儿（20岁）的账户进行转账，金额一般在200万元左右。由于三人账户间转账比较频繁，税务局对此特别关注，并对张女士进行了约谈。这是怎么回事呢？主要原因在于：个人账户间大额转账，在金税四期背景下会受到监控。

---

① 参见《中国居民赴加拿大投资税收指南》，https://guangdong.chinatax.gov.cn/gdsw/jysw_gbdqsszn/2020-07/28/content_364371b8851143909e94a664e5d3e97d.shtml，最后访问时间：2021年3月5日。

（一）金税四期大数据监控范围

金税工程是国家税务总局搭建的统一的纳税服务电子政务平台，目前已经从金税一期、二期、三期到四期。金税四期，是在金税三期基础上的升级改造，是软硬件一体的税务集成管理体系。金税四期的核心和目标是希望打造一个"智慧税务"系统。国家税务总局局长在第50届SGATAR年会上发表的《深化亚太税收合作共绘数字发展蓝图》演讲中，以"两化、三端、四融合"来概括金税四期的特点。"两化"，是指"数字化升级"和"智能化改造"。"三端"，是指智慧税务建成后，将形成以纳税人端（交税的人）、税务人端（税务机关征税人员）和决策人端（税务机关政策人员）为主体的智能应用平台体系。"四融合"，是指智慧税务建成后，将实现从"算量、算法、算力"到"技术功能、制度效能、组织机能"，从"税务、财务、业务"到"治税、治队（税务队伍）、治理"的一体化深度融合。金税四期于2022年年底基本开发完成。

金税四期不仅可以监控税务相关数据，"非税"业务也被纳入其中，可对业务进行更全面的监控，同时搭建了各部委、人民银行以及银行等参与机构之间信息共享和核查的通道，实现企业相关人员手机号码、企业纳税状态、企业登记注册信息核查三大功能。金税四期上线之后，个人银行账户相关的数据也将被税务部门掌握，通过涉税数据的共享和归集，未来每个家庭和企业在税务部门面前都是透明的。

（二）金税四期监控哪些银行重点账户

金税四期不仅通过企业或个人申报的数据来核实是否异常，还会通过企业银行账户、企业相关人员的银行账户、上下游企业的相关账本数据，同行业收入、成本、利润情况等来进行稽查比对。金税四期与银行共享信息，是不是所有的账户均会监控呢？不是的，金税四期主要关注以下重点银行账户：

1. 转账金额达到中国人民银行规定的反洗钱报告标准

中国人民银行规定的反洗钱报告标准是指，根据《金融机构大额交易和可疑交易报告管理办法》（2016年修订）第5条的规定，金融机构应当报告下列大额交易：（1）当日单笔或者累计交易人民币5万元以上（含5万元）、外币等值1万美元以上（含1万美元）的现金缴存、现金支取、现金结售汇、现钞兑换、现金汇款、现金票据解付及其他形式的现金收支。（2）非自然人客户银行账户与其他的银行账户发生当日单笔或者累计交易人民币200万元以上（含200万元）、外币等值20万美元以上（含20万美元）的款项划转。（3）自然人客户银行账户与其他的银行账户发生当日单笔或者累计交易人民币50万元以上（含50万元）、外币等值10万美元以上（含10万美元）的境内款项划转。（4）自然人客户银行账户与其他的银行账户发生当日单笔或者累计交易人民币20万元以上（含20万元）、外币等值1万美元以上（含1万美元）的跨境款项划转。

根据以上规定，企业间200万元以上、涉及个人50万元以上、跨境20万元以上、现金5万元以上的转账相关信息就会由银行自动向中国人民银行反洗钱中心报告，金税四期系统会共享这些信息。案例中的张女士与其丈夫、女儿之间互相转账超过50万元以上就会受到税务监控。

2. 账户转入转出频繁且金额较大

个人账户间转账金额较大，但如果只是一年偶尔几次的话，即使受到监控，一般也不会引起金税四期预警，只有当比较频繁地进行大额转账时，税务机关会认为可能存在个人间交易或者以个人账户收取企业款项等情形，如果对于这种交易，金税四期又没有监控到相应个人的纳税记录，则很容易引发税务机关约谈本人的情况。某银行高净值客户利用个人账户代替企业账户，个人账户流水达到9 000万元以上，并且资金频繁地转入转出，最后导致该账户被冻结，税务稽查机关对该账户进行核查，要求该个人对每笔支出说明原因。

3. 属于工商企业注册的股东、法定代表人、高级管理人员的个人账户

由于金税四期的企业信息联网核查系统与银行、国家市场监督管理局均共享信息，因此系统可以实现对企业相关人员手机号码、企业纳税状态、企业登记注册信息以及相应银行账户的关联监控，通过企业信息联网核查，税务机关能够准确掌握与企业相关人员的私人账户避税情况。因此，在工商企业注册的股东、法定代表人、高级管理人员的个人账户也是税务机关的重点监控账户。在江门市某信息咨询公司偷税案中，税务稽查机关就是通过核查公司相关人员的微信、私人账户的监控，认定该公司隐匿收入281万元，最终稽查补税85万元，罚款42万元。

截至目前，已经有8家银行接入了企业信息联网核查系统，主要包括中国工商银行、交通银行、中信银行、中国民生银行、招商银行、广发银行、平安银行、上海浦东发展银行等。除上述银行外，其他银行、非银行支付机构将按照"自愿接入"原则陆续申请接入系统。但从税务机关角度看，除稽查外，让银行机构共享信息其实缺乏法律依据。因此，金税四期背景下企业联网信息核查系统并不是允许税务机关随时可以核查个人账户，而是通过银行的反洗钱报告信息进行自动监控预警，进入稽查程序后税务机关才有权按照法定程序详细了解银行账户信息。前述案例中的张女士也是因为转账金额超过了反洗钱监控标准，才导致税务机关对其启动稽查程序。因此，个人间转账只要依法依规进行操作，是不会产生税务风险的。

（三）大额转账税收风险防范要点

1. 避免用个人账户收取企业货款

如果股东长期用个人账户收取企业的货款，就会导致个人账户频繁地转入大额款项，有些股东顺便还用转入的钱给员工发工资，又会导致频繁的大额支出，这种情况特别容易触及反洗钱监控标准，导致税务局企业联网核查系统自动预警。因此股东要避免用个人账户代替企业账户进行收支。如果在实际操作过程中只能由个人账户收取，也要走正规个人代收手续，代收后要转给企业账户。这样就可以避免后期可能产生的偷逃税风险。

2. 企业向个人转账要有合法理由和手续

企业向个人转账，一般合法的理由包括：发工资、个人向企业借款、与个人交易支付价款或酬金或者其他合法理由。有了合法的理由还要有相关手续或辅助证据，见表5-1：

表5-1 企业向个人转账理由与辅助证据

转账理由	辅助证据
（1）发工资	企业为该个人代扣代缴个人所得税的记录
（2）个人向企业借款	借款单，其中企业股东的还款日期应在本年12月31日前，否则会有税收风险
（3）与个人交易支付价款或酬金	个人向税务机关的报税记录或者企业代扣代缴的税收记录

如果没有以上的手续或证据，企业向个人的大额转账会导致金税四期的预警。

3. 个人向企业转账的资金要有合法来源

有一个股东通过股东借款的方式借给企业3 000万元用于融资，资产负债表中的其他应付款金额明显特别大，一般金税四期对其他应付款的预警范围是不超过销售收入的80%，结果这个股东借款金额是销售收入的200%，这种情况很容易引起金税四期的预警。税务机关会怀疑个人的3 000万元到底是怎么来的，因此这3 000万元的合法来源就非常重要。如果个人无法证明大额现金的合法来源，不建议采取股东借款的方式由个人向企业转账。

第二节 不动产涉税分析与规划

◆【案例5-3】

马先生从事传统行业，公司经营得有声有色。出于固有思维，马先生认为房产是最值得信赖的资产类型，房产价值高、升值快、变现也较为容易，所以马先生三十余年赚取的财产多用来购置房产，在上海、广州、海南等地拥有多套房产。随着近年房地产行业的变化，房产不似前些年升值快，马先生打算变现其中的一些房产，配置成其他类型资产，以防范未来的风险。马先生比较担忧，房产变现会产生多少税收成本？最近上海、重庆住宅房产税正在试点中，未来持有房产是否会产生房产税？会产生多少房产税？

一、家族持有的不动产涉及的税收

目前在我国单纯持有不动产，可能会涉及两个税种：房产税和城镇土地使用税。

（一）房产税

房产税是以房屋为征税的对象，按房屋的计税余值或租金收入作为计税的依据，向产权人征收的一种财产税。该"房屋"限定于经营性的房屋。产权出典的，由承典人缴纳。产权所有人、承典人不在房产所在地的，或者产权未确定及租典纠纷未解决的，由房产代管人或者使用人缴纳。房产税在城市、县城、建制镇和工矿区征收。农村的房屋则不在房产税的征收范围内。房产税的计算方式有两种：从价计征和从租计征。"从租"计征的计算方式见本节"二、不动产租赁过程中的涉税分析与规划"部分的分析。"从价"计征指的是依照房产原值一次减除10%—30%后的余值计算缴纳。具体减除幅度由省、自治区、直辖市人民政府规定。按此种计算方式计算房产税，适用的税率是1.2%。即应纳房产税税额=房产原值×（1–10%或30%）×税率（1.2%）。但对于国家机关、人民团体、军队自用的房产、由国家财政部门拨付事业经费的单位自用的房产、宗教寺庙、公园、名胜古迹自用的房产、个人所有非营业用的房产、经财政部批准免税的其他房产，免收房产税。因此，对家族个人持有的非营业用房免收房产税。

那么，对于家族个人持有的住宅类房产（非营业用房），是否就绝对不征收房产税呢？上海和重庆于2011年1月起，分别对部分个人住房征收房产税改革试点，详细规定和分析参见第四章第三节。

若家族成员在重庆和上海持有住宅，可能会产生房产税。案例5-3中的马先生在上海持有房产，并且属于非本市居民家庭在本市新购，因此马先生需要向税务机关缴纳房产税。

(二) 城镇土地使用税

城镇土地使用税是指国家在城市、县城、建制镇、工矿区范围内，对使用土地的单位和个人，以其实际占用的土地面积为计税依据，按照规定的税额计算征收的一种税。拥有土地使用权的单位和个人是纳税人，若拥有土地使用权的单位和个人不在土地所在地的，其土地的实际使用人和代管人为纳税人；若土地使用权未确定的或权属纠纷未解决的，其实际使用人为纳税人；若土地使用权共有的，共有各方都是纳税人，由共有各方分别纳税。关于计税依据"实际占用的土地面积"，若有由省、自治区、直辖市人民政府确定的单位组织测定土地面积的，以测定的面积为准；若尚未组织测量，但纳税人持有政府部门核发的土地使用证书的，以证书确认的土地面积为准；若尚未核发出土地使用证书的，应由纳税人申报土地面积，据以纳税，待核发土地使用证以后再作调整。若家族企业或家族个人占用城镇土地面积（包括购置房产），年应纳税额=计税土地面积（平方米）×适用税额。根据地理位置适用的年税额是不同的，其中，大城市1.5元至30元；中等城市1.2元至24元；小城市0.9元至18元；县城、建制镇、工矿区0.6元至12元。特殊的地区、特定的行业还有一定的税收优惠。因此，家族企业或个人持有房产还可能产生城镇土地使用税。

二、不动产租赁过程中的涉税分析与规划

家族常持有多处不动产，会将该不动产租赁给别人使用。不动产租赁常会涉及如下税种：

(一) 所得税

1. 个人所得税

家族个人将持有的不动产进行出租，对于租金所得，常会涉及个人所得

税。根据《个人所得税法》的规定，家族个人将持有的房产出租，对于租金所得按"财产租赁所得"征收个人所得税，适用税率为20%。对于财产租赁所得，每次收入不超过4 000元的，减除费用800元；4 000元以上的，减除20%的费用，其余额为应纳税所得额，即应纳个人所得税税额＝应纳税所得额（租金收入−800或租金收入×80%）×适用税率（20%）。据《财政部、国家税务总局关于廉租住房经济适用住房和住房租赁有关税收政策的通知》（财税〔2008〕24号）的规定，对个人出租住房取得的所得减按10%的税率征收个人所得税。

2. 企业所得税

家族企业将持有的不动产进行出租，对于租金所得，常会涉及企业所得税。根据《企业所得税法》的规定，企业收入中有一种收入形式是"租金收入"。"租金收入"是指企业提供固定资产、包装物或者其他有形资产的使用权取得的收入。因此，家族企业将持有的房产进行租赁，获得的租金所得按照企业所得税的计算方式计算缴纳。企业所得税的计算并不是单一项目的计算，而是将各种收入汇总计算，即企业每一纳税年度的收入总额，减除不征税收入、免税收入、各项扣除以及允许弥补的以前年度亏损后的余额，为应纳税所得额。企业所得税的税率一般为25%。

（二）增值税及其附加

1. 一般纳税人

根据《财政部、国家税务总局关于全面推开营业税改征增值税试点的通知》附件2《营业税改征增值税试点有关事项的规定》和《纳税人提供不动产经营租赁服务增值税征收管理暂行办法》的规定，一般纳税人对于营改增前后取得的不动产进行出租，有不同的处理方式。一般纳税人出租其2016年4月30日前取得的不动产，可以选择适用简易计税方法，按照5%的征收率计算应纳税额。取得的不动产，包括以直接购买、接受捐赠、接受投资入股、自建以及抵债等各种形式取得的不动产。对于2016年4月30日前（营改增前）取得的不动产，增值税有两种计税方法：一般计税方法和简易计税方法。一般计税方法指的是对于取得的租金增值额按9%的税率计算。简易计税方法则是按5%的征收率计算增值税，即应纳增值税税额=含税销售额÷（1+5%）×5%。对于一般纳税人出租其2016年5月1日后取得的不动产，适用一般计税方法计税，即按9%的税率计算。但不动产所在地与机构所在地不在同一县（市、区）的，纳税人应按照3%的预征率向不动产所在地主管税务机关预缴税款，向机构所在地主管税务机关申报纳税。

2.小规模纳税人

单位和个体工商户出租不动产（不含个体工商户出租住房），按照5%的征收率计算应纳税额。即应纳增值税税额=含税销售额÷（1+5%）×5%。个体工商户出租住房，按照5%的征收率减按1.5%计算应纳税额。即应纳增值税税额=含税销售额÷（1+5%）×1.5%。其他个人出租不动产（不含住房），按照5%的征收率计算应纳税额，向不动产所在地主管地税机关申报纳税。即应纳增值税税额=含税销售额÷（1+5%）×5%。其他个人出租住房，按照5%的征收率减按1.5%计算应纳税额，向不动产所在地主管地税机关申报纳税，即应纳增值税税额=含税销售额÷（1+5%）×1.5%。

3.附加税费

根据《城市维护建设税法》的规定，缴纳增值税的纳税人需要缴纳城市维护建设税。城市维护建设税，以纳税人实际缴纳的增值税税额为计税依据，与增值税同时缴纳。税率视位置不同而不同，纳税人所在地在市区的，税率为7%；纳税人所在地在县城、镇的，税率为5%；纳税人所在地不在市区、县城或镇的，税率为1%。

根据《征收教育费附加的暂行规定》的规定，教育费附加，以各单位和个人实际缴纳的增值税的税额为计征依据，教育费附加率为3%，分别与增值税同时缴纳。因此，还需要缴纳教育费附加等费用。

纳税人跨地区出租不动产的，应在不动产所在地预缴增值税时，以预缴增值税税额为计税依据，并按预缴增值税所在地的城市维护建设税适用税率和教育费附加征收率就地计算缴纳城市维护建设税和教育费附加。预缴增值税的纳税人在其机构所在地申报缴纳增值税时，以其实际缴纳的增值税税额为计税依据，并按机构所在地的城市维护建设税适用税率和教育费附加征收率就地计算缴纳城市维护建设税和教育费附加。

（三）印花税

根据《印花税法》的规定，财产租赁合同，包括租赁房屋、船舶、飞机、机动车辆、机械、器具、设备等，按租赁金额的1‰贴花。合同中所载金额和增值税分开注明的，按不含增值税的合同金额确定计税依据，未分开注明的，以合同所载金额为计税依据。根据《财政部、国家税务总局关于廉租住房经济适用住房和住房租赁有关税收政策的通知》（财税〔2008〕24号）的规定，对个人出租、承租住房签订的租赁合同，免征印花税。

（四）房产税

房产税的计算方式有两种：从价和从租。从价计算方式可参见本节"一、家族持有的不动产涉及的税收"部分的论述。但家族将持有的不动产出租，一般按从租的计算方式计算。根据《房产税暂行条例》的规定，以房产租金收入为房产税的计税依据，依照房产租金收入计算缴纳的，税率为12%。因此，需要缴纳的房产税税额=房产租金收入×12%。

（五）城镇土地使用税

不动产租赁过程中需要缴纳的城镇土地使用税与单纯持有不动产的计算方式相同。具体可参看本节"一、（二）城镇土地使用税"部分的论述。与单纯持有不同的是，不动产出租，自交付出租房产的次月起计征城镇土地使用税。

（六）规划策略

经过上述分析，不论是家族个人，还是家族企业，将持有的房产出租，都会涉及多个税种的征收。但是，不同主体将持有的房产进行出租，所产生的税收负担是不同的。实践过程中，出于税收负担的考量，可以提早规划不动产的持有主体，选择税负较小的持有主体进行出租。

此外，由于家族信托的信托利益分配给受益人，目前不征收个人所得税。所以，在符合特定条件时，可以考虑将不动产装入家族信托，经过系统设计，可以帮助家族节省部分税收。

三、不动产转让过程中的涉税分析与规划

（一）作为买方可能涉及的税收

1. 契税

家族作为买方，购买不动产，可能会涉及契税。《契税法》第1条规定："在中华人民共和国境内转移土地、房屋权属，承受的单位和个人为契税的纳税人，应当依照本法规定缴纳契税。"其中，契税应纳税额＝计税依据×税率。计税依据是住宅买卖成交价格，税率为3%—5%（契税的具体适用税率，由省、自治区、直辖市人民政府在3%—5%的税率幅度内提出，报同级人民代表大会常务委员会决定）。

2. 印花税

家族作为买方购买不动产，可能会涉及印花税。《印花税法》第1条规定："在中华人民共和国境内书立应税凭证、进行证券交易的单位和个人，为印花税的纳税人，应当依照本法规定缴纳印花税。在中华人民共和国境外书立在境内使用的应税凭证的单位和个人，应当依照本法规定缴纳印花税。"产权转移书据包括财产所有权和版权、商标专用权、专利权、专有技术使用权等。即房产买卖合同属于产权转移书据，进行不动产买卖需要缴纳印花税，按合同所载金额万分之五进行贴花。

但根据《关于调整房地产交易环节税收政策的通知》（财税〔2008〕137号）规定，对个人销售或购买住房暂免征收印花税。因此，家族个人购买住房无须缴纳印花税。

（二）作为卖方可能涉及的税收

1. 所得税

（1）个人所得税

根据《个人所得税法》第2条和第3条的规定，家族个人将持有的不动产进行转让，需要按"财产转让所得"的税目缴纳个人所得税。以实际成交价格减除房屋原值、转让住房过程中缴纳的税金及有关合理费用后的余额为应纳税所得额，适用20%的税率。

但根据《财政部、国家税务总局、建设部关于个人出售住房所得征收个人所得税有关问题的通知》（财税字〔1999〕278号）的规定，对个人转让自用五年以上、并且是家庭唯一生活用房取得的所得，继续免征个人所得税。"自用五年以上"，是指个人购房至转让房屋的时间达五年以上。若是家族个人按照国家房改政策购买的公有住房，以其购房合同的生效时间、房款收据开具日期或房屋产权证上注明的时间，依照孰先原则确定购房时间；若是家族个人购买的其他住房，以其房屋产权证注明日期或契税完税凭证注明日期，按照孰先原则确定购房时间。家族个人转让房屋的日期，以销售发票上注明的时间为准。"家庭唯一生活用房"是指在同一省、自治区、直辖市范围内纳税人（有配偶的为夫妻双方）仅拥有一套住房。但此免税政策对于富有家族的个人来说，一般较难使用，因为富有家族个人名下可能有多处房产，很难满足"唯一"的要求。

（2）企业所得税

家族企业对持有的不动产进行出售，作为卖方获得的收入，一般需要缴纳企业所得税。《企业所得税法实施条例》第16条规定，转让财产收入，是指企业转让固定资产、生物资产、无形资产、股权、债权等财产取得的收入。其中包括不动产。因此，家族企业作为卖方出让不动产获得的收入，按"财产转让收入"征收企业所得税。家族企业每一纳税年度的收入总额，减除不征税收入、免税收入、各项扣除以及允许弥补的以前年度亏损后的余额，为应纳税所得额。税率一般为25%（高新技术企业、小型微利企业等除外），按照企业所得税的计算方式综合计算。如果企业所得税是查账征收，那么针对转让不动产的业务，所得税的缴纳与整个企业的"利润总额"有关，与单笔业务无关。如果企业所得税是核定征收，企业所得税应纳税额＝转让不动产的计税收入 × 主管税务机关核定的应税所得率 × 企业所得税税率。

2.增值税及其附加

家族个人将持有的不动产进行转让，可能需要缴纳增值税。根据《财政部、国家税务总局关于全面推开营业税改征增值税试点的通知》（财税〔2016〕36号）附件3《营业税改征增值税试点过渡政策的规定》，个人将购买不足二年的住房对外销售的，按照5%的征收率全额缴纳增值税；个人将购买二年以上（含二年）的住房对外销售的，免征增值税。上述政策适用于北京市、上海市、广州市和深圳市之外的地区。个人将购买不足二年的住房对外销售的，按照5%的征收率全额缴纳增值税；个人将购买二年以上（含二年）的非普通住房对外销售的，以销售收入减去购买住房价款后的差额按照5%的征收率缴纳增值税；个人将购买二年以上（含二年）的普通住房对外销售的，免征增值税。上述政策仅适用于北京市、上海市、广州市和深圳市。个人销售其取得（不含自建）的不动产（不含其购买的住房），应以取得的全部价款和价外费用减去该项不动产购置原价或者取得不动产时的作价后的余额为销售额，按照5%的征收率计算应纳税额。

家族企业将持有的不动产进行转让，也需要缴纳增值税。一般纳税人销售其2016年4月30日前取得（不含自建）的不动产，可以选择适用简易计税方法，以取得的全部价款和价外费用减去该项不动产购置原价或者取得不动产时的作价后的余额为销售额，按照5%的征收率计算应纳税额。纳税人应按照上述计税方法在不动产所在地预缴税款后，向机构所在地主管税务机关进行纳税申报。一般纳税人销售其2016年4月30日前自建的不动产，可以选择适用简易计税方法，以取得的全部价款和价外费用为销售额，按照5%的征收率计算应纳税额。纳税人应按照上述计税方法在不动产所在地预缴税款后，向机构所在地主管税务机关进行纳税申报。一般纳税人销售其2016年5月1日后取得（不含自建）的不动产，应适用一般计税方法，以取得的全部价款和价外费用为销售额计算应纳税额。纳税人应以取得的全部价款和价外费用减去该项不动产购置原价或者取得不动产时的作价后的余额，按照5%的预征率在不动产所在地预缴税款后，向机构所在地主管税务机关进行纳税申报。一般纳税人销售其2016年5月1日后自建的不动产，应适用一般计税方法，以取得的全部价款和价外费用为销售额计算应纳税额。纳税人应以取得的全部价款和价外费用，按照5%的预征率在不动产所在地预缴税款后，向机构所在地主管税务机关进行纳税申报。

小规模纳税人销售其取得（不含自建）的不动产（不含个体工商户销售购买的住房和其他个人销售不动产），应以取得的全部价款和价外费用减去该项不动产购置原价或者取得不动产时的作价后的余额为销售额，按照5%的征收率计算应纳税额。纳税人应按照上述计税方法在不动产所在地预缴税款后，向机构所在地主管税务机关进行纳税申报。小规模纳税人销售其自建的不动产，应以取得的全部价款和价外费用为销售额，按照5%的征收率计算应纳税额。纳税人应按照上述计税方法在不动产所在地预缴税款后，向机构所在地主管税务机关进行纳税申报。个体工商户销售购买的住房，应按照《财政部、国家税务总局关于全面推开营业税改征增值税试点的通知》（财税〔2016〕36号）附件3《营业税改征增值税试点过渡政策的规定》第5条的规定征免增值税。纳税人应按照上述计税方法在不动产所在地预缴税款后，向机构所在地主管税务机关进行纳税申报。

根据《城市维护建设税法》的规定，凡缴纳消费税、增值税的单位和个人，都是城市维护建设税的纳税义务人，都应当依照规定缴纳城市维护建设税。城市维护建设税，以纳税人实际缴纳的消费税、增值税税额为计税依据，分别与消费税、增值税同时缴纳。该法第4条规定，城市维护建设税税率如下：纳税人所在地在市区的，税率为7%；纳税人所在地在县城、镇的，税率为5%；纳税人所在地不在市区、县城或镇的，税率为1%。此外还需缴纳教育费附加和地方教育附加。

根据《财政部、国家税务总局关于进一步实施小微企业"六税两费"减免政策的公告》的规定，由省、自治区、直辖市人民政府根据本地区实际情况，以及宏观调控需要确定，对增值税小规模纳税人、小型微利企业和个体工商户可以在50%的税额幅度内减征资源税、城市维护建设税、房产税、城镇土地使用税、印花税（不含证券交易印花税）、耕地占用税和教育费附加、地方教育附加。

3. 印花税

家族个人将持有的不动产进行转让，可能需要缴纳印花税。根据《印花税法》第1条的规定："在中华人民共和国境内书立应税凭证、进行证券交易的单位和个人，为印花税的纳税人，应当依照本法规定缴纳印花税。在中华人民共和国境外书立在境内使用的应税凭证的单位和个人，应当依照本法规定缴纳印花税。"产权转移书据，包括财产所有权和版权、商标专用权、专利权、专有技术使用权等，因此，对于不动产买卖合同，按合同所载金额万分之五贴花。但根据《财政部、国家税务总局关于调整房地产交易环节税收政策的通知》（财税〔2008〕137号）的规定，对个人销售或购买住房暂免征收印花税。

家族企业将持有的不动产进行转让，可能需要缴纳印花税。与家族个人的不动产转让一致，按合同所载金额万分之五贴花。但若是小微企业，根据《财政部、国家税务总局关于进一步实施小微企业"六税两费"减免政策的公告》的规定，可能享受到在50%的税额幅度内减征印花税的优惠。

4. 土地增值税

家族个人或家族企业将持有的不动产进行转让，可能需要缴纳土地增值税。根据《土地增值税暂行条例》第2条的规定，转让国有土地使用权、地上的建筑物及其附着物并取得收入的单位和个人，为土地增值税的纳税义务人，应当依照本条例缴纳土地增值税。土地增值税按下列公式计算：

土地增值税应纳税额＝增值额×适用税率－扣除项目金额×速算扣除系数

其中，"增值额"，是指纳税人转让房地产所取得的收入减除扣除项目金额后的余额。"收入"，是指纳税人转让房地产所取得的收入，包括货币收入、实物收入和其他收入。"扣除项目"，包括取得土地使用权所支付的金额；开发土地的成本、费用；新建房及配套设施的成本、费用，或者旧房及建筑物的评估价格；与转让房地产有关的税金；财政部规定的其他扣除项目等。"适用税率",是指土地增值税实行的四级超率累进税率,对于增值额未超过扣除项目金额50%的部分,税率为30%;对于增值额超过扣除项目金额50%、未超过扣除项目金额100%的部分,税率为40%;对于增值额超过扣除项目金额100%、未超过扣除项目金额200%的部分,税率为50%;对于增值额超过扣除项目金额200%的部分,税率为60%。

但对于纳税人建造普通标准住宅出售,增值额未超过扣除项目金额20%的,免征土地增值税。根据《财政部、国家税务总局关于调整房地产交易环节税收政策的通知》(财税〔2008〕137号)的规定,对个人销售住房暂免征收土地增值税。因此,若家族个人销售住房可暂免征收土地增值税。

(三)规划策略

经过上述分析,家族企业或家族个人将持有的不动产对外转让都会产生一定的税收。但相较而言,家族个人作为持有主体进行转让,满足特定条件,可享受暂免征收印花税和土地增值税的税收优惠。但家族企业作为持有不动产的主体,也不是毫无优势。家族企业在一定程度上可以规避限购政策的影响。一些地区对于房产的购买,规定了一定的购买条件,如社保要求、户籍要求等。家族个人进行购买有时会受到购买政策的限制。但家族企业则可能不受限制。总之,若需要防范这些税收的风险,可在进行这些商业活动的同时,详细咨询专业人士,提前进行系统综合规划。

综上,案例5-3中马先生持有、租赁、转让(包含买和卖)房产(住宅)可能涉及的税收情况如表5-2所示:

表5-2 马先生持有、租赁、转出、购买房产税收成本汇总

类型	所涉税收
持有房产	房产税、城镇土地使用税
租出房产	个人所得税、增值税及其附加、房产税、城镇土地使用税、印花税
转出房产	个人所得税、增值税及其附加、土地增值税(商用房产)、印花税
购买房产	契税、印花税

第三节 股权涉税分析与规划

一、家族持有股权涉及的税收

（一）家族个人持有非上市公司股权

根据《个人所得税法》的规定，家族个人持有非上市公司股权，在获得非上市公司的股息分红时，需要按照"利息、股息、红利所得"税目20%的税率，以每次股息收入额为应纳税所得额，向税务机关缴纳个人所得税。

根据《财政部、国家税务总局关于个人所得税若干政策问题的通知》（财税字〔1994〕020号）的规定，外籍个人从外商投资企业取得的股息、红利所得，暂免征收个人所得税。因此，家族个人移民他国，加入外国国籍，在获得非上市公司的股息分红时，不需向税务机关缴纳个人所得税。但《国务院批转发展改革委等部门关于深化收入分配制度改革若干意见的通知》（国发〔2013〕6号）明确提出，取消对外籍个人从外商投资企业取得的股息、红利所得免征个人所得税等税收优惠。上述两个文件均为生效状态。《湖北省地方税务局关于对外籍个人从外商投资企业取得股息红利所得征收个人所得税问题的公告》（湖北省地方税务局公告2013年第1号）规定，取消对外籍个人从外商投资企业取得的股息、红利所得免征个人所得税税收优惠。对取得上述所得的外籍个人，按照"利息、股息、红利"的所得项目征收个人所得税。但该文件已于2018年被废止。在实践过程中，外籍个人取得外商投资企业的股息红利所得是否免征个人所得税存在争议，具体需要咨询当地的税务主管机关。

但需要注意的是，在获得外籍身份后，仍保留中国公民身份的话，对于这种双重身份的人士，税务机关会按中国居民纳税人处理，不予免税。

（二）家族个人持有上市公司股份

◆【案例5-4】

刘女士于2019年6月15日购买了某上市公司的股票。2019年7月5日，刘女士获得了该上市公司的股息100万元。刘女士有以下三种持股方案：

方案一：刘女士在2019年7月15日前转让所持该上市公司股票；

方案二：刘女士在2019年12月30日转让所持该上市公司股票；

方案三：刘女士在2020年7月15日转让所持该上市公司股票；

在不考虑其他税费的情况下，刘女士选择上述哪种方案，可以节省这100万元股息产生的税收成本呢？

个人持有的上市公司股票产生的股息所得，在派发股息时，上市公司并不扣缴个人所得税，而是在转让股票时，由证券公司扣除划付给上市公司，由上市公司在收到税款当月的法定申报期内向主管税务机关申报缴纳。并且根据所持股票的时限，实行不同的税收政策。个人从公开发行和转让市场取得的上市公司股票，持股期限超过一年的，股息红利所得暂免征收个人所得税。个人从公开发行和转让市场取得的上市公司股票，持股期限在一个月以内（含一个月）的，其股息红利所得全额计入应纳税所得额；持股期限在一个月以上至一年（含一年）的，暂减按50%计入应纳税所得额；上述所得统一适用20%的税率计征个人所得税。[①]

根据上述税收规定，刘女士选择不同持股方案产生的税收成本如表5-3所示：

表5-3 不同持股方案产生的税收成本

选择方案	税收成本
方案一	100万元×20%=20万元（全额计入）
方案二	100万元×50%×20%=10万元（减按50%计入）
方案三	0万元（暂免征收）

因此，刘女士若要节省该100万元股息的个人所得税，持股一年以上的方案三是最优方案。

若家族成员中有外籍个人，并且该家族成员持有上市公司的股票，根据

---

① 参见《财政部、国家税务总局、证监会关于上市公司股息红利差别化个人所得税政策有关问题的通知》（财税〔2015〕101号）。

《国家税务总局关于外籍个人持有中国境内上市公司股票所取得的股息有关税收问题的函》（国税函发〔1994〕440号）的规定，对持有B股或海外股（包括H股）的外籍个人，从发行该B股或海外股的中国境内企业所取得的股息（红利）所得，暂免征收个人所得税。因此，外籍家族成员个人持有上市公司股票（B股或H股）获得的股息，暂免征收个人所得税。

（三）家族企业持有非上市公司股权

◆【案例5-5】

A公司是一家非上市公司，由甲出资200万元、乙出资300万元、丙出资500万元共同设立。经过几年的运营，公司效益良好。于是，A公司通过公司内部程序一致决定投资2 000万元设立B公司，用于经营其他新兴业务。B公司设立后，经过短暂运营，决定向股东A公司分红300万元。此300万元股息是否产生企业所得税？

◆【案例5-6】

C公司是一家非上市公司，由甲出资200万元、乙出资300万元、丙出资500万元共同设立。经过几年的运营，公司效益良好。于是，C公司通过公司内部程序一致决定投资2 000万元设立D合伙企业，用于经营其他新兴业务。D合伙企业设立后，经过短暂运营，D合伙企业决定向股东C公司分红300万元。此300万元股息是否产生企业所得税？

《企业所得税法》第26条规定，符合条件的居民企业之间的股息、红利等权益性投资收益，是免税收入。《企业所得税法实施条例》第83条规定，"企业所得税法第二十六条第（二）项所称符合条件的居民企业之间的股息、红利等权益性投资收益，是指居民企业直接投资于其他居民企业取得的投资收益"。对居民企业之间的股息、红利收入免征企业所得税，是国际上消除法律性双重征税的通行做法。因为股息、红利是税后利润分配形成的，即其已经在被投资企业缴纳了企业所得税。为了体现税收效率和中性原则，避免重复征税，我国才作此规定。

享受上述免税的优惠需要符合特定的条件：第一，必须是居民企业之间；

第二，必须是直接投资。"居民企业"，是指依法在中国境内成立，或者依照外国（地区）法律成立但实际管理机构在中国境内的企业。依法在中国境内成立的企业，包括依照中国法律、行政法规在中国境内成立的企业、事业单位、社会团体以及其他取得收入的组织。"直接投资"，是指投资者将货币资金直接投入投资项目，形成实物资产或者购买现有企业的投资，通过直接投资，投资者便可以拥有全部或一定数量的企业资产及经营的所有权，直接进行或参与投资的经验管理。投资者以其资本购买公司债券、金融债券等有价证券属间接投资。"直接投资"主要包括：（1）投资者开办独资企业，并独自经营；（2）与其他企业合作开办合资企业或合作企业，从而取得各种直接经营企业的权利，并派人员进行管理或参与管理；（3）投资者投入资本，不参与经营，必要时可派人员任顾问或指导；（4）投资者在股票市场上买入现有企业一定数量的股票，通过股权获得全部或相当部分的经营权，从而达到收购该企业的目的。但不包括连续持有居民企业公开发行并上市流通的股票不足十二个月取得的投资收益。需要注意的是，个人独资企业、合伙企业并不是企业所得税法上的居民企业。

◆【案例 5-5 分析】

A 公司和 B 公司都是中国境内成立的企业，并且 A 公司出资设立了 B 公司，符合"居民企业间"和"直接投资"两个条件，因此 A 公司获得的 300 万元股息可以享受免征企业所得税的优惠。

◆【案例 5-6 分析】

C 公司是依法在中国境内成立的企业，属居民企业。但 D 公司是合伙企业，并不是企业所得税法上的居民企业，不符合"居民企业间"的条件。因此，C 公司获得的 300 万元股息不可以享受免征企业所得税的优惠。

（四）家族企业持有上市公司股份

◆【案例 5-7】

E 有限责任公司于 2020 年 1 月 20 日购入某上市公司公开发行的股票。2020 年 4 月 20 日产生股息 300 万元。E 公司于 2020 年 6 月 20 日卖出此股票（股票持有期间未超过一年）。E 公司获得的 300 万元股息是否可以免征企业所得税？

◆【案例5-8】

F有限责任公司于2020年1月20日购入某上市公司公开发行的股票。2020年4月20日产生股息300万元。F公司于2021年2月20日卖出此股票（股票持有期间超过了一年）。F公司获得的300万元股息是否可以免征企业所得税？

◆【案例5-9】

G合伙企业于2020年1月20日购入某上市公司公开发行的股票。2020年4月20日产生股息300万元。G合伙企业于2021年2月20日卖出此股票。G合伙获得的300万元股息是否可以免征所得税？

根据《企业所得税法实施条例》第83条的规定，"企业所得税法第二十六条第（二）项和第（三）项所称股息、红利等权益性投资收益，不包括连续持有居民企业公开发行并上市流通的股票不足12个月取得的投资收益"。因此，若要享受免征企业所得税的税收优惠，需要满足"12个月"以上的条件。那么，该"12个月"指的是"买入至卖出的时间"还是"买入至股息产生的时间"呢？该问题在国家税务总局《新企业所得税法精神宣传提纲》（国税函〔2008〕159号，以下简称159号文件）有关购买股票获取的股息、红利免税的解释中已经得到明确。159号文件规定，鉴于以股票方式取得且连续持有时间较短（短于十二个月）的投资，并不以股息、红利收入为主要目的，主要是从二级市场获得股票转让收益，而且买卖和变动频繁，税收管理难度大，因此《企业所得税法实施条例》将持有上市公司股票的时间短于十二个月的股息红利收入排除在免税范围之外。可见，《企业所得税法》并没有把居民企业从二级市场获得股票运营收益作为税收优惠鼓励的目标，而是明确将持有上市公司股票的时间短于十二个月的股息、红利收入排除在免税范围之外，只有持有股份十二个月以上取得的股息、红利收入才适用免税政策。[①]对来自所有非上市企业，以及持有股份十二个月以上取得的股息红利收入，适用免税政策。因此，"12个月"指的是"买入至卖出的时间"。

那么，若居民企业持有上市公司股票十二个月以上，十二个月之内产生

---

① 润博：《如何理解居民企业股息红利免税的前提条件》，载《中国税务报》2011年3月30日。

的股息是否也享受免税优惠呢？股息红利免税条件之所以对持有时间进行限制，主要是为了鼓励企业进行投资而不是投机，避免企业短期炒作的投机行为。鉴于此政策的出台背景，只要企业持有上市公司股票满十二个月，无论是不足十二个月取得的股息红利还是持满十二个月取得的股息红利均可以作为免税的股息红利。

◆【案例5-7、5-8、5-9分析】

案例5-7中E公司持有上市公司股票不足十二个月，所以该股息不能享受免税优惠；案例5-8中F公司持有上市公司股票已满十二个月，所以该股息可以享受免税优惠；案例5-9中G合伙企业不属于企业所得税法上的居民企业，所以该股息不能享受免税优惠。

二、上市公司股份转让的涉税分析与规划

◆【案例5-10】

李先生创立了A公司，经过努力，终于在上交所上市。李先生持有该上市公司5 000万股，目前已过限售期。此外，李先生还通过股票市场购入了另一家上市公司B公司的30万股股票。因李先生的儿女均在境外，已明确未来不愿接班，李先生决定适时卖出所持有的这两家公司的股票。那么，李先生卖出股票的行为需要承担多少税收成本呢？

（一）上市公司股份转让的涉税分析

1. 个人所得税

家族个人将持有的上市公司的股票对外转让，可能会涉及个人所得税。根据《财政部、国家税务总局、证监会关于个人转让上市公司限售股所得征收个人所得税有关问题的通知》（财税〔2009〕167号）的规定，对个人在上海证券交易所、深圳证券交易所转让从上市公司公开发行和转让市场取得的上市公司股票所得，继续免征个人所得税。因此，个人转让上市公司的一般股票，免征个人所得税。案例5-10中，李先生卖出B公司30万股的股票，免征个人所得税。

但对于家族个人转让上市公司限售股的股票,在个人所得税方面则是不同的。根据《财政部、国家税务总局、证监会关于个人转让上市公司限售股所得征收个人所得税有关问题的通知》(财税〔2009〕167号)的规定,自2010年1月1日起,对个人转让限售股取得的所得,按照"财产转让所得",适用20%的比例税率征收个人所得税。此处的"限售股"分为三类:股改限售股、新股限售股和其他限售股。"股改限售股",是指上市公司股权分置改革完成后股票复牌日之前股东所持原非流通股股份,以及股票复牌日至解禁日期间由上述股份孳生的送、转股。"新股限售股",是指2006年股权分置改革新老划断后,首次公开发行股票并上市的公司形成的限售股,以及上市首日至解禁日期间由上述股份孳生的送、转股。"其他限售股",是指财政部、国家税务总局、法制办和证监会共同确定的其他限售股。

《财政部、国家税务总局、证监会关于个人转让上市公司限售股所得征收个人所得税有关问题的补充通知》(财税〔2010〕70号)进一步明确了限售股的范围,除了上述所列,还包括个人从机构或其他个人受让的未解禁限售股;个人因依法继承或家庭财产依法分割取得的限售股;个人持有的从代办股份转让系统转到主板市场(或中小板、创业板市场)的限售股;上市公司吸收合并中,个人持有的原被合并方公司限售股所转换的合并方公司股份;上市公司分立中,个人持有的被分立方公司限售股所转换的分立后公司股份等。

个人转让限售股,以每次限售股转让收入,减除股票原值和合理税费后的余额,为应纳税所得额。即:

应纳税所得额=限售股转让收入-(限售股原值+合理税费)

应纳税额=应纳税所得额×20%

其中,"限售股转让收入",是指转让限售股股票实际取得的收入。"限售股原值",是指限售股买入时的买入价及按照规定缴纳的有关费用。"合理税费",是指转让限售股过程中发生的印花税、佣金、过户费等与交易相关的税费。如果纳税人未能提供完整、真实的限售股原值凭证,不能准确计算限售股原值的,主管税务机关一律按限售股转让收入的15%核定限售股原值及合理税费。

个人转让限售股或发生具有转让限售股实质的其他交易,取得现金、实物、有价证券和其他形式的经济利益均应缴纳个人所得税。"转让实质的其他交易",包括个人通过证券交易所集中交易系统或大宗交易系统转让限售股;个人用限售股认购或申购交易型开放式指数基金(ETF)份额;个人用限售股接受要约收购;个人行使现金选择权将限售股转让给提供现金选择权的第三方;个人协议转让限售股;个人持有的限售股被司法扣划;个人因依法继承或家庭财产分割让渡限售股所有权;个人用限售股偿还上市公司股权分置改革中由大股东代其向流通股股东支付的对价;其他具有转让实质的情形。案例5-10中,李先生转让A上市公司的股票,需要缴纳20%的个人所得税。

2. 企业所得税

家族企业将持有的上市公司的股票对外转让,可能会涉及企业所得税。根据《企业所得税法实施条例》的规定,转让财产收入,是指企业转让固定资产、生物资产、无形资产、股权、债权等财产取得的收入。因此,家族企业取得的股权转让收入将按"转让财产收入",计入企业应纳税所得额。《国家税务总局关于企业取得财产转让等所得企业所得税处理问题的公告》(国家税务总局公告2010年第19号)规定,企业取得财产(包括各类资产、股权、债权等)转让收入、债务重组收入、接受捐赠收入、无法偿付的应付款收入等,不论是以货币形式、还是非货币形式体现,除另有规定外,均应一次性计入确认收入的年度计算缴纳企业所得税。因此,股权转让收入一次性计入企业所得。《国家税务总局关于贯彻落实企业所得税法若干税收问题的通知》(国税函〔2010〕79号)规定,企业转让股权收入,应于转让协议生效且完成股权变更手续时,确认收入的实现。转让股权收入扣除为取得该股权所发生的成本后,为股权转让所得。企业在计算股权转让所得时,不得扣除被投资企业未分配利润等股东留存收益中按该项股权所可能分配的金额。对于该项所得一般适用25%的税率。

3. 增值税及其附加

家族将持有的上市公司股份对外转让,可能会涉及增值税。《财政部、国家税务总局关于全面推开营业税改征增值税试点的通知》(财税〔2016〕36号)附件1《营业税改征增值税试点实施办法》规定,金融商品转让,是指转让外汇、有价证券、非货物期货和其他金融商品所有权的业务活动。其中,上市公司的股份转让属于"有价证券",因此上市公司的股份转让,可按金融商品转让处理。附件3《营业税改征增值税试点过渡政策的规定》规定,个人从事金融商品转让业务,获得的金融商品转让收入免收增值税。因此,家族个人和个体工商户进行上市公司股份转让获得的收入免收增值税。案例5-10中,李先生转让股票不产生增值税及其附加。

但家族企业所持有的上市公司股份转让,会面临缴纳增值税。家族企业作为一般纳税人,金融商品转让的增值税税率为6%,小规模纳税人适用的征收率为3%。金融商品转让按照卖出价扣除买入价后的余额为销售额。"卖出价",是指转让金融商品时,取得的全部价款和价外费用。《国家税务总局关于营改增试点若干征管问题的公告》(国家税务总局公告2016年第53号)对限售股解禁后的股权转让的买入价进行了规定:"(一)上市公司实施股权分置改革时,在股票复牌之前形成的原非流通股股份,以及股票复牌首日至解禁日期间由上述股份孳生的送、转股,以该上市公司完成股权分置改革后股票复牌首日的开盘价为买入价。(二)公司首次公开发行股票并上市形成的限售股,以及上市首日至解禁日期间由上述股份孳生的送、转股,以该上市公司股票首次公开发行(IPO)的发行价为买入价。(三)因上市公司实施重大资产重组形成的限售股,以及股票复牌首日至解禁日期间由上述股份孳生的送、转股,以该上市公司因重大资产重组股票停牌前一交易日的收盘价为买入价。"第一种情形现在基本上销声匿迹了,第二种情形对IPO前的投资者非常有利。在卖出价无法把握的情况下,将发行价作为买入价,提高了理论成本,减少了价差,减轻了税负。由于送转股后股价会除权,股价会降低,而买入价是固定的,所以可能刺激上市公司高送转从而少缴税。缴纳增值税,就涉及要交增值税的附加税费,即按照规定缴纳城市维护建设税、教育费附加等。

4.印花税

"财产所有权"转移书据的征税范围是经政府管理机关登记注册的动产、不动产的所有权转移所立的书据,以及企业股权转让所立的书据。根据《上海证券交易所关于做好调整证券交易印花税税率相关工作的通知》(上证交字〔2008〕16号)规定:"……从2008年9月19日起,调整证券(股票)交易印花税征收方式，将现行的对买卖、继承、赠与所书立的A股、B股股权转让书据按千分之一的税率对双方当事人征收证券（股票）交易印花税，调整为单边征税，即对买卖、继承、赠与所书立的A股、B股股权转让书据的出让方按千分之一的税率征收证券（股票）交易印花税，对受让方不再征税。"根据《财政部、国家税务总局关于减半征收证券交易印花税的公告》（财政部、国家税务总局公告2023年第39号）规定："为活跃资本市场、提振投资者信心，自2023年8月28日起，证券交易印花税实施减半征收。"因此，转让境内上市公司的股份，出让方可能需要缴纳万分之五的印花税。案例5-10中，李先生转让股票需要缴纳万分之五的印花税。

（二）规划策略

经过上述分析，家族个人转让上市公司的股份（流通股），免征个人所得税和增值税及其附加。因此，从持有主体来看，建议将上市公司的股份由个人持有，可以减少个人所得税和增值税的税收；从上市公司股份的种类来看，限售股一般需要缴纳所得税、增值税，可以尽量持有流通股。此外，可以通过设计持股架构进行顶层设计，结合股转文件进行系统规划，节省税收。

三、非上市公司股权转让的涉税分析与规划

◆【案例5-11】

贾先生和贾太太共同创设A有限责任公司（非上市），A公司出资1 000万元设立B公司（非上市），持有B公司100%股权。后B公司经营出现问题，贾先生欲以3 000万元的价格出让A公司所持的B公司的股权。现贾先生是否有节税的股权转让方案？

（一）非上市公司股权转让的涉税分析

1. 个人所得税

家族个人将持有的非上市公司股权对外转让，可能会涉及个人所得税。

《股权转让所得个人所得税管理办法（试行）》第4条第1款规定，个人转让股权，以股权转让收入减除股权原值和合理费用后的余额为应纳税所得额，按"财产转让所得"缴纳个人所得税。

"股权转让收入"，是指转让方因股权转让而获得的现金、实物、有价证券和其他形式的经济利益。转让方取得与股权转让相关的各种款项，包括违约金、补偿金以及其他名目的款项、资产、权益等，均应当并入股权转让收入。

《股权转让所得个人所得税管理办法（试行）》第15条规定："个人转让股权的原值依照以下方法确认：（一）以现金出资方式取得的股权，按照实际支付的价款与取得股权直接相关的合理税费之和确认股权原值；（二）以非货币性资产出资方式取得的股权，按照税务机关认可或核定的投资入股时非货币性资产价格与取得股权直接相关的合理税费之和确认股权原值；（三）通过无偿让渡方式取得股权，具备本办法第十三条第二项所列情形的，按取得股权发生的合理税费与原持有人的股权原值之和确认股权原值；（四）被投资企业以资本公积、盈余公积、未分配利润转增股本，个人股东已依法缴纳个人所得税的，以转增额和相关税费之和确认其新转增股本的股权原值；（五）除以上情形外，由主管税务机关按照避免重复征收个人所得税的原则合理确认股权原值。"

2. 企业所得税

家族企业将持有的非上市公司股权对外转让，可能会涉及企业所得税。具体可参见本节"二、（一）2.企业所得税"部分的论述。

3. 印花税

"财产所有权"转移书据的征税范围是经政府管理机关登记注册的动产、不动产的所有权转移所立的书据，以及企业股权转让所立的书据。根据《印花税法》的相关规定，股权转让合同属于应缴纳印花税的产权转移书据，应当缴纳印花税，计税依据为股权转让协议所载金额。转让双方均需按照万分之五的税率分别纳税。

因此，案例5-11中贾先生和贾太太转让股权所产生的税收如表5-4所示：

表5-4 规划前转让股权税收成本分析

环节	分析	应纳税额
A转让B公司股权	企业所得税：(3 000−1 000)×25%=500万元（暂不计其他费用和成本） 印花税：3 000×0.05%=1.5万元	501.5万元
A股权转让收入分给贾先生和贾太太	个人所得税：(3 000−1 000−501.5)×20%=299.7万元	299.7万元
合计	—	801.2万元

（二）规划策略

1. 利用"正当理由"实现低价转让股权

根据《股权转让所得个人所得税管理办法（试行）》第10条之规定，股权转让收入应当按照公平交易原则确定。同时，第13条指出："符合下列条件之一的股权转让收入明显偏低，视为有正当理由：（一）能出具有效文件，证明被投资企业因国家政策调整，生产经营受到重大影响，导致低价转让股权；（二）继承或将股权转让给其能提供具有法律效力身份关系证明的配偶、父母、子女、祖父母、外祖父母、孙子女、外孙子女、兄弟姐妹以及对转让人承担直接抚养或者赡养义务的抚养人或者赡养人；（三）相关法律、政府文件或企业章程规定，并有相关资料充分证明转让价格合理且真实的本企业员工持有的不能对外转让股权的内部转让；（四）股权转让双方能够提供有效证据证明其合理性的其他合理情形。"

可见，股权低价转让，需要符合法定情形，提供充分的证据材料，可以实现较低价格转让。对于家族企业内部的股份转让，则可以通过第2项进行规划；尤其值得关注的是第3项，具有较大的规划空间，可以通过修改公司章程、相关协议进行"内部"低价转让；第4项则赋予了税务机关较大的自由裁量权，也为部分企业提供了一定的规划空间。需要提醒的是，该规划方法的运用，依然面临实质课税被纳税调整的风险。

2. 利用居民企业间分红免税政策

在本节"一、（三）家族企业持有非上市公司股权"中，笔者介绍了"符合条件的居民企业之间的股息、红利等权益性投资收益,是免税收入"。可以运用此优惠政策进行税收规划。在案例5-11中,若B公司先向A公司分红1 500万元,然后再以1 500万元的股权转让价格进行股权转让,那么,经此设计,B公司股权收入到达贾先生和贾太太手中,所产生的税收成本如表5-5所示:

表5-5 规划后B公司股权转让税收成本分析

环 节	分 析	应纳税额
B公司先向A公司分红1 500万元	符合条件的居民企业之间的股息、红利等权益性投资收益,是免税收入	0万元
A公司获得的1 500万元分红给贾先生和贾太太	个人所得税:1 500×20%=300万元	300万元
A公司所持的B公司股权以1 500万元转让给购买方	企业所得税:(1 500−1 000)×25%=125万元 印花税:1 500×0.05%=0.75万元	125.75万元
该股权转让收入分红给贾先生和贾太太	(1 500−1 000−125.75)×20%=74.85万元	74.85万元
合计	300+125.75+74.85=500.6万元	500.6万元
较直接转让节省	801.2−500.6=299.6万元	299.6万元

除上述规划方式外,还有先减资再增资、先增资再减资、股权架构系统设计、股权家族信托搭建等多种方式。企业股权转让的税务规划,须结合企业实际,定制化地进行,并且要特别注意,税务规划不是简单地架构操作,一定要考虑合理经营需要,具有合理商业目的。

第四节 艺术品涉税分析与规划

一、艺术品拍卖的涉税分析与规划

家族个人单纯持有艺术品,不发生流转,就没有所得额,也就没有税收成本。只要艺术品发生流转,就可能产生税收成本。而艺术品拍卖作为艺品流转的主要方式，也会产生一定的税收成本。若家族个人为艺术品拍卖的买方，则不具有税法上的纳税义务。若家族个人作为艺术品拍卖的卖方或委托方，委托拍卖行等机构拍卖艺术品，则可能会产生个人所得税；若家族企业为艺术品拍卖的卖方或委托方，则可能产生企业所得税。

（一）艺术品拍卖的涉税分析

1. 个人所得税

家族个人将持有的艺术品拍卖，需要缴纳个人所得税。《国家税务总局关于加强和规范个人取得拍卖收入征收个人所得税有关问题的通知》（国税发〔2007〕38号）对个人通过拍卖取得的收入征收个人所得税作出了规定。作者将自己的文字作品手稿原件或复印件拍卖取得的所得，应以其转让收入额减除800元（转让收入额4 000元以下）或者20%（转让收入额4 000元以上）后的余额为应纳税所得额，按照"特许权使用费"所得项目适用20%的税率缴纳个人所得税。个人拍卖除文字作品原稿及复印件外的其他财产，应以其转让收入额减除财产原值和合理费用后的余额为应纳税所得额，按照"财产转让所得"项目适用20%的税率缴纳个人所得税。个人财产拍卖所得适用"财产转让所得"项目计算应纳税所得额时，纳税人凭合法有效凭证（税务机关监制的正式发票、相关境外交易单据或海关报关单据、完税证明等），从其转让收入额中减除相应的财产原值、拍卖财产过程中缴纳的税金及有关合理费用。

"转让收入额"指的是该项财产的最终拍卖成交价格。最终拍卖成交价格如何确定？《拍卖法》第51条规定，竞买人的最高应价经拍卖师落槌或者以其他公开表示买定的方式确认后，拍卖成交。根据这一条款，拍卖师落槌的最高应价就是最终拍卖成交价格。但有一种特殊情形，《拍卖法》第39条规定，买受人未按照约定支付价款的，应当承担违约责任，或者由拍卖人征得委托人的同意，将拍卖标的再行拍卖。拍卖标的再行拍卖的价款低于原拍卖价款的，原买受人应当补足差额。即特殊情况下的个人财产拍卖转让收入额是再行拍卖价款与原买受人所补差额的合计。例如，甲将一幅字画委托拍卖行拍卖，乙以最高应价100万元成为买受人。但随后乙反悔，觉得该画不值那么多钱，不肯按约定支付价款，征得甲同意，拍卖行再次拍卖该字画，但再次拍卖的价款只有95万元，按规定原买受人乙应补足再次拍卖与原拍卖价款的差额5万元给甲。在这种情况下，甲字画拍卖转让收入额还是100万元，而不是95万元。

"财产原值"是指售出方个人取得该拍卖品的价格（以合法有效凭证为准）。具体来看，通过商店、画廊等途径购买的，为购买该拍卖品时实际支付的价款；通过拍卖行拍得的，为拍得该拍卖品实际支付的价款及缴纳的相关税费；通过祖传收藏的，为其收藏该拍卖品而发生的费用；通过赠送取得的，为其受赠该拍卖品时发生的相关税费；通过其他形式取得的，参照以上原则确定财产原值。"拍卖财产过程中缴纳的税金"是指在拍卖财产时纳税人实际缴纳的相关税金及附加。"有关合理费用"是指拍卖财产时纳税人按照规定实际支付的拍卖费（佣金）、鉴定费、评估费、图录费、证书费等费用。按照上述方式计算出应纳税所得额，再按20%的税率计算应纳个人所得税税额。

但若不能提供合法、完整、准确的财产原值凭证，财产原值就不能正确计算，此时，我国实施核定征收，即按转让收入额的3%征收率计算缴纳个人所得税。纳税人的财产原值凭证内容填写不规范，或者一份财产原值凭证包括多件拍卖品且无法确认每件拍卖品一一对应的原值的，不得将其作为扣除财产原值的计算依据，应视为不能提供合法、完整、准确的财产原值凭证，按转让收入额的3%征收率计算。若拍卖品经文物部门认定为海外回流文物的，按转让收入额的2%征收率计算缴纳个人所得税。

2.企业所得税

家族企业持有的艺术品委托拍卖行进行拍卖获得的收入，要缴纳企业所得税。根据《企业所得税法》及《企业所得税法实施条例》的规定，企业因持有的艺术品被拍卖而获得收入，按"转让财产收入"缴纳企业所得税。企业每一纳税年度的收入总额，减除不征税收入、免税收入、各项扣除以及允许弥补的以前年度亏损后的余额，为应纳税所得额。企业所得税的税率一般为25%，符合条件的小型微利企业等特定类型的企业除外。

（二）规划策略

经过上述税收风险的分析，若个人持有的艺术品进行拍卖，有个人所得税的税收成本，其计算方式有两种：20%的税率计算和3%的核定征收；若企业持有的艺术品进行拍卖，有企业所得税的税收负担，视企业性质的不同适用不同的税率，如25%或20%等。因此，家族可以根据不同的自身条件，测算税收数额，进而选择不同的持有主体，以便减少未来在艺术品拍卖时产生的税收。此外，也可搭建信托架构，设立艺术品家族信托进行规划。简言之，不同家族需根据不同的条件进行规划设计。

二、艺术品投资的税收风险

◆【案例5-12】千万艺术品投资支出可否税前扣除？[①]

某市国税局稽查人员在对A公司2018年度的申报纳税情况进行检查时发现，这家企业固定资产折旧账簿上计提了家具折旧1 200万元。A公司财务总监解释说，这是公司老总从拍卖会上购买的几件清代黄花梨家具，买价为6 000万元，公司按照五年计提了折旧。

稽查人员在观看黄花梨家具的过程中，注意到摆放在玻璃柜里的一对瓷瓶。"这是清代官窑粉彩花瓶，是老总花2 200万元从海外拍卖的回流文物。"财务总监告知。翻阅企业账簿，稽查人员发现A公司将购瓶资金作为当期费用一次性扣除了。A公司这两笔购买古董的行为，在当年度共税前扣除3 400万元。

稽查人员当即表示："你们这样处理账务有问题，需补缴税款。"企业惊问："我们错在哪里了？"那么，千万艺术品投资的支出可否税前扣除呢？

根据《企业所得税法》第8条的规定，企业实际发生的与取得收入有关的、合理的支出，包括成本、费用、税金、损失和其他支出，准予在计算应纳税所得额时扣除。根据《企业所得税法实施条例》第27条的规定："企业所得税法第八条所称有关的支出，是指与取得收入直接相关的支出。企业所

[①] 马泽方：《购买艺术品：投资还是避税暗道》，载《中国税务报》2015年7月22日。

得税法第八条所称合理的支出，是指符合生产经营活动常规，应当计入当期损益或者有关资产成本的必要和正常的支出。"由上述法规可知，企业的支出想要在税前扣除需满足"实际发生性""相关性"和"合理性"三个条件。家族企业为了提升企业形象购买的艺术品，虽符合"实际发生性"，但很难符合"相关性"和"合理性"的条件。除一些特殊的文化企业外，一般生产性企业、商贸企业购买的非经营性的艺术品，很难说和"取得收入有关"。此外，企业所购买的艺术品，多价值千万元甚至上亿元，很难说符合"合理性"。因此，上述案例5-12中的家族企业A公司投资艺术品的8 200万元支出很难在企业所得税税前进行扣除。

2021年6月22日，《国家税务总局关于企业所得税若干政策征管口径问题的公告》（国家税务总局公告2021年第17号）发布。其中第5条"关于文物、艺术品资产的税务处理问题"指出：企业购买的文物、艺术品用于收藏、展示、保值增值的，作为投资资产进行税务处理。文物、艺术品资产在持有期间，计提的折旧、摊销费用，不得税前扣除。因此，家族企业通过购买文物、艺术品进行税前扣除的规划方式在我国行不通了。

第六章　家族传承中的税收及其规划

第一节　赠与和继承的税收

◆【案例6-1】王先生股权传承税收规划案

王先生拼搏半生，创立了自己的品牌和企业，企业尚未上市。王先生目前拥有企业80%的股份，股权价值约5 000万元，股份都在王先生个人的名下。王先生与妻子李女士非常恩爱，育有两个儿子，长子在家族企业中帮助王先生打理家族企业的事务，次子还在上大学。随着年龄渐长，王先生逐渐感觉力不从心。王先生现欲规划将所持股权传给两个儿子，主要考虑通过生前赠与或遗嘱继承两种方式传承股权。此外，王先生的个人账户中还有现金2 000万元，打算给两个儿子1 700万元。王先生还拿出其中的300万元现金，用于贫困山区的儿童教育。那么，王先生采取上述哪种方式传承股权和现金，从税务成本上看更为划算？

一、赠与涉及的税收

公民既可以基于私人的目的进行赠与，也可以基于公益的目的进行捐赠。私益赠与与公益赠与（捐赠）在中国境内会涉及不同的税收。

（一）私益赠与涉及的税收

我国境内的赠与税制与境外的赠与税制不同。有的国家存在专门的赠与税，例如美国，将赠与行为的税收设计为一个独立的税种。我国虽然没有专门的赠与税，但相关的法律法规也规定了赠与行为的税收。在中国将财产赠与他人，根据赠与财产种类的不同，通常可以分为现金赠予、股权赠与、房产赠与、其他赠与。下文将围绕经常发生的现金赠与、股权赠与和房产赠与进行分析。

1.现金赠与

现金赠与行为在日常生活中经常发生，数额不等，如春节的压岁钱、情侣之间的赠与等。我国目前既没有专门的赠与税，也没有现金赠与的税收法律法规。所以，个人将现金无偿赠与他人，目前不产生税收。

另外，基于税收征管的考量，个人之间进行的现金赠与行为，具体金额一般不易被统计和监管，若对现金赠与行为进行课税，税务机关难以操作。因此，家族成员间基于私益的目的互相赠与现金，在我国目前不涉及税收。

2.非上市公司股权赠与

（1）增值税

《增值税暂行条例》第1条规定，增值税的征税范围包括在中华人民共和国境内销售货物或者加工、修理修配劳务、销售服务、无形资产、不动产以及进口货物。那么赠与股权是否属于增值税征税范围呢？赠与股权可以看作"直接转让股权"。而"直接转让股权"是否按照"销售无形资产"缴纳增值税呢？《营业税改征增值税试点实施办法》附件《销售服务、无形资产、不动产注释》对"销售无形资产"的界定是："销售无形资产，是指转让无形资产所有权或者使用权的业务活动。无形资产，是指不具实物形态，但能带来经济利益的资产，包括技术、商标、著作权、商誉、自然资源使用权和其他权益性无形资产。技术，包括专利技术和非专利技术。自然资源使用权，包括土地使用权、海域使用权、探矿权、采矿权、取水权和其他自然资源使用权。其他权益性无形资产，包括基础设施资产经营权、公共事业特许权、配额、经营权（包括特许经营权、连锁经营权、其他经营权）、经销权、分销权、代理权、会员权、席位权、网络游戏虚拟道具、域名、名称权、肖像权、冠名权、转会费等。"股权显然不属于技术、商标、著作权、商誉，也不属于自然资源。那么股权是否属于其他权益性无形资产？答案也是否定的。对此可以从两个方面得出结论：

其一，从其他权益性无形资产的表述来看，尽管有兜底条款的意味，但仍采取了正列举的方式，列举内容不包括股权，而对于股权这一重要的财产类型，若其属于权益性无形资产，不大可能在如此多的正列举的情况下，不做正列举。

其二，根据现有的增值税政策，《国家税务总局关于纳税人资产重组有关增值税问题的公告》（国家税务总局公告2011年第13号）规定，企业重组业务不需要缴纳增值税。而股权转让属于典型的企业重组业务，当然不用缴纳增值税。因此，个人间股权无偿赠与更不涉及增值税了。

（2）个人所得税

家族成员个人无偿赠与股权，可能被视为"股权转让"课征个人所得税。《股权转让所得个人所得税管理办法（试行）》第3条规定："本办法所称股权转让是指个人将股权转让给其他个人或法人的行为，包括以下情形：（一）出售股权；（二）公司回购股权；（三）发行人首次公开发行新股时，被投资企业股东将其持有的股份以公开发行方式一并向投资者发售；（四）股权被司法或行政机关强制过户；（五）以股权对外投资或进行其他非货币性交易；（六）以股权抵偿债务；（七）其他股权转移行为。"

第11条规定："符合下列情形之一的，主管税务机关可以核定股权转让收入：（一）申报的股权转让收入明显偏低且无正当理由的；……"其中，"股权转让收入明显偏低"主要指下列情形：（1）申报的股权转让收入低于股权对应的净资产份额的。其中，被投资企业拥有土地使用权、房屋、房地产企业未销售房产、知识产权、探矿权、采矿权、股权等资产的，申报的股权转让收入低于股权对应的净资产公允价值份额的。（2）申报的股权转让收入低于初始投资成本或低于取得该股权所支付的价款及相关税费的。（3）申报的股权转让收入低于相同或类似条件下同一企业同一股东或其他股东股权转让收入的。（4）申报的股权转让收入低于相同或类似条件下同类行业的企业股权转让收入的。（5）不具合理性的无偿让渡股权或股份。（6）主管税务机关认定的其他情形。"正当理由"主要指下列合理情形：（1）能出具有效文件，证明被投资企业因国家政策调整，生产经营受到重大影响，导致低价转让股权；（2）继承或将股权转让给其能提供具有法律效力身份关系证明的配偶、父母、子女、祖父母、外祖父母、孙子女、外孙子女、兄弟姐妹以及对转让人承担直接抚养或者赡养义务的抚养人或者赡养人；（3）相关法律、政府文件或企业章程规定，并有相关资料充分证明转让价格合理且真实的本企业员工持有的不能对外转让股权的内部转让；（4）股权转让双方能够提供有效证据证明其合理性的其他合理情形。

因此，个人无偿赠与股权，可视为"其他股权转移行为"，属于"股权转让收入明显偏低"，若无上述"正当理由"，则可能被税务机关按照净资产核定法、类比法等方法核定征收，然后以股权转让收入减除股权原值和合理费用后的余额为应纳税所得额，按"财产转让所得"缴纳个人所得税，税率是20%。而家族成员个人将股权赠与给子女，属于"正当理由"，不会被税务机关核定征收。因此，家族成员个人将股权无偿赠与给子女，无须缴纳个人所得税。

（3）印花税

依据《印花税法》的规定，在中华人民共和国境内书立应税凭证、进行证券交易的单位和个人，为印花税的纳税人，应当依照本法规定缴纳印花税。赠与合同本身不属于印花税的征税范围中的"应税凭证"。但对于赠与股权的行为，因股权的产权发生了转移，故适用印花税中的"产权转移书据"税目。因此，股权赠与应按"产权转移书据"贴花，税率为万分之五，按股权的公允价值计算，赠与方和受赠方都要缴纳印花税。

3.上市公司股票赠与

（1）增值税

股票属于有价证券，股票交易属于金融商品转让，所以家族个人赠与上市公司的股票适用金融商品转让的有关政策。根据《财政部、国家税务总局关于全面推开营业税改征增值税试点的通知》（财税〔2016〕36号）附件3《营业税改征增值税试点过渡政策的规定》第1条第22项的规定，个人从事金融商品转让业务免征增值税。因此，个人将其持有的上市公司股票无偿赠与他人，包括直系亲属、抚养人或者赡养人、法定继承人、遗嘱继承人或者受遗赠人等，都属于金融商品转让，免征增值税。

（2）个人所得税

①上市公司限售股

根据《财政部、国家税务总局、证监会关于个人转让上市公司限售股所得征收个人所得税有关问题的补充通知》（财税〔2010〕70号）第2条的规定，个人转让限售股或发生具有转让限售股实质的其他交易，取得现金、实物、有价证券和其他形式的经济利益均应缴纳个人所得税。限售股在解禁前被多次转让的，转让方对每一次转让所得均应按规定缴纳个人所得税。对具有下列情形的，应按规定征收个人所得税：a.个人通过证券交易所集中交易系统或大宗交易系统转让限售股；b.个人用限售股认购或申购交易型开放式指数基金（ETF）份额；c.个人用限售股接受要约收购；d.个人行使现金选择权将限售股转让给提供现金选择权的第三方；e.个人协议转让限售股；f.个人持有的限售股被司法扣划；g.个人因依法继承或家庭财产分割让渡限售股所有权；h.个人用限售股偿还上市公司股权分置改革中由大股东代其向流通股股东支付的对价。

根据以上规定，上市公司限售股在解禁前被多次转让的，转让方对每一次转让所得均应按规定缴纳个人所得税，不区分赠与、继承、买卖等情形。

②上市公司流通股

根据《财政部、国家税务总局关于个人转让股票所得继续暂免征收个人所得税的通知》（财税字〔1998〕61号）的规定，为了配合企业改制，促进股票市场的稳健发展，经报国务院批准，从1997年1月1日起，对个人转让上市公司股票取得的所得继续暂免征收个人所得税。

因此，家族成员个人赠与境内上市公司流通股暂免征收个人所得税。

（3）印花税

根据《印花税法》第1条的规定，在中华人民共和国境内书立应税凭证、进行证券交易的单位和个人，为印花税的纳税人，应当依照本法规定缴纳印花税。第3条规定，本法所称证券交易，是指转让在依法设立的证券交易所、国务院批准的其他全国性证券交易场所交易的股票和以股票为基础的存托凭证。证券交易印花税对证券交易的出让方征收，不对受让方征收。因此，无偿赠与股票，由赠与方按照证券交易以1‰的税率缴纳印花税。因为赠与股票无转让价格，根据"证券交易无转让价格的，按照办理过户登记手续时该证券前一个交易日收盘价计算确定计税依据；无收盘价的，按照证券面值计算确定计税依据"，以收盘价为计税依据。

4. 房产赠与

（1）增值税

根据《财政部、国家税务总局关于全面推开营业税改征增值税试点的通知》（财税〔2016〕36号）附件3《营业税改征增值税试点过渡政策的规定》规定，涉及家庭财产分割的个人无偿转让不动产、土地使用权免征增值税。"家庭财产分割"包括下列情形：离婚财产分割；无偿赠与配偶、父母、子女、祖父母、外祖父母、孙子女、外孙子女、兄弟姐妹；无偿赠与对其承担直接抚养或者赡养义务的抚养人或者赡养人；房屋产权所有人死亡，法定继承人、遗嘱继承人或者受遗赠人依法取得房屋产权。因此，家族成员个人将财产赠与给其他家庭成员，如父子之间的赠与，将免征增值税。

（2）个人所得税

根据《财政部、国家税务总局关于个人取得有关收入适用个人所得税应税所得项目的公告》（财政部、国家税务总局公告2019年第74号）的规定，房屋产权所有人将房屋产权无偿赠与他人的，受赠人因无偿受赠房屋取得的受赠收入，按照"偶然所得"项目计算缴纳个人所得税。但符合以下情形的，对当事双方不征收个人所得税：①房屋产权所有人将房屋产权无偿赠与配偶、父母、子女、祖父母、外祖父母、孙子女、外孙子女、兄弟姐妹；②房屋产权所有人将房屋产权无偿赠与对其承担直接抚养或者赡养义务的抚养人或者赡养人；③房屋产权所有人死亡，依法取得房屋产权的法定继承人、遗嘱继承人或者受遗赠人。因此，房屋产权所有人将房屋产权无偿赠与他人的，受赠人因无偿受赠房屋取得的受赠所得，按照"偶然所得"项目缴纳个人所得税，税率为20%。但家庭成员间赠与将可能适用上述免征个人所得税的规定。

（3）土地增值税

根据《土地增值税暂行条例》第2条的规定，转让国有土地使用权、地上的建筑物及其附着物并取得收入的单位和个人，为土地增值税的纳税义务人，应当依照本条例缴纳土地增值税。因此，转让房产要缴纳土地增值税。但依据《土地增值税暂行条例实施细则》（财法字〔1995〕6号）第2条的规定，条例第2条所称的转让国有土地使用权、地上的建筑物及其附着物并取得收入，是指以出售或者其他方式有偿转让房地产的行为。不包括以继承、赠与方式无偿转让房地产的行为。而《财政部、国家税务总局关于土地增值税一些具体问题规定的通知》（财税字〔1995〕48号）规定："细则所称的'赠与'是指如下情况：（一）房产所有人、土地使用权所有人将房屋产权、土地使用权赠与直系亲属或承担直接赡养义务人的……"因此，个人将财产无偿赠与直系亲属或承担直接赡养义务人不征收土地增值税。

（4）印花税

根据《印花税法》的规定，个人将房产无偿转让给他人，将按照"产权转移书据"征收印花税，税率是万分之五。

（5）契税

根据《契税法》第2条第1款的规定："本法所称转移土地、房屋权属，是指下列行为：（一）土地使用权出让；（二）土地使用权转让，包括出售、赠与、互换；（三）房屋买卖、赠与、互换。"因此，家族成员间房产赠与，需要按照《契税法》的规定，由税务机关根据房屋买卖的市场价格依法核定的价格，按3%—5%的税率缴纳契税。契税的具体适用税率，由省、自治区、直辖市人民政府在前款规定的税率幅度内提出，报同级人民代表大会常务委员会决定，并报全国人民代表大会常务委员会和国务院备案。省、自治区、直辖市可以依照程序对不同主体、不同地区、不同类型的住房的权属转移确定差别税率。因此，不同地区、不同主体、不同类型的房产，适用的契税税率也是不同的。

综上所述，家庭成员基于私益目的赠与财产，产生的税收如表6-1所示：

表6-1　家族成员间私益赠与税收汇总

赠与财产种类	现金	非上市公司股权	上市公司的股票		房产
			上市公司限售股	上市公司流通股	
涉及税种	无	印花税	个人所得税 印花税	印花税	印花税 契税

（二）公益捐赠涉及的税收

个人进行公益捐赠可以享受一定的税收优惠。可以从应纳税所得额中扣除，进而减少所得税税额。

1.个人所得税的扣除优惠

根据《个人所得税法》第6条第3款的规定，个人将其所得对教育、扶贫、济困等公益慈善事业进行捐赠，捐赠额未超过纳税人申报的应纳税所得额30%的部分，可以从其应纳税所得额中扣除；国务院规定对公益慈善事业捐赠实行全额税前扣除的，从其规定。

我国鼓励公益慈善事业，但并不是所有的捐赠都可享受个人所得税的优惠。同时满足以下条件的捐赠，才能享受税收优惠：首先，捐赠必须出于公益慈善的目的，所捐资产用于公益活动。《慈善法》第3条规定，公益活动包括：（1）扶贫、济困；（2）扶老、救孤、恤病、助残、优抚；（3）救助自然灾害、事故灾难和公共卫生事件等突发事件造成的损害；（4）促进教育、科学、文化、卫生、体育等事业的发展；（5）防治污染和其他公害，保护和改善生态环境；（6）符合本法规定的其他公益活动。其次，捐赠必须通过中华人民共和国境内公益性社会组织、县级以上人民政府及其部门等国家机关。因此，个人直接捐赠，并不能在计算个人所得税应纳税额时扣除。其中，"公益性社会组织"包括依法设立或登记并按规定条件和程序取得公益性捐赠税前扣除资格的慈善组织、其他社会组织和群众团体。因此，并不是通过所有的公益性社会组织捐赠都可扣除。

若捐赠的是现金，就按照实际捐赠的金额确定；若捐赠的是股权或房产，则按照个人持有股权、房产的财产原值确定。通常情况下，股权原值按照纳税人取得股权时的实际支出进行确认。房产原值不仅包括房屋原价，还应将土地价格、与房屋不可分割的各种附属设备或一般不单独计算价值的配套设施、具有房屋功能的地下建筑一并计入。若捐赠的是其他非货币资产，按照该资产的市场价格进行确认。

捐赠个人可以根据各项所得的收入、公益捐赠支出、适用税率等情况，自行决定在综合所得、分类所得、经营所得中扣除的公益捐赠支出的顺序。

2. 企业所得税的扣除优惠

根据《财政部、国家税务总局关于公益性捐赠支出企业所得税税前结转扣除有关政策的通知》（财税〔2018〕15号）的规定，企业通过公益性社会组织或者县级（含县级）以上人民政府及其组成部门和直属机构，用于慈善活动、公益事业的捐赠支出，在年度利润总额12%以内的部分，准予在计算应纳税所得额时扣除；超过年度利润总额12%的部分，准予结转以后三年内在计算应纳税所得额时扣除。企业在对公益性捐赠支出计算扣除时，应先扣除以前年度结转的捐赠支出，再扣除当年发生的捐赠支出。其中，"公益性社会组织"，应当依法取得公益性捐赠税前扣除资格。本年度利润总额，是指企业依照国家统一会计制度的规定计算的大于零的数额。因此，家族企业进行公益捐赠将享受应纳税额12%扣除的税收优惠。

二、继承涉及的税收

（一）《民法典》的一般规定

根据《民法典》的相关规定，财产继承方式包括法定继承、遗嘱继承和遗赠。

法定继承与遗嘱继承相对，又称无遗嘱继承，是指按照法律规定的继承人范围、继承顺序和遗产分配份额进行继承的制度。法定继承以一定的人身关系为前提，即依继承人和被继承人之间的婚姻、血缘关系而确定。法定继承人的范围、继承顺序和遗产分配份额，都是强制性规范，除由死者生前依法以遗嘱方式加以改变外，其他任何人都无权变更。《民法典》第1127条规定："遗产按照下列顺序继承：（一）第一顺序：配偶、子女、父母；（二）第二顺序：兄弟姐妹、祖父母、外祖父母。继承开始后，由第一顺序继承人继承，第二顺序继承人不继承；没有第一顺序继承人继承的，由第二顺序继承人继承。本编所称子女，包括婚生子女、非婚生子女、养子女和有扶养关系的继子女。本编所称父母，包括生父母、养父母和有扶养关系的继父母。本编所称兄弟姐妹，包括同父母的兄弟姐妹、同父异母或者同母异父的兄弟姐妹、养兄弟姐妹、有扶养关系的继兄弟姐妹。"第1131条又规定，对继承人以外的依靠被继承人扶养的人，或者继承人以外的对被继承人扶养较多的人，可以分给适当的遗产。此条款也属于法定继承的范围。

遗嘱继承又称指定继承，是指继承人按照被继承人生前所立的合法有效的遗嘱继承被继承人遗产的一种继承制度。被继承人生前立有合法有效的遗嘱和立遗嘱人死亡是遗嘱继承的事实构成。遗嘱继承人和法定继承人的范围相同，但遗嘱继承不受法定继承顺序和应继份额的限制，遗嘱继承的效力优于法定继承的效力。

遗赠，是指国家、集体组织、社会团体或法定继承人以外的个人根据公民的遗嘱在遗嘱人死后继承遗嘱人财产权利的制度。

（二）不同种类财产继承涉及的税收

我国目前并无专门的遗产税，但根据不同的财产类型可能会涉及不同的税收。

1. 现金继承

我国对于家族成员间继承现金，并没有相关的税收规定。故家族成员间继承现金不产生税收。

2. 非上市公司股权继承

个人继承股权，因属无偿让渡情形，根据《股权转让所得个人所得税管理办法（试行）》第13条第2项之规定，视为有正当理由，无须缴纳个人所得税。根据《印花税法》的规定，继承非上市公司股权，需要按照"产权转移书据"缴纳印花税，税率是万分之五。

3. 上市公司股票继承

家族个人继承上市公司限售股可能会涉及个人所得税。《财政部、国家税务总局、证监会关于个人转让上市公司限售股所得征收个人所得税有关问题的补充规定》（财税〔2010〕70号）规定："根据《个人所得税法实施条例》第八条、第十条的规定，个人转让限售股或发生具有转让限售股实质的其他交易，取得现金、实物、有价证券和其他形式的经济利益均应缴纳个人所得税。限售股在解禁前被多次转让的，转让方对每一次转让所得均应按规定缴纳个人所得税。对具有下列情形的，应按规定征收个人所得税：……（七）个人因依法继承或家庭财产分割让渡限售股所有权；……"因此，个人继承上市公司限售股可能需要缴纳20%的个人所得税，采取纳税人自行申报纳税的方式。纳税人转让限售股后，应在次月7日内到主管税务机关填报《限售股转让所得个人所得税清算申报表》，自行申报纳税。

根据《印花税法》的规定，继承上市公司限售股，需要按照证券交易缴纳印花税，税率是1‰，单方缴纳。

关于上市公司流通股的继承，可参考本节"一、（一）3. 上市公司股票赠与"部分的分析。

4. 房产继承

（1）个人所得税

《财政部、国家税务总局关于个人取得有关收入适用个人所得税应税所得项目的公告》（财政部、国家税务总局公告2019年第74号）规定："房屋产权所有人将房屋产权无偿赠与他人的，受赠人因无偿受赠房屋取得的受赠收入，按照'偶然所得'项目计算缴纳个人所得税。按照《财政部、国家税务总局关于个人无偿受赠房屋有关个人所得税问题的通知》（财税〔2009〕78号）第一条规定，符合以下情形的，对当事双方不征收个人所得税：（一）房屋产权所有人将房屋产权无偿赠与配偶、父母、子女、祖父母、外祖父母、孙子女、外孙子女、兄弟姐妹；（二）房屋产权所有人将房屋产权无偿赠与对其承担直接抚养或者赡养义务的抚养人或者赡养人；（三）房屋产权所有人死亡，依法取得房屋产权的法定继承人、遗嘱继承人或者受遗赠人。"因此，家族成员继承房产不产生个人所得税。

（2）契税

《契税法》第6条规定："有下列情形之一的，免征契税：……（五）法定继承人通过继承承受土地、房屋权属；……"故基于法定继承或遗嘱继承的方式继承房产不产生契税，但基于遗赠取得的房产则产生契税，即按3%—5%的税率进行征收。

（3）增值税

《财政部、国家税务总局关于全面推开营业税改征增值税试点的通知》（财税〔2016〕36号）附件3《营业税改征增值税试点过渡政策的规定》中明确了免征增值税情形包括涉及家庭财产分割的个人无偿转让不动产、土地使用权。其中，家庭财产分割，包括下列情形：离婚财产分割；无偿赠与配偶、父母、子女、祖父母、外祖父母、孙子女、外孙子女、兄弟姐妹；无偿赠与对其承担直接抚养或者赡养义务的抚养人或者赡养人；房屋产权所有人死亡，法定继承人、遗嘱继承人或者受遗赠人依法取得房屋产权。因此，家族个人继承房产免征增值税。

（4）土地增值税

根据《土地增值税暂行条例》的规定，转让国有土地使用权、地上的建筑物及其附着物并取得收入的单位和个人，为土地增值税的纳税义务人，应当缴纳土地增值税。该转让是指以出售或者其他方式有偿转让房地产的行为，不包括以继承、赠与方式无偿转让房地产的行为。因而继承房产不需要缴纳土地增值税。

（5）印花税

根据《印花税法》的规定，个人将房产无偿转让给他人，包括继承，将按照"产权转移书据"征收印花税，税率是万分之五。

综上所述，家族成员个人通过继承获得的私人财富，产生的税收如表

6-2所示：

表6-2　个人继承产生的税收汇总

继承的财产种类	现金	非上市公司股权	上市公司的股票		房产
^	^	^	上市公司限售股	上市公司流通股	^
涉及税种	无	印花税	个人所得税 印花税	印花税	印花税 契税 （非继承人继承）

◆【案例6-1分析】

经过本节的系统分析，王先生选择生前赠与和遗嘱继承两种方式传承财富，可产生的税收如表6-3所示：

表6-3　王先生生前赠与和遗嘱继承税收对比

财产类型	生前赠与	遗嘱继承
现金	无	无
股权（非上市）	万分之五印花税	万分之五印花税

因此，从税收角度考虑，王先生采用生前赠与和遗嘱继承两种方式传承现金和非上市公司股权所产生的税收是一样的，都只涉及印花税。并且，王先生捐赠给贫困山区儿童教育的300万元，若规划得当，可以从个人所得税的应纳税所得额中扣除，享受到一定的税收优惠。

第二节　保险传承过程中的税收规划

◆【案例6-2】张先生保险规划案

张先生夫妇家境殷实，恩爱非常，育有独女小张。小张在三年前步入婚姻的殿堂。张先生夫妇很开心，为女儿置办了价值几百万元的嫁妆，给女儿女婿各买了一辆豪车。然而意想不到的是，婚后不到一年，由于性格不合，小张夫妇离婚，小张被丈夫分走了一半的财产。今年，小张决定与新男友结婚。有了上次的教训，张先生夫妇找到笔者进行咨询，非常担忧此次若女儿再遇婚姻风险，将严重损害赠与女儿的财富，希望笔者出具一个规划方案，将财富传承给小张。笔者建议张先生可以通过购买大额人寿保险的方式进行财富传承。那么，保险传承过程中又会产生多少税收？可以达到怎样的税收规划效果呢？

一、保险的税收优惠

在我国大陆境内，不同类型的保险会涉及个人所得税、企业所得税、增值税和印花税。下文将围绕保险涉及的不同税种进行分析。

（一）个人所得税

《个人所得税法》第4条规定："下列各项个人所得，免征个人所得税：……（五）保险赔款；……"因此，家族成员获得的保险赔款免征个人所得税。

《个人所得税法》第6条规定："……居民个人的综合所得，以每一纳税年度的收入额减除费用六万元以及专项扣除、专项附加扣除和依法确定的其他扣除后的余额，为应纳税所得额……专项扣除，包括居民个人按照国家规定的范围和标准缴纳的基本养老保险、基本医疗保险、失业保险等社会保险费和住房公积金等；专项附加扣除，包括子女教育、继续教育、大病医疗、住房贷款利息或者住房租金、赡养老人等支出，具体范围、标准和实施步骤由国务院确定，并报全国人民代表大会常务委员会备案。"因此，家族个人按照国家规定的范围和标准缴纳的基本养老保险、基本医疗保险、失业保险等社会保险费在计算综合所得时可以扣除，进而减少应纳税所得额，享受税收优惠。

《个人所得税法实施条例》第13条规定："个人所得税法第六条第一款第一项所称依法确定的其他扣除，包括个人缴付符合国家规定的企业年金、职业年金，个人购买符合国家规定的商业健康保险、税收递延型商业养老保险的支出，以及国务院规定可以扣除的其他项目。专项扣除、专项附加扣除和依法确定的其他扣除，以居民个人一个纳税年度的应纳税所得额为限额；一个纳税年度扣除不完的，不结转以后年度扣除。"

对于取得工资薪金所得、连续性劳务报酬所得的个人，以及取得个体工商户生产经营所得、对企事业单位的承包承租经营所得的个体工商户业主、个人独资企业投资者、合伙企业合伙人和承包承租经营者，购买符合规定的商业健康保险产品的支出，允许在当年（月）计算应纳税所得额时予以税前扣除，扣除限额为2 400元/年（200元/月）。单位统一为员工购买符合规定的商业健康保险产品的支出，应分别计入员工个人工资薪金，视同个人购买，按上述限额予以扣除。但家族个人购买商业健康保险未获得税优识别码的，其支出金额不得税前扣除。

《国家税务总局关于开展个人税收递延型商业养老保险试点有关征管问题的公告》（国家税务总局公告2018年第21号）规定，对于取得工资薪金所得、连续性劳务报酬所得的，个人因未及时提供税延养老扣除凭证而造成往期未扣除的，扣缴单位可追补至应扣除月份扣除，并重新计算应扣缴税款，在收到扣除凭证的当月办理抵扣或申请退税。个人缴费金额发生变化、未续保或退保的，应当及时告知扣缴义务人重新计算或终止税延养老保险税前扣除。除个人提供资料不全、信息不实等情形外，扣缴单位不得拒绝为纳税人办理税前扣除。计算扣除限额时，个体工商户业主、个人独资企业投资者和承包承租经营者应税收入按照个体工商户、个人独资企业、承包承租的收入总额确定；合伙企业自然人合伙人应税收入按合伙企业收入总额乘以合伙人分配比例确定。

《财政部、国家税务总局关于工伤职工取得的工伤保险待遇有关个人所得税政策的通知》（财税〔2012〕40号）规定，对工伤职工及其近亲属按照《工伤保险条例》（国务院令第586号）规定取得的工伤保险待遇，免征个人所得税。该通知第1条所称的工伤保险待遇，包括工伤职工按照《工伤保险条例》（国务院令第586号）规定取得的一次性伤残补助金、伤残津贴、一次性工伤医疗补助金、一次性伤残就业补助金、工伤医疗待遇、住院伙食补助费、外地就医交通食宿费用、工伤康复费用、辅助器具费用、生活护理费等，以及职工因工死亡，其近亲属按照《工伤保险条例》（国务院令第586

号）规定取得的丧葬补助金、供养亲属抚恤金和一次性工亡补助金等。

综上所述，家族成员获得的保险赔款、工伤保险待遇等免征个人所得税。家族个人缴纳的基本养老保险、基本医疗保险、失业保险等社会保险费、企业年金、职业年金、符合国家规定的商业健康保险、税收递延型商业养老保险的支出在计算个人所得税时可以扣除，通过表6-4总结如下：

表6-4 不同保险类型税收政策一览

类　型	税收政策
保险赔款	免征个人所得税
工伤保险待遇	
基本养老保险	支出税前扣除
基本医疗保险	
失业保险	
企业年金、职工年金	
符合国家规定的商业健康保险	
税收递延型商业养老保险	

（二）企业所得税

《企业所得税法实施条例》第35条规定，企业依照国务院有关主管部门或者省级人民政府规定的范围和标准为职工缴纳的基本养老保险费、基本医疗保险费、失业保险费、工伤保险费、生育保险费等基本社会保险费和住房公积金，准予扣除。企业为投资者或者职工支付的补充养老保险费、补充医疗保险费，在国务院财政、税务主管部门规定的范围和标准内，准予扣除。第36条规定，除企业依照国家有关规定为特殊工种职工支付的人身安全保险费和国务院财政、税务主管部门规定可以扣除的其他商业保险费外，企业为投资者或者职工支付的商业保险费，不得扣除。第46条规定，企业参加财产保险，按照规定缴纳的保险费，准予扣除。

《财政部、国家税务总局关于补充养老保险费、补充医疗保险费有关企业所得税政策问题的通知》（财税〔2009〕27号）规定，自2008年1月1日起，企业根据国家有关政策规定,为在本企业任职或者受雇的全体员工支付的补充养老保险费、补充医疗保险费,分别在不超过职工工资总额5%标准内的部分,在计算应纳税所得额时准予扣除;超过的部分,不予扣除。

《国家税务总局关于责任保险费企业所得税税前扣除有关问题的公告》(国家税务总局公告2018年第52号)规定,企业参加雇主责任险、公众责任险等责任保险,按照规定缴纳的保险费,准予在企业所得税税前扣除。

《国家税务总局关于企业所得税有关问题的公告》(国家税务总局公告2016年第80号)规定,企业职工因公出差乘坐交通工具发生的人身意外保险费支出,准予企业在计算应纳税所得额时扣除。

因此,家族企业按照规定缴纳的基本养老保险费、基本医疗保险费、失业保险费、工伤保险费、生育保险费等基本社会保险费、补充养老保险费、补充医疗保险费、为特殊工种职工支付的人身安全保险费、财产保险、雇主责任险、公众责任险、人身意外保险费,可以在计算应纳所得税额时扣除。

(三)增值税

我国保险有关的增值税,按照主体不同,主要分为保险机构的增值税和保险受益人的增值税。从现行的相关规定来看,更多的是保险机构有关的增值税,对于保险受益人(被保险人)获得的保险赔付则规定较少。

1. 保险机构有关的增值税

(1)人身保险

《营业税改征增值税试点过渡政策的规定》中对于保险机构从事人身保险服务获得的保费收入作出了规定,即保险公司开办的一年期以上人身保险产品取得的保费收入,免征增值税。其中,"一年期以上人身保险",是指保险期间为一年期及以上返还本利的人寿保险、养老年金保险,以及保险期间为一年期及以上的健康保险。"人寿保险",是指以人的寿命为保险标的的人身保险。"养老年金保险",是指以养老保障为目的,以被保险人生存为给付保险金条件,并按约定的时间间隔分期给付生存保险金的人身保险。养老年金保险应当同时符合下列条件:第一,保险合同约定给付被保险人生存保险金的年龄不得小于国家规定的退休年龄；第二，相邻两次给付的时间间隔不得超过一年。"健康保险"，是指以因健康原因导致损失为给付保险金条件的人身保险。除以上三种人身保险免征增值税外，《财政部、国家税务总局关于进一步明确全面推开营改增试点金融业有关政策的通知》（财税〔2016〕46号）还规定，享受免征增值税的一年期及以上返还本利的人身保险包括其他年金保险，其他年金保险是指养老年金以外的年金保险。但是需注意的是，保险公司的上述四种人身保险产品享受免征增值税的优惠政策，需要向主管税务机关进行备案。

（2）再保险

《财政部、国家税务总局关于进一步明确全面推开营改增试点有关再保险、不动产租赁和非学历教育等政策的通知》（财税〔2016〕68号）规定，境内保险公司向境外保险公司提供的完全在境外消费的再保险服务，免征增值税。试点纳税人提供再保险服务（境内保险公司向境外保险公司提供的再保险服务除外），实行与原保险服务一致的增值税政策。再保险合同对应多个原保险合同的，所有原保险合同均适用免征增值税政策时，该再保险合同适用免征增值税政策。否则，该再保险合同应按规定缴纳增值税。

2. 保险受益人有关的增值税

保险受益人在保险条件满足时，通常可以获得一定的保险赔付款，这笔赔付款较保费来说，通常有增值。对于该增值部分，是否需要向国家缴纳增值税呢？

对于这个问题，《财政部、国家税务总局关于全面推开营业税改征增值税试点的通知》（财税〔2016〕36号）附件2《营业税改征增值税试点有关事项的规定》规定，不征收增值税项目包括被保险人获得的保险赔付。被保险人获得保险赔付，并非基于被保险人向保险公司销售服务、无形资产或者不动产，并未发生任何应税行为，当然也就不属于增值税征税范围，无须征收增值税。因此，当保险受益人与被保险人一致时，保险受益人获得的保险赔付，无须缴纳增值税；当保险受益人与被保险人不一致时，保险受益人获得的保险赔付，无相关的增值税规定。在此，我们可以作一推测，保险受益人获得的保险赔付,也并非基于保险受益人向保险公司销售服务、无形资产或者不动产,并未发生任何应税行为,当然也就不属于增值税征税范围。

二、如何利用保险进行税收规划

保险作为一项金融工具,具有财富传承、婚姻财富保全、隔离风险、移民规划、税务规划、资金融通、收益锁定等多项功能,是中高净值家庭财富管理与传承的必备工具之一。虽然很多中高净值家庭配置保险并不主要为了税收规划,但毫无疑问的是,若保险配置得当,可以具有一定的税收规划功能。那么,中高净值家庭该如何配置保险,充分发挥保险的税收规划功能呢?

(一)通过保险赔款规划个人所得税

保险的此项税收规划功能,也是许多保险销售员的主要营销点,也被众多中高净值家庭所熟知。此项税收规划功能来源于《个人所得税法》的第4条,该条第1款第5项规定,保险赔款所得,免征个人所得税。之所以这样规定,其本质的原因是保险赔款的特性与保费来源。人们用来购买保险的保费,一般也是完税收入,再对其进行征税似有不妥。因此,基于上述考量,立法机关才规定保险赔款免征个人所得税。

那么,对于非人身性质保单的保险赔款,如年金、保单红利、满期金、万能账户或投连险收益等是否可以免征个人所得税呢?实践过程中,由于对于此类所得,税法并无明确的规定,是否征税尚存争议。根据《哈尔滨市地方税务局关于分红型保险分红应否代扣代缴个人所得税的批复》(哈地税函〔2013〕34号)的规定:"关于合众人寿保险股份公司开办的分红险种,根据上年分红保险业务的实际经营情况,每年向保户支付的保单红利,可按省局黑地税函〔2005〕129号文件的规定,暂按'利息、股息、红利'项目征收个人所得税,应纳税款由保险公司代扣代缴。"

因此,此类保险收益有可能被按照"利息、股息、红利"项目征收个人所得税。但是《个人所得税法实施条例》第6条第1款第6项对利息、股息、红利所得的解释是：个人拥有债权、股权等而取得的利息、股息、红利所得。其是否包含此种投资性质的所得尚不明确。因此，实践过程中，虽偶有对于此类保险收益征收个人所得税，但大多数情况下，一般也是不征税的。若要确定无疑享受免征个人所得税的优惠，需要选择人身性质的保险，这样获得的保险赔款可以确定地享受免征个人所得税。

（二）通过保险规划遗产税

关于中国的遗产税，较为官方的答复是财政部在政协十二届全国委员会第五次会议上的明确表示——中国尚未征收遗产税，也未发布过关于遗产税的草案或税务条例。[①] 在实践过程中，的确存在两个遗产税草案，这两个遗产税的草案来源不明，可能是学者建议稿。那么，中国究竟是否会征收遗产税呢？国务院明确表示会在适当的时期，研究开征遗产税。虽然我国目前尚不存在遗产税，但是未来随着社会经济的发展，贫富差距的拉大，为了调节社会收入，可能会征收遗产税。

世界上有100多个国家和地区开征遗产税。其中既有发达国家、也有发展中国家，近几十年有些国家已经停征，如加拿大、澳大利亚、新西兰和意大利。但是，有些国家或地区则调高了遗产税的起征点，如美国。我国台湾地区则调低了遗产税的最高税率。那么，境外的遗产税制度，是否会对中国境内的高净值人士产生影响呢？

例如在美国，1916年开始正式征收联邦遗产税，后来又开征相关的赠与税和隔代遗产转让税。除了联邦遗产税，不同的州还存在州遗产税。一位美国公民或永久居民（即俗称的绿卡持有人）死亡时，不论其遗产位于地球上的哪个国家或地区，其继承人（除配偶之外）都有义务申报遗产总额，并缴纳遗产税。一般来说，联邦遗产税和遗产总值相关，遗产越多，税率越高。

---

① 参见《财政部关于政协十二届全国委员会第五次会议第0107号（财税金融类018号）提案答复的函》，http://szs.mof.gov.cn/jytafwgk_8391/2017jytafwgk/2017zxwytafwgk/201710/t20171017_2726094.htm。

中国境内的高净值人士在美国境内的资产也会涉及美国的遗产税。

◆【案例6-3】

张老先生（小张的父亲）是一位民营企业家，自2010年始以自己的名义在美国各地购置了13套美国别墅，其中包括加利福尼亚州5套；夏威夷州6套，外加一艘豪华游艇；纽约州2套。然而张老先生的企业在2015年倒闭了，国内的房产及存款悉数被查封抵债。不幸的是，不久，张老先生因病去世。为日后的生活打算时，一直没有稳定工作的小张想到了父亲在美国各地所购置的13栋别墅。由于张老先生并没有获得美国身份，所以小张想要继承父亲的这些美国房产，并不能享受到美国人遗产税免税额度，需要先向美国国税局缴纳一笔巨额的税款。

从此案例中可以看出，境外的遗产税并不一定与中国境内的高净值人士无关，只要有在境外配置的资产，就可能受到境外遗产税的约束。遗产数额越大，需缴纳的遗产税额也就越大。因此，虽然中国尚未开征遗产税，但境外遗产税也需要提早规划。

如果所有的资产都在中国境内，也无境外的税务居民身份，自然不会涉及境外遗产税。这是很多人的想法——既然中国尚未开征遗产税，也就没有必要进行遗产税的规划。这样的想法显然是不正确的。当遗产税立法真正要出台时，再进行遗产税规划，就会变得非常被动。因此，笔者建议，尽早进行资产配置和规划，以应对未来可能的风险。

对于潜在的遗产税税收风险，高净值人士可以选择配置大额保险。通过配置保险来规划遗产税，主要原因如下：第一，通过保额的转化，所得的保险赔款不再属于投保人，而是属于保险受益人，因此其不在遗产税的征收范围；第二，通过保费的缴纳，降低应纳遗产税的资产量；第三，保险具有杠杆的特性，通过保险工具，可以为未来遗产税的缴纳提供资金来源。

（三）通过保险递延纳税

虽然未来可能对分红类的保险按照"利息、股息、红利"进行纳税，但是通过保险工具，可以将现金保留在保险之内，暂时不需要缴纳所得税，只有当获得收益分配时，才需要申报缴纳所得税。因此，保险的暂不分配，可以起到一定的递延纳税的效果。

◆【案例6-2分析】

就张老先生的保险规划案例，笔者认为张老先生应购买大额终身寿险。如表6-5所示，张老先生作为投保人，张老先生或张老先生的配偶作为被保险人，女儿小张作为保险受益人。这是因为小张获得的保险理赔金，根据《个人所得税法》的规定，可以免征个人所得税。这也可为未来的遗产税开征作出提早的规划，保险赔款一般不计入遗产，还能为未来的遗产税缴纳提供资金准备。利用保险的杠杆效果，增加准备金的金额。在取得税收优势的同时，通过保险理赔金的形式将资产给小张，一般会被认定为张老先生对小张个人的赠与，也可以避免被认定为夫妻共同财产，防止未来小张婚变分割。通过保险工具，保险事故尚未发生时，保单控制在投保人手中，资产自然不会分配给小张，也可以在一定程度上起到延缓风险的作用。

表6-5 张先生保单规划

投保人	被保险人	保险受益人	效果
张老先生	张老先生或其配偶	小张	1.免征个人所得税； 2.规划未来遗产税； 3.防止婚变析产。

第三节 家族信托传承过程中的税收规划

一、家族信托税收的相关规定

我国家族信托业务的存续规模从0—1 000亿元用了7年，从1 000亿元到3 500亿元仅用了3年，呈现出超高速增长的状态。根据中国信托登记有限责任公司统计数据显示，2013年的家族信托存续规模仅不足5亿元，2022年1月，国内家族信托总规模已达3 623.8亿元，2022年4月至6月分别新增140.46亿元、118.59亿元、182.32亿元。截至2022年9月，家族信托的存续规模约为4 700

亿元，较2021年年末增长约34%。①近年来，家族信托超高速增长，但是家族信托的税法和相关法律规定却少之又少。

中国银保监会下发的《关于加强规范资产管理业务过渡期内信托监管工作的通知》（信托函〔2018〕37号，以下简称37号文）规定，家族信托是指信托公司接受单一个人或者家庭的委托，以家庭财富的保护、传承和管理为主要信托目的，提供财产规划、风险隔离、资产配置、子女教育、家族治理、公益（慈善）事业等定制化事务管理和金融服务的信托业务。家族信托财产金额或价值不低于1 000万元，受益人应包括委托人在内的家庭成员，但委托人不得为唯一受益人，单纯以追求信托财产保值增值为主要信托目的，具有专户理财性质和资产管理属性的信托业务不属于家族信托。该规定是官方第一次对家族信托作出定义和要求。但是家族信托的配套制度——信托税制在我国仍处在空白状态。我国目前并无体系化的信托税制，提及信托税收的法律条文也并不多。

我国《信托法》对信托税收并无规定，只规定信托财产担负的税款可以强制执行。《慈善信托管理办法》对于信托税收则作了原则性的规定，其第44条规定，慈善信托的委托人、受托人和受益人按照国家有关规定享受税收优惠。但对于具体如何享受优惠却无明确可行规定。

在所得税方面，我国并无信托有关的所得税规定。根据《个人所得税法》第2条的规定，下列各项个人所得，应当缴纳个人所得税：（1）工资、薪金所得；（2）劳务报酬所得；（3）稿酬所得；（4）特许权使用费所得；（5）经营所得；（6）利息、股息、红利所得；（7）财产租赁所得；（8）财产转让所得；（9）偶然所得。这九个项目中没有信托所得或信托收益分配所得，因此信托所得或信托收益分配所得不属于个人所得税征税项目。而且2018年《个人所得税法》修正后，还特别将原来的"其他所得"项目取消，避免了财政部和国家税务总局确定其他征税项目。

但实务中可能存在居民个人取得的信托收益分配被认定为"偶然所得"的观点。根据《个人所得税法实施条例》第6条的规定，偶然所得，是指个人得奖、

---

① 参见《2022年国内家族信托业务回顾》，载微信公众号"用益研究"，2023年1月16日。

中奖、中彩以及其他偶然性质的所得。从这个条款看，居民个人取得的家族信托收益分配，是在信托设立之初就被确定下来的，并不具有"偶然性质"。但从此条的另一款——"个人取得的所得，难以界定应纳税所得项目的，由国务院税务主管部门确定"来看，不排除国务院税务主管部门在未来通过发文或批复等形式，将居民个人取得的家族信托收益分配作为"偶然所得"来征税的可能。

二、如何利用信托进行税收规划

（一）利用资金信托进行税收规划

◆【案例6-4】L女士资金信托规划

L女士出身农村，从小家境贫寒，大学毕业后到深圳创业。经过多年的打拼，L女士积累了3 000余万元存款。L女士与W先生在出差的路上相识，经过多次接触，最终相爱结婚。二人婚后育有两个儿子，长子17岁，次子14岁。L女士在2020年10月例行体检的过程中，查出体内存在一个肿瘤。体检后，L女士开始思考未来的安排。两个儿子虽然生活已可自理，但尚未成年。而且长子马上要步入大学。L女士比较担心，万一自己在未来不幸离世，谁来照顾两个尚未成年的儿子。W先生外形俊朗，事业虽不抵L女士，但也算是小有成就，身边不乏追求者。此情况的存在更是加剧了L女士的担心。此外，L女士也想适当照顾自己的父母，来保障父母未来的生活。L女士经人介绍，找到笔者咨询。考虑到L女士目前主要想安排的资产是存款，笔者建议L女士可以做一个资金型家族信托。那么，该资金型家族信托可以帮助L女士达成需求吗？该资金型家族信托会产生多少税收？

经过设计，L女士作为家族信托的委托人，某信托公司作为受托人，两个儿子及L女士的父母作为信托受益人，某银行担任投资顾问，L女士的闺密G女士作为信托保护人，在L女士去世后，监督信托的运作。信托财产是L女士的3 000万元存款。但需要注意的是，该存款很大概率被认定为夫妻共同财产，需要W先生出具配偶同意函，放弃未来对信托的权利主张。该资金型家族信托的具体架构如图6-1所示：

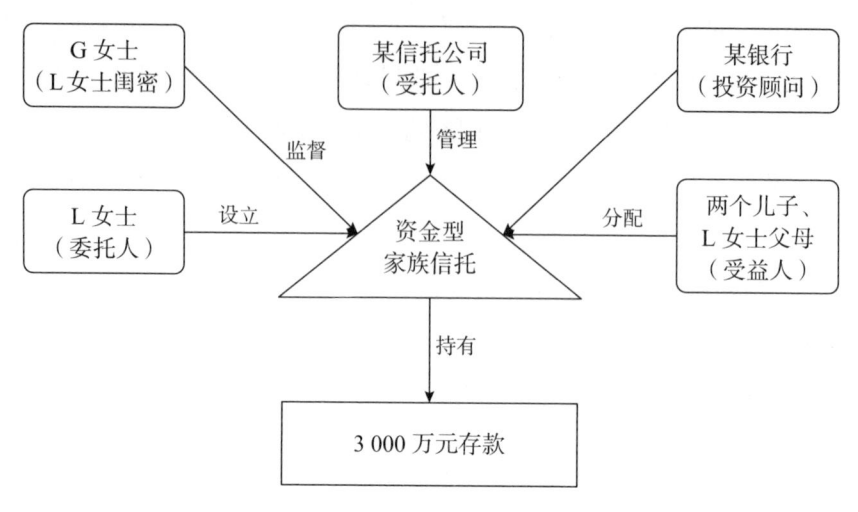

```
    G女士                某信托公司              某银行
（L女士闺密）            （受托人）             （投资顾问）
       │  监督              │ 管理                │
       │                    ▼                    │
    L女士     设立      ┌─────────┐   分配    两个儿子、
 （委托人）  ────────▶ │ 资金型   │ ────────▶ L女士父母
                        │ 家族信托 │          （受益人）
                        └─────────┘
                             │ 持有
                             ▼
                       3 000万元存款
```

图6-1　L女士资金型家族信托架构

该资金型家族信托可以帮助L女士达成所愿，将资金分期、有条件地给到两个儿子，保障两个儿子的未来生活，并防止未来自己离世，W先生再婚，两个儿子的权益受损。长子将要考大学，通过信托分配，可以激励儿子努力学习，考上名校。同时，通过信托收益分配，其父母可以定期获得养老金，保障老年生活。

从上述的资金型家族信托架构图可知，该资金家族信托主要的涉税阶段包括设立资金信托、信托财产投资管理、信托收益分配。

1.设立资金信托不涉及税收

委托人L女士设立资金型家族信托，并将信托现金交付给家族信托不涉及税收。

2.信托资金投资管理可能涉及增值税，不涉及所得税

根据财政部、国家税务总局《关于明确金融、房地产开发、教育辅助服务等增值税政策的通知》（财税〔2016〕140号）、《关于资管产品增值税有关问题通知》（财税〔2017〕56号）等规定，自2018年1月1日起，资管产品管理人运营资管产品过程中发生的增值税应税行为，暂适用简易计税方法，按照3%的征收率缴纳增值税及附加税费。而对于所得税则没有相应的规定。

L女士家族信托虽然在受托人名下，但根据《信托法》第16条的规定：

"信托财产与属于受托人所有的财产（以下简称固有财产）相区别，不得归入受托人的固有财产或者成为固有财产的一部分。受托人死亡或者依法解散、被依法撤销、被宣告破产而终止，信托财产不属于其遗产或者清算财产。"由于家族信托的财产不属于受托人，因此从法律上讲受托人并没有为L女士家族信托的收益纳税的义务，家族信托本身也不是企业所得税的纳税主体。

因此，家族信托收到现金收益，根据当前税法没有企业所得税的纳税义务。

3. 信托收益分配不涉及个人所得税

根据《个人所得税法》第2条的规定，下列各项个人所得，应当缴纳个人所得税：（1）工资、薪金所得；（2）劳务报酬所得；（3）稿酬所得；（4）特许权使用费所得；（5）经营所得；（6）利息、股息、红利所得；（7）财产租赁所得；（8）财产转让所得；（9）偶然所得。这九个项目中没有信托收益所得，因此信托收益所得不属于个人所得税征税项目。而且2018年《个人所得税法》修正后，还特别将原来的"其他所得"项目取消，避免了财政部和国家税务总局确定其他征税项目。

因此根据当前税法，信托收益没有个人所得税征税依据，信托收益分配不涉及个人所得税。设立一个资金型家族信托，也就不涉及所得税。具体如表6-6所示：

表6-6 资金家族信托涉税情况汇总

	设立资金信托	信托现金投资	信托收益分配
个人所得税	无	无	无
增值税和企业所得税	无	可能有增值税，由资产管理人缴纳；没有企业所得税	无
印花税	无	无	无

（二）利用股权信托进行税收规划

◆**【案例6-5】Y先生股权信托税收规划**

Y先生是中国境内一位成功的民营企业家，拥有某非上市公司90%的股权。Y先生的家族企业涉及服装、家具、贸易等领域。Y先生现年59岁，膝下育有三个儿子和一个女儿。长子32岁，已经结婚生子，现在经营着一家网络科技公司。次子30岁，在家族企业内帮助父亲。女儿28岁，即将结婚，也在家族企业上班。小儿子23岁，在某高校读研究生。Y先生有一个合作多年的好友，因心梗突然去世，其家庭及企业一度陷入瘫痪。Y先生虽然现在身体健康，但也担心万一自己遭遇不测离世，家庭争产、企业瘫痪。于是，Y先生与某家族信托法律事务中心进行沟通，通过设立股权家族信托，将公司股权传承给后代。股权家族信托可以帮助Y先生家族实现股权传承的目的，避免后代争产吗？股权家族信托的税收成本又是怎样的呢？

笔者帮助其设计的股权家族信托的架构如图6-2所示：

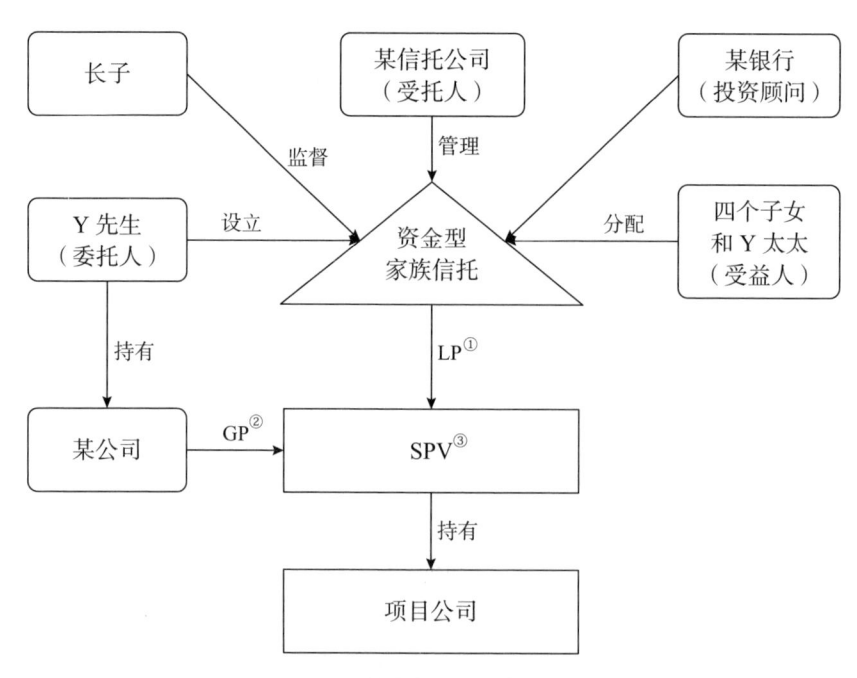

图6-2 Y先生股权家族信托架构

通过上述股权家族信托的安排，Y先生可以在一定程度上避免后代争产，

---

① 即有限合伙人（Limites Parther）。
② 即普通合伙人（General Partner）。
③ 即有限合伙企业（Special Purpose Vehicle）。

造成股权分散，失去对企业的控制权。其后代和Y太太可以通过信托收益分配的形式获取利益。该架构安排，使得项目公司的控制权仍保留在自己手中。同时通过家族宪章等工具的配套使用，为家族企业未来接班人的培养和遴选做出安排，使家族企业可以百年长青。

该结构的运作主要分为三个阶段：设立阶段、收购阶段、存续阶段，以下分别对这三个阶段的法律行为进行税收分析。

1. 设立阶段涉及的税收

（1）设立资金信托不涉及税收

委托人设立资金家族信托，并将信托资金交付给家族信托不涉及税收。

（2）设立有限合伙企业不涉及税收

委托人及其他相关人士设立有限合伙企业（SPV），某新设公司作为普通合伙人，其他人士作为有限合伙人，设立阶段不涉及税收。

2. 收购阶段涉及的税收

（1）信托收购合伙企业有限合伙份额产生少量个人所得税和印花税

家族信托收购合伙企业有限合伙份额，持有合伙企业有限合伙份额的其他人士需要将该份额转让给家族信托；《个人所得税法实施条例》第6条第1款第8项规定："财产转让所得，是指个人转让有价证券、股权、合伙企业中的财产份额、不动产、机器设备、车船以及其他财产取得的所得。"因此转让合伙企业的财产份额属于个人所得税的征税范围，其计算公式为：应纳个人所得税额＝（市场公允价格－个人投入成本）×20%。

由于转让时合伙企业刚成立不久，因此合伙企业有限合伙的市场公允价格一般与投入成本相差不大，转让时基本上可以平价转让该份额，持有有限合伙份额的其他相关人士需要填报财产转让个人所得税申报表格向合伙企业所在地的主管税务机关申报纳税，但税收成本为0或略高于0，属于象征性缴纳个人所得税。

（2）合伙企业收购目标公司股权产生个人所得税和印花税

该股权收购是股权家族信托最大的税收成本产生环节。个人获得的股权转让收入需要缴纳20%的个人所得税和万分之五的双边印花税。

3.存续阶段涉及的税收

（1）向信托分红不涉及所得税

项目公司产生利润的当年，按照利润总额正常缴纳25%的企业所得税。该企业所得税与是否做信托无关。项目公司税后净利润作为股息分配给合伙企业，合伙企业不涉及企业所得税。项目公司的股息首先传递到合伙企业。根据《企业所得税法》第1条的规定："在中华人民共和国境内，企业和其他取得收入的组织（以下统称企业）为企业所得税的纳税人，依照本法的规定缴纳企业所得税。个人独资企业、合伙企业不适用本法。"因此合伙企业不是企业所得税的纳税主体，合伙企业的所得税分别由合伙企业的有限合伙人和普通合伙人缴纳。由于普通合伙人的份额非常小，因此其缴纳的个人所得税可以忽略不计。

（2）家族信托作为有限合伙人取得分红没有企业所得税纳税义务

家族信托作为有限合伙人，虽然在某信托名下，但根据《信托法》第16条的规定："信托财产与属于受托人所有的财产（以下简称固有财产）相区别，不得归入受托人的固有财产或者成为固有财产的一部分。受托人死亡或者依法解散、被依法撤销、被宣告破产而终止，信托财产不属于其遗产或者清算财产。"由于家族信托的财产不属于信托公司，因此从法律上讲信托公司并没有为家族信托的收益纳税的义务。

因此家族信托收到的有限合伙人分红，根据当前税法没有企业所得税的纳税义务。

（3）信托收益分配不涉及个人所得税

《个人所得税法》第2条规定，下列各项个人所得，应当缴纳个人所得税：①工资、薪金所得；②劳务报酬所得；③稿酬所得；④特许权使用费所得；⑤经营所得；⑥利息、股息、红利所得；⑦财产租赁所得；⑧财产转让所得；⑨偶然所得。这九个项目中没有信托收益所得，因此信托受益所得不属于个人所得税征税项目。而且2018年《个人所得税法》修正后，还特别将原来的"其他所得"项目取消，避免了财政部和国家税务总局确定其他征税项目。

因此根据当前税法，信托收益没有个人所得税征税依据，信托收益分配不涉及个人所得税。

股权家族信托的税收成本如表6-7所示：

表6-7 股权家族信托涉税情况汇总

阶段	设立阶段	收购阶段	存续阶段
个人所得税	无	20%收购项目公司股权的个人所得税，其他忽略不计	无
企业所得税	无	无	无
印花税	无	万分之五（双边）	无

根据上述分析，在整个股权信托建立和运作的过程中，产生税收最大的环节是收购项目公司，其他环节的税收基本上可以忽略不计。目标公司向家族信托分红至信托公司，再以收益分配的形式分配给受益人，是没有个人所得税纳税依据的，可以避免缴纳20%的股权转让和分红个人所得税，并且对于设立后的股权增值部分来说，也具有税务规划的功能。但这种设计必须具有合理商业目的，也就是说，除税务考量外必须具有信托的本质目的，包括传承、教育、生活保障、婚姻等目的。

第三部分
部分国家和地区家族税收制度及规划

第七章　美国家族税收制度及规划

第一节　美国税制及主要税种简介

一、企业所得税

（一）美国企业所得税概述

美国企业所得税指美国联邦政府和州政府对企业所得征收的税。按征收级别不同，分为联邦企业所得税和州企业所得税。联邦企业所得税以美国企业和外国企业为纳税人，以美国企业来源于国内外的毛所得和外国企业来源于美国境内的毛所得为征税对象。毛所得项目主要包括经营收入、资本利得、股息收入、利息收入、租金收入、特许权使用费收入、劳务收入、其他收入等。联邦企业所得税以应税所得额为计税依据。应税所得额是指毛所得扣除经营费用、州和地方政府税收、营业损失、折旧与折耗及其他准予扣除费用后的余额。

除合伙公司外，其他所有类型的企业均必须申报年度所得税表（合伙公司申报的是税务数据表），要用何种税表依照企业的类型而定。企业所得税是一种"现赚现缴"的税。企业在整年中必须随时为企业所赚的或是得到的收入缴税。公司雇员的所得税通常是从薪水中预扣的。如果不是以预扣方式缴纳税金，或是所扣的税金不足，可能就要缴付预估税。如果企业依规定不需要缴付预估税，可以等到申报所得税表时再缴应付的税。

（二）美国企业所得税报税日期

按公历年的报税截止日期是每年的3月15日；可递交7004表格延期六个月到9月15日。

按财政年度计算的报税截止日期，分为合伙制公司类型和股份制公司类型，合伙制公司类型为年截日后的第三个月的第15天；可递交7004表格延期六个月。股份制公司类型为年截日后的第四个月的第15天；亦可递交7004表格延期六个月。

（三）美国企业所得税税率

美国联邦企业所得税自1909年开征以来，进行过约35次调整。自2005年至2017年12月31日，分八个阶梯税率（适用C类公司[①]），分别是：15%、25%、34%、39%、34%、35%、38%、35%。如表7-1所示：

表7-1　企业所得税税率

应税所得		税　率
0	50 000	15%
50 001	75 000	25%（超过上一级累计部分）
75 001	100 000	34%（超过上一级累计部分）
100 001	335 000	39%（超过上一级累计部分）
335 001	10 000 000	34%（超过上一级累计部分）
10 000 001	15 000 000	35%（超过上一级累计部分）
15 000 001	18 333 333	38%（超过上一级累计部分）
超过 18 333 333		35%（超过上一级累计部分）

但《减税和就业法案》对上述的超额累进的税率进行了改革，自2018年

[①] 美国税法将公司分为四种形式：独资个体户（Sole Proprietorship）、合伙企业（Partnership）、S类公司（S Corp）、C类公司（C Corp），前三类为"直通车"企业，这类企业将其收入"直通"到其所有者的所得税申报表，并支付个人所得税，企业并不产生所得税。C类公司则被视为"实质性公司"，由C类公司作为纳税实体单独报税，并产生企业所得税，股东也需要对当年收到的分红缴纳所得税，即"双重征税"。

1月1日起，美国联邦企业所得税税率统一变为21%。①

除联邦企业所得税外，各州也征收州企业所得税。其中，如纽约州对一般企业征收6.5%的州企业所得税；明尼苏达州征收9.8%的州企业所得税，艾奥瓦州征收6%—12%的州企业所得税。当然，也有不征收州企业所得税的，如内华达州、南达科他州、怀俄明州等。②

除C类公司外，S类公司（有限责任公司）、合伙制企业、独资个体户均以穿透性税收方式（Pass Through），转嫁到股东个人层面申报所得税。比如，杰克先生是某企业的股东之一，那么杰克对应所分配到的应纳税收入（扣除经营费用后，按占股比例收到的纳税收入额），均按联邦个人所得税的七级累进制税率进行个人所得税申报。企业层面只做信息税务申报，不作为纳税的主体。

二、个人所得税

（一）美国个人所得税概述

美国个人所得税的计算步骤是：税法规定的各纳税人的全部所得先减去不予计列所得（为总所得），然后减去税法规定的应在"调整所得前扣减的项目"（为调整所得），再减去分项扣减款项或标准扣减款项和免税项目（为应纳税所得额），乘以适用税率（为应纳税额），最后减去税收抵免税款和已付税款等，即为最终的纳税款。对每一项目的计算，税法都有详细的规定和计算规则。2023年标准减免额如表7-2所示：

表7-2　2023年标准减免额

申报身份	标准减免额
单身	13 850
户主	20 800

---

① 参见美国税务局网站，https://www.irs.gov/newsroom/after-tax-reform-many-corporations-will-pay-blended-tax-rate，最后访问时间：2021年7月21日。
② 李亮、高慧：《境外税收指南》，上海交通大学出版社2020年版。

续表

申报身份	标准减免额
夫妻分开报税	13 850
夫妻合并报税	27 700

（二）美国个人所得税报税日期

美国个人所得税的应税期限为一全年。特殊情况可少于十二个月。全年纳税年度截至每个公历年12月31日的，为按公历年度计的纳税年度；截至每个公历年度其他的任何一个日期的，为按财务年度计的纳税年度。个人所得税的纳税人按公历年度为纳税年度的，在纳税年度次年的4月15日前申报纳税；按财务年度为纳税年度的，应在纳税年度终止后次年的第四个月的第15日前申报纳税；对领取工薪的纳税人，实行由雇主预扣代缴的制度。

（三）美国联邦个人所得税税率（见表7-3至表7-6）

表7-3　2023年个人所得税税率（适用于单身人士）

应税所得		税　率
0	11 000	10%
11 001	44 725	12%（超过上一级累计部分）
44 726	95 375	22%（超过上一级累计部分）
95 376	182 100	24%（超过上一级累计部分）
182 101	231 250	32%（超过上一级累计部分）
231 251	578 125	35%（超过上一级累计部分）
超过 578 125		37%（超过上一级累计部分）

表7-4　2023年个人所得税税率（适用于户主）

应税所得		税　率
0	22 000	10%
22 001	89 450	12%（超过上一级累计部分）

续表

应税所得		税 率
89 451	190 750	22%（超过上一级累计部分）
190 751	364 200	24%（超过上一级累计部分）
364 201	462 500	32%（超过上一级累计部分）
462 501	693 750	35%（超过上一级累计部分）
超过 693 750		37%（超过上一级累计部分）

表7-5　2023年个人所得税税率（适用于夫妻合报）

应税所得		税 率
0	22 000	10%
22 001	89 450	12%（超过上一级累计部分）
89 451	190 750	22%（超过上一级累计部分）
190 751	364 200	24%（超过上一级累计部分）
364 201	462 500	32%（超过上一级累计部分）
462 501	693 750	35%（超过上一级累计部分）
超过 693 750		37%（超过上一级累计部分）

表7-6　2023年个人所得税税率（适用于夫妻分开报税）

应税所得		税 率
0	11 000	10%
11 001	44 725	12%（超过上一级累计部分）
44 726	95 375	22%（超过上一级累计部分）
95 376	182 100	24%（超过上一级累计部分）
182 101	231 250	32%（超过上一级累计部分）
231 251	578 125	35%（超过上一级累计部分）
超过 578 125		37%（超过上一级累计部分）

（四）美国州个人所得税税率

美国大部分州有州个人所得税，其中有七个免税州，分别是阿拉斯加州、得克萨斯州、佛罗里达州、内华达州、怀俄明州、南达科塔州和华盛顿特区。

每个州的个人所得税申报时间不同，但通常是在申报联邦个人所得税的同时，申报州个人所得税。纳税人选择分项扣除法申报联邦个人所得税还需填入州个人所得税部分作为抵免额，2022年最高可抵免1万美元。

三、资本利得税

几乎所有纳税人自己拥有和使用在个人或投资用途上的资产都是资本类资产，如房屋、家具和持有的股票或债券。当资本资产出售后，资产的调整基础和纳税人从出售获得的金额之间的差价就是资本利得或资本亏损。一般来说，资产的基价对于所有者来说是成本。如果纳税人卖的价格比纳税人的调整基础高，纳税人就有了资本利得。如果纳税人卖的价格比纳税人的调整基础少，纳税人就有了资本亏损。来自卖掉纳税人私人使用的资产的亏损，如纳税人的住家或汽车，不需要纳税。

资本利得和亏损分为长期或短期。如果纳税人持有该资产的期间超过一年，纳税人的资本利得或亏损属于长期。如果纳税人持有时间少于一年，纳税人的资本利得或亏损则为短期。要确定持有纳税人的资产多久，需要从纳税人取得资产的后一天起算至包括处置资产的当天为止。

使用表格8949（资本资产的销售和其他处置表）申报大多数销售及其他资本交易以及计算利得和亏损，然后使用1040表格的副表D（资本利得和亏损表）总结资本利得和可抵扣的资本亏损。如果纳税人有一项净资本利得，该利得的税率可能比纳税人的正常收入的可用税率更低。"净资本利得"是指纳税人该年的长期净资本利得的金额超过纳税人的短期净资本亏损的部分。"净长期资本利得"是指长期资本利得减去长期资本亏损，其中包括从之前年度转移入的任何未使用的长期资本亏损。对大多数纳税人来说，一般净资产利得课税率不高于15%。部分或全部的净资本利得的课税率有可能为0%。纳税人的最高课税率是10%或15%。不过，如果纳税人的应税收入超过39.6%的税率门槛（单身者413 200美元；已婚联合报税者或合格鳏寡人士464 850美元；户主439 000美元；已婚分开报税者232 425美元），其净资本利得课税率将采用20%的新税率。

可对资本利得课以高于15%税率的其他例外情况有以下几种：

（1）出售第1202条款下符合小型企业股票的利得部分，课以最高28%的税率。

（2）出售收藏品（如硬币或艺术品）的净资本利得，课以最高28%的税率。

（3）净资本利得的部分是来自出售任何第1250条款下的物业，按最高25%的税率予以课税。

注意：与不同等级税率的正常收入一样，短期净资本利得也要缴税。

如果纳税人有一项应纳税的资本利得，纳税人可能需要支付预估税款。如果纳税人的资本亏损超过纳税人的资本利得，纳税人可以在1040表格的第13字段要求降低纳税人的收入以申报低于3 000美元以下的额亏部分，（如果纳税人是已婚分开报税则为1 500美元），或者是纳税人在1040表格的副表D第16行所示的总净亏损额。如果纳税人的净资本亏损超过此限制，纳税人可以将亏损转移至以后的年度。

四、赠与税、遗产税和隔代转移税

（一）赠与税与遗产税

赠与税是针对生前的财产赠与而设的税种。为了规避自己过世后继承人面临的高额遗产税，赠与人会提前将财产以赠与的方式传承给受赠人。对于这部分赠与的财产超过赠与免税额的部分，要征收赠与税。

赠与是否课税取决于四个因素，赠与人的身份、受赠人的身份、财产的种类以及财产所在地。赠与税的免税额可以分为年度免税额和终身免税额。如果赠与人赠送了超出年度免税额的财产但又想避免缴纳赠与税，这时就需要使用终身免税额。终身免税额为赠遗统一免税额，指的是赠与与遗产共享同一额度，赠与人生前使用了终身免税额度减免赠与税，则遗产税可使用的统一终身免税额度会相应减少。年度免税额是以受赠人计算的，分为一般和夫妻免税额，终身免税额是以每个赠与人计算的，美国人和非美国人的终身免税额不同。

遗产税是指在被继承人过世后，经过法庭认证程序精算出其名下财产的总值，若超过免税的数额，该超额部分需缴交遗产税。遗产税是在被继承人过世后转移财产给继承人时需要缴纳的税款。这些财产经过法庭认证程序（Probate）精算财产总值，若超过遗产税减免额度，则须缴交遗产税。另外要特别注意，某些州还有继承税，继承税是州税，只有六个州征收，包括艾奥瓦州、肯塔基州、马里兰州、内布拉斯加州、新泽西州和宾夕法尼亚州。而且该税是继承人的责任，只要被继承人住在这六州中的任一州，继承人另住他州也要纳税。而遗产税是联邦和州税。无论身在哪个州，都要缴纳联邦遗产税。继承税由继承人支付，而遗产税由遗产本身支付。有些州除联邦遗产税外还会另外征收州遗产税，如华盛顿州、威斯康星州、夏威夷州、伊利诺伊州、马萨诸塞州、纽约州、新泽西州等。

遗产是否课税以及免税额的多少也取决于四种因素，财产持有人身份、继承人身份、财产的种类、财产所在地。关于征收遗产税，美国公民和永久居民的全球资产都被计算在内，不论住在哪里，只要身份被定义为美国公民或永久居民，全球所有财产如果要转移给他人，都要课遗产税。美国2023年对于美国公民和永久居民的遗产免税额是1 292万美元，夫妻遗产免税额是2 584万美元。如果是非美国人（Non-Resident Aliens），只有在美国的财产才要课税，但是遗产免税额远远低于美国公民和永久居民，只有6万美元。而超过的部分，需要缴纳40%的遗产税。

这里要注意，永久居民即绿卡持有人士需在报税年度逗留美国超过31天，并且过去两年在美逗留183天才符合豁免资格。

2023年，美国国内税务局（Internal Revenue Service，IRS）规定的赠与免税额是1.7万美元，这个额度以下的任何财产赠与都无须缴纳赠与税。对于美国公民或者永久居民，如一个有三个子女的家庭，父母每人可以给每个子女

1.7万美元,那么父母两人可以给每个子女3.4万美元,三个子女就可以赠与10.2万美元,十年下来父母就可以给子女102万美元。子女可以灵活应用这笔钱,如投资,而投资所得和本金都属于子女,且无须缴纳遗产税。对于非美国人在生前可免税转移无形资产,但对于在美国的有形资产,只能使用1.7万美元的赠与免税额度。需特别注意的是,在其去世后只能有6万美元的减免额度。

2023年美国国内税务局税法规定,遗产税与赠与税最高税率均为40%,由被继承人或赠与人,即给出财产的一方缴税。

超出免税额的财产,从超出1万美元到超出100万美元,赠与税与遗产税的税率逐步提高,税率从18%提到40%。具体如表7-7所示:

表7-7 2022年赠与、遗产税应税税率

应税赠与、遗产		税　　率
0	10 000	18%
10 001	20 000	20%(超过上一级累计部分)
20 001	40 000	22%(超过上一级累计部分)
40 001	60 000	24%(超过上一级累计部分)
60 001	80 000	26%(超过上一级累计部分)
80 001	100 000	28%(超过上一级累计部分)
100 001	150 000	30%(超过上一级累计部分)
150 001	250 000	32%(超过上一级累计部分)
250 001	500 000	34%(超过上一级累计部分)
500 001	750 000	37%(超过上一级累计部分)
750 001	1 000 000	39%(超过上一级累计部分)
超过 1 000 000		40%

(二)隔代转移税

1. 隔代转移税概述

祖父母直接给孙子女遗产,跳过了子女这一代,但是并不能免除子女

这一代的税负，超过免税额的部分不仅要交遗产税，还要交隔代转移税（Generation-Skipping Transfer Tax，GST）。隔代转移税税率较高，一般是遗产税的最高税率×内含比率。它是遗产税和赠与税的一个补充税种，主要是为防止将遗产隔代转移以逃避应交遗产税的行为而开征的。隔代转移税实质就是对财产转移的每一代都征一次税。例如，在遗产税与赠与税下，祖父A为其子B设立终身信托10万美元，B实际所得为8.2万美元（A缴纳赠与税，假设18%的税率），B又为其子C设立终身信托，假定为8.2万美元，则其子C实得8.2万×（1-18%）=67 240美元。而若A直接为C设立信托，则C实得8.2万美元，而在隔代制下，A对C由于进行隔代赠与，除了征一笔赠与税外，还要征一笔隔代转移税，以达到在税收上与不隔代赠与结果一致的目的。

隔代转移税的免税额为1292万美元（2023年），如果祖父母合并转移给孙子女，可以合并免税额。也就是说祖父母共同转移给孙子女2 584万美元以内的财产可以免税。GST一般与信托联系比较紧密。1985年9月25日以前设立的不可撤销信托，不在GST的征税范围内。但是如果1985年9月25日以后增加信托财产的本金以外的部分，则在GST的征税范围内。

2. 隔代转移税的种类

隔代转移税分为：（1）直接跨代（Direct Skips），主要指财产利益直接给跨代主体的财产转移；（2）应税终止（Taxable Terminations），主要指在信托中所持的财产利益终止，同时非跨代主体在该信托中不持有任何利益，而且在信托终止以后也不得向跨代主体外的任何主体进行分配；（3）应税分配（Taxable Distribution），主要指不属于应税终止和直接跨代的，来自信托向跨代主体进行的财产分配。

3. 隔代转移税的纳税人及税率

直接跨代是直接赠与，由财产赠与人纳税；应税分配，由财产转移的受让人纳税；应税终止由信托的托管人代缴。隔代转移税的税率为遗产税的最高税率40%。

4. 隔代转移税应用和案例

【例1】您把房子给您的女儿并且指示女儿去世后要把房子给孙女，这一行为形成了没有文书的信托。该信托现在的受益人是非跨代主体,不在GST征税范围内。如果未来女儿去世,房子转移给孙女,此时受益人是跨代主体,要按GST征税。

【例2】您直接把10万美元给孙女,直接转让没有通过信托,要按GST征税。(直接跨代,Direct Skip)

【例3】您现在建立了一个信托,未来十年累积信托收入,十年后开始向您的孙子女分配信托的收入,一旦您的孙子女去世,则将本金分配给孙子女的孩子。因为信托现在没有受益人,没有现在的利益转入信托,并且所有的未来受益人都是隔代人,这种情况下信托是隔代主体,要按照GST申报。(应税分配,Taxable Distribution)

【例4】您建立了一个信托,将其此后十年的收入分配给孙子女,十年后把本金给子女。因为信托现在的利益都被隔代人所拥有,所以该信托为跨代主体,需要按照GST征税,尽管信托最终的受益人是非隔代的。

第二节　美国税务居民和非美国税务居民的纳税义务

一、美国税务居民与非美国税务居民在纳税义务上的区别

在美国税法中,涉及美国的个人会有两种税务身份:美国的税务居民(以下简称美国居民)和非美国的税务居民(以下简称非美居民)。不同的税务身份在美国面临的税收负担是不同的。美国居民需要就其全球的所得在美国缴纳税款;而非美居民只需要就其在美国境内的所得在美国缴纳税款。美国居民需要向美国税务机关披露其在美国境外的金融资产、银行账户、控股公司股份等信息。而非美居民则不需要向美国税务机关披露。同时,非美居民可以根据其税务居民国与美国签订的税收协定享受税收协定的优惠。根据《中华人民共和国政府和美利坚合众国政府关于对所得避免双重征税和防止偷漏税的协定》和美国税法的规定,非美国的税务居民在一个纳税年度内在美国取得资本利得,需

由支付方按其取得的净资本利得代扣代缴30%的美国预提个人所得税。但若是中国的税收居民，可以根据签订的税收协定享受10%的预提所得税的优惠。

二、美国居民的确认规则

在美国税法中，美国的个人税务居民可以分为三类：美国公民、持有美国绿卡的居民和满足实际居住天数的居民。

1. 美国公民

对于美国公民来说，美国采用以公民身份为基础的税收体系，亦即只要拥有美国国籍，不论离开美国多久，哪怕没有再踏入美国领土，但只要未放弃美国国籍，就永远是美国的税务居民。

2. 持有美国绿卡的居民

根据美国移民法，绿卡持有人是美国的合法永久居民。从税收角度来说，只要个人的合法永久居民身份未被美国公民与移民局（USCIS）撤销或依法判定已经放弃，则该个人就被视为税务居民。除非出现特殊情况，绿卡过期并不影响美国税务居民身份。绿卡持有者与美国公民在税法上被一致对待。不管经常居住地在哪里，也不论每年在美国境内居留时间长短，都要就其全球收入向美国政府报税。所以对于中国的一些高净值人士，在拿到美国绿卡后，如果因为生意或其他方面的需要，仍长期居住在中国，有可能同时构成中美两国的税务居民。基于避免双重征税的考量，《中美税收协定》允许这样的绿卡持有者在税表上自愿选择放弃美国税务居民身份，而只作为中国的税务居民。但需要注意的是，这样的选择隐含了风险，即移民局在审核税表的时候，有可能据此判定放弃绿卡，从而导致绿卡资格的丧失。从移民法角度来说，会构成对绿卡居留条件的违反，会导致失去永久居民的资格。但是，如果没有向国税局递交正式放弃绿卡的文件，只是自然离境不再返回美国，即便已不能凭其绿卡进入美国，美国国税局仍然会视其为美国的税务居民。只有主动履行报告义务放弃绿卡或者被吊销绿卡，才能顺利解除就全球收入向国税局报告的义务。

3.满足实际居住天数的居民

若一人既非美国公民，又非持有美国绿卡的居民，但经常会在美国境内停留，如果在一整个自然年中在美国停留超过183天，则会被认定为美国的税务居民。即便一个自然年中在美国停留不满183天，如其符合"实际居住测试"的判定，同样会被认定为美国税务居民。

依据"实际居住测试"被认定为美国税务居民者，需同时满足以下两个条件：第一，本年度在美国停留时间累计不少于31天；第二，在含本年度和过去两年的三年时间段内，在美国的实际居住时间不少于183天。其中，"实际居住时间"的计算方法如下：当年在美国停留的全部天数，加上此前一年在美国停留天数的1/3，加上再前一年在美国停留天数的1/6。

◆【案例7-1】

张先生既非美国公民，也无美国绿卡。假设他在2022年、2021年以及2020年三年内，每年都在美国停留了123天。根据上述计算方法，2022年的123天+2021年123天的三分之一（41天）+2020年123天的六分之一（20天），总计184天。因此，张先生同时符合实际居住测试的两个条件，即便其三年内每一年在美停留时间都不超过183天，仍然会在2022税务年度内被认定为美国税务居民，必须就2022年度其全球资产和收入向美国国税局申报纳税。

即使个人满足上述实际居住测试的所有标准，如果出现"与他国更紧密"的例外情况（Closer Connection Exception），该个人可被视作非美居民。该例外情况要求个人在报税当年，实际居住美国的时间少于183天，同时，在其他国家或地区（一个或多个）纳税，那么，如果该个人可以证明与其他纳税国家或地区的关系比美国更紧密的话，可以被视为非美居民。这里的"更紧密"并没有硬性要求。美国国税局将根据每个纳税人的具体情况作出综合判断，包括家人、资产、社会关系等情况。

三、美国居民和非美居民所得税纳税申报义务

纳税申报是税收征管的第一环节，也是获取涉税信息从而实施有效管理

的关键环节。美国不仅规定了非美居民的零申报义务，而且要求非美居民报告外国银行账户情况的规定也已出台。

（一）规定非美居民的零申报义务

根据美国税法，下列人员必须在年度终了后向国税局报送《美国非居民个人所得税申报表》[以下简称1040NR（EZ）表格]：一是在美国从事贸易或经营活动的非美居民，即使其取得的收入与该贸易或经营活动无关、没有取得来源于美国的收入或者取得的收入免征所得税，也必须申报；二是在美国没有从事贸易或经营活动的非美居民，但其取得的来源于美国的所得，扣缴义务人没有扣缴；三是发生前述两种情况的非美居民的代理人；四是非美居民遗产或信托的受托人。该规定的唯一例外是持F、J、M、Q签证来美的非美居民教师、学生或受训学员，只有在取得应税所得（包括工资、奖学金、股息等）时，才须向国税局申报。在纳税申报环节规定非美居民的申报义务，对于获取非美居民的境外收入信息从而进行税收管理至关重要。

（二）规定持有外国银行账户的申报义务

美国税法规定，所有拥有外国银行账户、外国经纪人账户、共有基金、信托公司或其他财务账户的美国人，每年都必须向财政部和国税局报告该账户情况。此外，根据美国银行保密法的规定，符合以下两种情况的美国人必须报送《外国银行和财务账户报告》（以下简称FBAR）：一是此人对在外国的一个或多个账户拥有签字权或其他权利，或者从该账户取得利息；二是在一个公历年中账户价值超过1万美元。由于外国金融机构与国内金融机构承担不同的申报义务，要求美国人报送FBAR，有助于司法或税务部门发现并跟踪用于非法目的的款项以及在国外持有或取得的未申报应税收入。须报送FBAR的美国人包括美国的公民或居民、国内合伙、国内公司、国内信托等。即使所持有的外国账户并未产生应税收入，账户持有人也必须在《美国个人所得税申报表》的B表中打钩，并填报FBAR，于每年6月30日前报财政部。不报送FBAR者将受到民事或刑事处罚，情节严重者还将受到双重处罚。起初，对于在美国境内拥有外国账户的非居民，并未实行报送FBAR的规定。2008年10月，为了加强对非居民的控管，美国修改了FBAR的报送指引，要求非美公民、居民和国内实体也报送FBAR。财政部或国税局掌握了非美居民个人的外国账户信息，可以将非美居民个人从美国境外取得的来源于境内的收入纳入管理。

（三）规定扣缴义务人的义务

在扣缴义务人环节，美国税法规定，扣缴义务人必须就一个公历年度内支付的应予扣缴的款项向国税局报送《扣缴非居民从美国境内取得收入的信息申报表》（以下简称1042-S表格）。扣缴义务人是指任何控制、收取、监管或支付应扣缴款项的美国人或外国人。应扣缴并须申报1042-S的款项是指股息、利息、租金、特许权使用费、在美国提供独立个人劳务的所得、在美国提供非独立个人劳务且受益所有人申请享受协定待遇的所得、年金、养老金或递延收入、大部分博彩收入、与美国贸易或经营有实际联系的所得等。美国"扣缴义务人"概念的外延要比我国的概念宽泛得多，不仅包括美国人，还包括外国人（包括非居民个人、外国公司、合伙、信托、美国金融机构的外国办事处、外国人美国分支机构等）；不仅支付人有义务扣缴，控制、收取或监管款项的人也须承担扣缴义务。也就是说，非居民如果在美国国内银行开设账户，收取在美国提供劳务期间从境外取得的收入，该美国银行由于"收取"或"监管"了这笔款项，也负有扣缴义务。一般而言，向外国人支付来源于美国所得的支付人是扣缴义务人。

（四）规定第三方信息申报义务

第三方信息申报环节所谓"第三方信息申报制度"就是规定所有的人（包括公司、合伙企业、个人、房产和信托等）都必须填写信息申报表格，向国税局申报某公历年内应申报交易的有关信息，并同时将所申报的信息附送有关的取得收入者。第三方信息申报规定涵盖的范围十分广泛，通过这一规定，税务部门不仅可以获得非居民取得的来源于美国所得的信息，而且还可以掌握居民和非美居民的现金交易、美国居民从受控外国公司取得所得、美国居民向外国人转让财产所得等多方面信息。例如，国税局可以将非美居民个人申报的1040NR（EZ）表格与扣缴义务人报送的1042-S表格进行比对，发现非美居民纳税人申报不实的情况，堵塞征管漏洞。又如，为了掌握现金交易，美国税法规定，在一次交易中收取现金超过1万美元的人，必须在交易完成后的15日内向国税局报送《在交易中收取一万美元以上现金款项信息报告表》，并在每年的1月31日前将该申报表的复印件交给支付者。上述规定的本意是防范和打击洗钱活动，同时也为税务机关提供了非美居民现金交易的资料。

实施第三方信息申报制度既有利于督促取得收入者自觉并准确地申报应税所得，也便于国税局将第三方申报信息与取得收入者申报的信息进行比对，发现未申报或申报偏低的纳税人或交易事项。据国税局调查，非农场主个体经营者由于很少收到第三方支付者提供的纳税申报信息，因此往往少申报57%的应税收入；而工薪阶层因定期收到雇主的W2表格（居民薪资与税收信息申报表），因此少申报的收入只占全部收入的1%。可见，第三方信息申报制度在提高纳税人税法遵从度方面发挥了相当积极的作用。可以说，第三方申报制度是美国税收执法的基石，是加强税收管理的第一要略。因此，美国国税局前局长马克·W.艾文森在针对2007年美国政府预算案的讲话中对"第三方申报制度"作出"建立了第三方申报制度的领域就是税收执法最到位的领域"的评价。

（五）不实申报的惩罚

美国税法通过加大处罚力度来确保纳税人如实申报纳税。例如，对于不按时申报的非美居民，规定每月按照未申报金额的15%—25%进行罚款；对于故意不按时申报者，最高罚款可达到每月未申报金额的75%；如果不按时申报超过60天，则处以未申报金额等额的罚款，但未申报金额超过100美元的，按100美元处罚。对于不按时纳税的非美居民个人，处以未纳税金额25%的罚款，同时加收滞纳金。对于故意申报不实的非美居民，处以500美元的罚款。对于故意不申报、虚假申报或偷税者，可追究其刑事责任。

此外，美国还对不进行信息申报的第三方进行处罚，从而有效地掌握了涉税信息。例如，如果不按时、准确、完整地报送1042-S表格且无正当理由的，对在报送期限后30日内报送者处以每表15—50美元的罚款，依情节轻重，每年最高处罚金额介于7.5万—25万美元之间。对于故意无视报送信息申报表规定者，处以每表100美元或者应申报金额10%的罚款，不设处罚上限。如果第三方没有向收入取得者提供完整正确的信息申报表且无正当理由的，处以每份错表50—100美元的罚款，不设处罚上限。

（六）辅助性非居民税收管理

1. 反洗钱法规

2001年10月26日，时任美国总统小布什签署了被称为"爱国者法案"的《提供必要工具，拦截恐怖主义活动，以巩固和加强美国安全的法案》，旨在加强国内安全与监督程序，保护美国边境，清除对恐怖主义活动进行有效调查的障碍。该法案使得外国金融机构及法案规定的相关组织向美国申报非美国人（包括自然人与企业）利用美国银行和证券交易中介从事经济活动的相关信息，使税务部门无须通过与协定国进行专项情报交换，即可掌握某项外国交易的情况。

2. 国内金融机构对非居民所得的自动申报法案

2001年1月16日，时任美国总统克林顿签发了一项法案（REG-126100-00），规定美国境内的银行每年须填报1042-S表格（主要用于外国人申报应缴纳预提所得税来源于美国所得），向国内收入局申报支付给非美居民与美国贸易或经营没有实际联系的账户利息所得。后来，为了提高美国税法的遵从度，促进情报交换的开展，同时避免给美国银行造成过重的管理负担，2002年7月31日，美国财政部撤销了2001年的法案，在《美国国内税收法典》第6049节中对原法案进行了修订，将要求申报的国家限定为加拿大、澳大利亚等16个指定国家，但支付者可以自愿申报支付给任何国家非美居民的利息所得。美国的这一举措得到了OECD的肯定。OECD认为，建立金融机构的自动申报制度"税务机关与纳税人双双受益。通过金融机构自动申报制度，税务机关可以核实纳税人申报信息的真实性与准确性，提高纳税人依法纳税的自觉性，因为纳税人如果知道银行必须向税务机关报告其所得的相关信息，就会准确申报所得。此外，该制度还有助于税务机关推行降低纳税人遵从负担的举措。而没有银行信息，就不可能达到这样的效果"。

四、美国居民和非美居民赠与税、遗产税纳税义务

（一）赠与税、遗产税的纳税人

遗产税和赠与税的免税条件和免税额度，会根据赠与人和受赠人、被继承人和继承人的身份、关系、资产所属地的变化而变化。所以在详述免税额度时，先对三种身份做简要介绍。

1. 美国公民，即持有美国国籍的人。

2. 美国居民（绿卡持有人），即获得永久居留权的外国人，需在报税年度逗留美国超过31天，并于过去三年期间在美逗留至少183天才符合免税额资格。

3. 非美居民外国人（以下简称非美居民）。

美国公民和美国居民需就全球所有财产缴税；而非美居民所需缴纳赠与税和遗产税的财产只限美国境内的资产，包括房产等有形资产、美国公司证券及股份等，而部分无形资产如保障型寿险，则无须缴税。赠与税、遗产税纳税关系见表7-8所示：

表7-8 赠与税、遗产税纳税关系

美国税种	时间	需纳税方	非纳税方	最高税率
赠与税	生前	赠与人	受赠人	40%
遗产税	死后	被继承人	继承人	40%

（二）赠与税、遗产税的免税额

赠与税和遗产税的具体免税额，分为下述不同的情况：

情况1：对于赠与税来说，如果赠与人是美国公民或居民，受赠人是配偶且是美国公民身份，则互相赠与没有限额；但如果配偶不是美国公民，则每

年免税赠与额度是17.5万美元（2023年），而非配偶每年只有1.7万美元（2023年），详见图7-1。

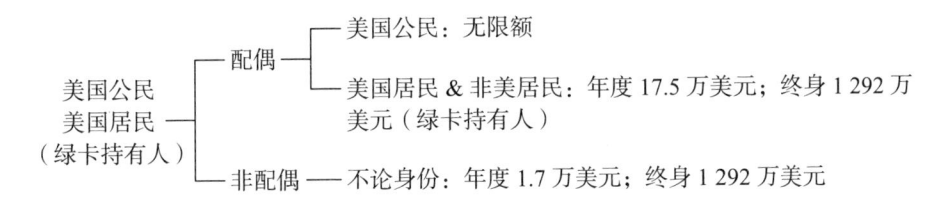

```
美国公民          ┌─ 美国公民：无限额
美国居民 ──┬─ 配偶 ─┤
（绿卡持有人）    └─ 美国居民 & 非美居民：年度17.5万美元；终身1 292万
          │                      美元（绿卡持有人）
          └─ 非配偶 ── 不论身份：年度1.7万美元；终身1 292万美元
```

图 7-1

情况2：当赠与人为非美居民时，美国境外资产赠与公民配偶无须扣税，但上述提到的境内资产部分（房产等有形资产、美国公司证券及股份）在非美公民配偶间仅有17.5万美元的年度免税额，非配偶有1.7万美元的年度免税额，而且都没有终身免税额，详见图7-2。

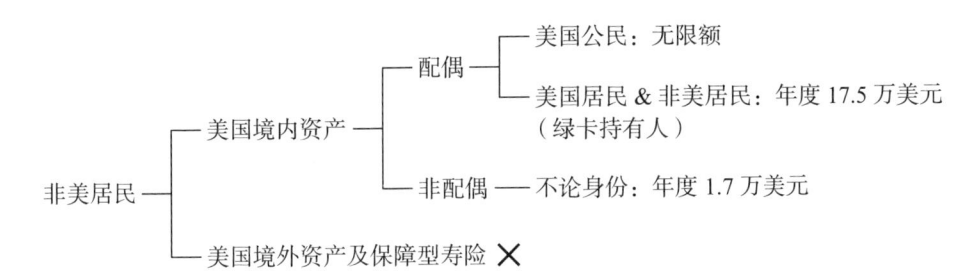

```
            ┌─ 美国境内资产 ──┬─ 配偶 ──┬─ 美国公民：无限额
非美居民 ──┤                │         └─ 美国居民 & 非美居民：年度17.5万美元
            │                │                         （绿卡持有人）
            │                └─ 非配偶 ── 不论身份：年度1.7万美元
            └─ 美国境外资产及保障型寿险 ✗
```

图 7-2

情况3：对于遗产税来说，当被继承人为美国公民或非美居民时，继承人是配偶且是美国公民身份，则拥有无限婚姻扣减额度，不需缴纳遗产税；但如果配偶不是美国公民，或继承人为非公民配偶时，享有1 292万美元（2023年）的免税额，详见图7-3。

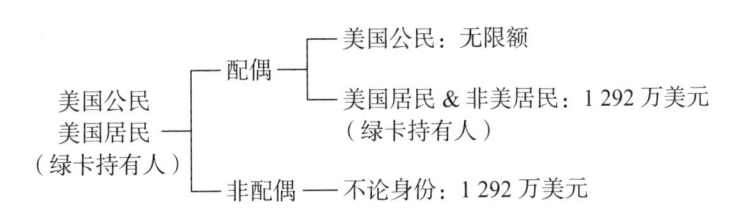

```
美国公民          ┌─ 美国公民：无限额
美国居民 ──┬─ 配偶 ─┤
（绿卡持有人）    └─ 美国居民 & 非美居民：1 292万美元
          │                      （绿卡持有人）
          └─ 非配偶 ── 不论身份：1 292万美元
```

图 7-3

情况4：而当被继承人为非美居民时，美国境外资产无须扣税，但上述提到的境内资产部分（房产等有形资产、美国公司证券及股份）仅有6万美元的免税额。详见图7-4。

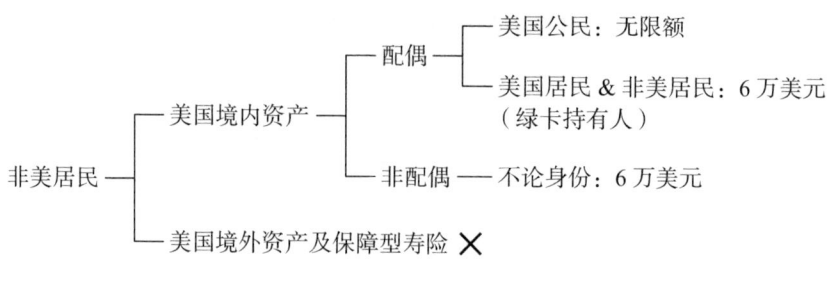

```
                                    ┌─ 美国公民：无限额
                        ┌─ 配偶 ─┤
            ┌─ 美国境内资产 ─┤          └─ 美国居民 & 非美居民：6万美元
非美居民 ─┤            │                （绿卡持有人）
            │            └─ 非配偶 ─── 不论身份：6万美元
            └─ 美国境外资产及保障型寿险 ✗
```

图7-4

例如，如果非居民的中国父母在美国境内投资了价值500万美元的房产，还有价值500万美元的现金、珠宝、艺术品等资产，想要转移给持有美国绿卡的独生子，在不作其他规划的情况下，父母每人每年可以免税赠与儿子1.7万美元的资产，两人每年共赠与3.4万美元，持续二十年便是68万美元。而当父母于2023年身故后，由于生前赠与已经超过6万美元的遗产免税额，余下的932万美元便需要面临遗产税的征收，按照2023年的遗产税税率，需要缴纳372.8万美元的遗产税。

◆【案例7-1分析】

张先生本来与美国没有关系：既不是美国公民、绿卡持有人，也不是在美国居住的税务居民，但张先生持有美国资产：常见为美国房产和美国公司股票。

以下情况下，张先生需要申报并缴纳赠与税：

1. 将美国资产的未来价值赠与他人；

2. 2023年将目前价值超过1.7万美元的美国资产赠与除配偶以外的其他个人；

3. 2023年将目前价值超过17.5万美元的美国资产赠与非美国配偶。

如果以上成立，张先生需要申报709表格。

以下情况下，张先生需要申报并缴纳遗产税：

1. 张先生过世，在美国资产由遗产执行人管理；
2. 在美遗产总值超过6万美元。

如果以上成立，遗产执行人需要申报706NA表格。

第三节　美国家族信托涉税规定

一、美国税法按纳税义务的不同对信托的分类

（一）外国信托和国内信托

在美国的税法上，美国的信托一般分为两类：外国信托（Foreign Trust）和国内信托（Domestic Trust）。外国信托与国内信托相对应。

1.国内信托的纳税义务

美国国内信托一般是指在美国本土按照美国法律设立的信托。国内信托视同美国居民而适用全球征税规则，须对其在全球范围内的收入和所得适用美国税收。

2.外国信托的纳税义务

外国信托一般是指在美国境外按照境外法律设立的信托。但在对外国信托的征税规则上可能被视同为国内信托。

由外国人控制的外国信托一般被视为"非美居民信托"，对该信托在美国境外所得不课征税收，仅就美国境内产生或者与美国境内交易或商业活动具有实质关联的固定或可能特定的所得课征所得税。

在中国搭设的家族信托，一般会被美国的税务机关认定为美国税法上的外国信托。但按照美国税法的规定，通常同时满足"法庭测试+控制测试"两个标准的，可能被美国税务当局判定为美国国内信托：即如果美国法庭可以对信托或资产实行主要的监管权，并且美国人有权力控制信托的所有实质性决策，则该信托被认为是国内信托。相反，只要不满足上述任

何一个测试标准，即根据信托条款该信托被美国以外的法域的法律所管辖，或者任何非美国税务居民有权控制信托的实质决策，则被认定为外国信托。在中国搭设的家族信托，主要依据中国的法律法规，受美国以外的法域的法律所管辖，不满足"法庭测试"的标准，所以会被认定为外国信托。但如果双方当事人在信托合同中选择了"适用美国法律"，则可能会被认为是美国国内信托。

（二）外国信托的分类：委托人信托和非委托人信托

在美国税法中，外国信托可分为委托人信托（Grantor Trust，GT）和非委托人信托（Nongrantor Trust，NGT）。委托人信托，通常也称为"授予人信托"或"赠与人信托"，指的是信托财产在一定程度上被视为由一个人所有的任何信托。根据《美国国内税收法典》的规定，委托人信托通常满足以下任一条件：

第一，委托人有权在未经任何人同意或经从属第三方同意的情况下撤销信托，即委托人必须保留对信托资产的控制权[1]，在委托人丧失行为能力时，其监护人必须拥有撤销权，以便信托继续符合委托人信托的资格。

第二，委托人和/或委托人的配偶是委托人生命期间信托的唯一受益人[2]。为防止美国税务居民通过信托规避缴税义务，《美国国内税收法典》作出了委托人信托的规定。如果委托人（或实质所有人）保留着信托财产上的利益，或者仍然拥有对信托财产的实际控制权，包括撤销、修改或终止信托，以及保留对信托财产或其收益的支配权，则该信托属于委托人信托；反之，则为非委托人信托。需要注意的是，委托人信托的实质所有人通常是委托人，但也有例外，可以由委托人之外的人（如受益人）实施重大控制。

---

[1] I.R.C. § 672（f）（2）（A）（i）.
[2] I.R.C. § 672（f）（2）（A）（ii）.

二、FGT的判定和委托人、受益人纳税义务分析

（一）FGT的判定

FGT是美国法中Foreign Grantor Trust的简称，是外国信托与委托人信托的融合体。要构成FGT通常需要同时满足两个要件：（1）必须是外国信托，而非美国国内信托；（2）必须构成委托人信托，而不是非委托人信托。如果委托人直接或间接保留修改、撤销信托的权力，受托人不具有独立性，或者委托人同时是信托受益人或保留超过5%的信托利益，则该信托会被认定为或部分认定为委托人信托。

经过前述分析，美国个人在中国搭设的家族信托，经过专业人士的设计，一般会被认定为美国税法上的FGT。而美国个人作为该信托的委托人，也主要依据FGT的相关规定承担缴纳税款的义务。

（二）FGT下委托人的纳税义务

美国税法将FGT作为税收透明体（即非税收居民）对待，信托本身没有纳税义务，而是应当由委托人或其他实质所有人来承担。这就意味着，如果委托人或其他实质所有人（如受益人）是美国个人，那么，信托的所得及分配均由该美国个人承担税务申报及缴税的义务。因此，FGT的主要纳税义务人是委托人或其他实质所有人（如受益人）。

若委托人控制整个在中国内地搭设的家族信托，对于放进家族信托的信托本金，委托人不需要缴纳信托设立的税收。因为该家族信托被视为税收透明体，该部分财产仍被视为委托人所有，不会涉及赠与税。

若该财产经过受托人的管理运作产生一定的收益，对于该部分收益，应与信托本金进行区分，针对所得部分（不含本金）向美国税务机关缴纳个人所得税，填写1041表格申报纳税。如果委托人将本金部分的权利转给其他人或向受益人进行分配，则要针对转给其他人的部分填写709表格，缴纳赠与税。若委托人将本金部分的权利转给其他人，在委托人过世后，需要就该部

分财产填写706表格，缴纳遗产税。

（三）NFGT的判定和委托人纳税义务分析

1.NFGT的判定

对于非委托人信托，只要不属于委托人信托，即可判断为非委托人信托（NFGT）。

2.在NFGT下委托人的纳税义务

在NFGT下，NFGT属于独立的纳税主体，因此当委托人将财产注入信托时，视为将财产赠与给信托，如果委托人是美国的税务居民，则会涉及赠与税。

在NFGT下，个人所得税的纳税人为信托本身和受益人，不是委托人，受益人从信托获得的分配和收益应该申报缴纳个人所得税，委托人不需要申报缴纳相关税收。对于未分配给受益人的部分，由信托代扣代缴所得税。

（四）FGT的受益人纳税义务

对于FGT，如果受益人为美国税务居民（以下简称涉美受益人），其获得的信托分配，无须向美国税务机关缴纳个人所得税。

当一个FGT向涉美受益人分配时，信托分配将被视为委托人的一项赠与，而类似性质的赠与并不会构成美籍受益人的美国应税个人所得。尽管无须纳税，但是该等从FGT向涉美受益人的分配，同样必须像其他收入一样向美国国税局进行申报，填写3520表格。因此，需要区分信托收益和信托本金。

一旦外国委托人去世，FGT将会自动变为外国非委托人信托（Foreign Non-Grantor Trust，FNGT）。

（五）FNGT的受益人纳税义务

FNGT在美国税法中被视为独立的纳税主体，信托取得的收益由信托财产缴纳所得税，并且由受托人代扣代缴；如果信托收益分配给受益人，则由受益人作为纳税人缴纳个人所得税。

对于一开始由外国委托人设立的FGT，一旦委托人去世，涉美受益人将会就其收到的信托财产分配（信托收益）缴纳个人所得税，而且在信托就委托人生前所产生的累计收入（Accumulated Income）向涉美受益人分配时，作为反递延纳税措施之一，该等分配还将进一步适用回溯原则（Throwback Rules），即不区分收入或所得是否来源于美国境内，该等分配将从信托实现该笔收入或者所得当年开始计算，按照历年最高的所得税率标准进行征税，同时还将根据该等收入或所得过往所累积的时间按照年度缴纳数额不等的利息或者罚息。

三、委托人信托和非委托人信托纳税义务比较

在委托人或受益人是美国税务居民的情况下，外国信托的财产部分收入在美国需要缴纳的税收见表7-9：

表7-9　外国信托在美国纳税情况

	本金权利部分	本金权利产生的增值部分
委托人信托	委托人设立信托时本金部分不缴纳赠与税，但委托人去世后针对此部分缴纳遗产税。 如果委托人将本金部分的权利转给他人或分配给受益人，则要针对转给他人的部分填写709表格，缴纳赠与税。（缴纳了赠与税的财产不缴纳遗产税）	信托产生的增值部分由委托人缴纳个人所得税。 受益人不涉及税收，但需要填报3520表格。
非委托人信托	设立信托时委托人按交付信托的财产金额缴纳赠与税，但委托人死亡时不再缴纳遗产税。 受益人取得本金部分不涉及税收。	受益人从信托财产中取得了增值分配，要区分不同的增值种类，如利息、股息、租金、利润，填写1041表格申报缴纳个人所得税。 信托本身未分配的增值部分由受托人代扣代缴。

第四节　美国保险及人寿保险信托涉税规定

一、保险

（一）保险相关个人所得税

根据美国国税局Publication554 *TaxGuide for Seniors*中的规定，以被保险人死亡为标的的人寿保险所得理赔金，不属于受益人的应纳税所得，不需要缴纳美国联邦所得税。但根据《美国国内税收法典》7702条款，人寿保险合同必须通过两项测试之一才能享受该税收优惠。这两项测试是指现金价值累积测试（Cash Value Accumulation Test，CVAT）、指导性保费和现金走廊测试（Guideline Premium and Corridor Test，GPT）。

1. 现金价值累积测试

现金价值累积测试规定，人寿保单的退保价值"在任何时候都不得超过当时必须支付的单一保费净额，该单一保费净额是为人寿保险合同的未来福利提供资金"。换言之，如果保单持有人取消保单，他们可以从保单中获得的金额（通常称为具有现金价值的人寿保单的"储蓄"部分）不能大于投保人一次性购买保单所支付的金额，不包括任何费用。

2. 指导性保费和现金走廊测试

指导性保费和现金走廊测试要求"支付的保费总额在任何时候都不得超过当时的指导性保费上限"。也就是说，投保人不能为保单支付过多的保费，谋求超额的保单福利。

如果人寿保单未能通过上述任何一项测试，根据7702条款，保单的保险金将被视为当年的普通收入并被征税。

但人寿保险账户内现金增值部分在美国税法中没有明确的免税规定，在实践规划中，保单中的现金价值可以采用支取本金的方式或/和贷款的方式，可以在一定程度上节省个人所得税。

（二）保险相关遗产税

被保险人死亡后人寿保险理赔金是否纳入被保险人的遗产计算遗产税，取决于保单属于谁。美国的人寿保险理赔金，是否包括在应税遗产中，与指定受益人关系不大，而是取决于被保险人（the Insured Person）身故时，保单属于谁。在美国，保单所有权是可以转移的，这类似于中国的"变更投保人"。

例如，如果是自己所有，即我们常说的自己给自己买保险，保险死亡补偿金全额计入应税遗产中，该缴的税一分钱也少不了，与是否指定受益人毫无关系。如果是他人拥有，如丈夫给妻子买保险，妻子死亡，则这笔保险金不计入妻子的应税遗产。同时，保单所有权的转移时间必须在被保险人死亡之日的三年以前。

二、人寿保险信托

◆【案例7-2】

投保和被保险人都是母亲（母亲的身份即将变为美籍，现在还是中国籍），受益人是美籍儿子，保险为以人身为标的的寿险，以这个保险作为保险金信托，是否可以在赔付的时候规避遗产税？

美国人寿保险金的给付在符合《美国国内税收法典》7702条款的规定时可免交所得税，也可以规避遗产税。

建立了人寿保险信托后，母亲（投保人和被保险人）利用每年可免税的赠与额度（保费每年不超过1.4万美元），赠与受托人保费，投保人变成了受托人，由受托人利用该笔保费为被保险人购买保险，相当于受托人持有的保险，同时受托人作为人寿保险的受益人。当被保险人死亡时，因为其并没有持有保单，该人寿保险不计入被保险人的遗产。同时，利用前述7702条款，受托人收到的人寿保险死亡理赔金，不纳入应纳税所得税。

那么对于有保额+分红的寿险，如果也是以上情况，赔付时的保额+分红装入保险金信托后，是否可以规避遗产税呢？根据美国国税局网站上的指南，收到保险赔偿金不用纳入应税所得，但是收到的分红要纳入应税所得。所以受托人收到的分红需要纳入应纳税所得缴纳所得税，但是因为受托人持有该保单，不涉及遗产税。分红可被视为信托收益，如果受托人已经缴纳过所得税，以后分配给受益人时不再缴纳税款。

三、不可撤销人寿保险信托

（一）不可撤销人寿保险信托概述

不可撤销人寿保险信托（Irrevocable Life Insurance Trust，ILIT），是以保险金或人寿保险单作为信托财产，由委托人（一般为投保人）（Trustor）和信托机构签订人寿保险信托合同，保险公司将保险赔款或满期保险金交付于受托人（即信托机构）（Trustee），由受托人依信托合同约定的方式管理、运用信托财产，并于信托期间终止时，将信托资产及运作收益交付信托受益人。

ILIT与大多数信托一样，是持有财产的法人。因为是由ILIT拥有投保人的人寿保险单，因此可以不列入投保人的财产之内。然而，正如其名，ILIT是不可撤销的，也就是说，一旦设立了ILIT及购买了人寿保险，设立信托的人即委托人就不能撤回人寿保险。委托人还必须放弃操控ILIT内之人寿保险的权力。

（二）不可撤销人寿保险信托的优势

ILIT的优势在于，其同时具备了保险和信托的双重功能。一般寿险产品只是保证受益人名义上享有保险金的利益，却没有考虑受益人如何才能切实享有其合法权益。保险受益人常常不具备合理处理保险金的能力和条件，例如，年纪太小或身心有障碍、挥霍过度，甚至由于各继承人或监护人之间的利益冲突，使得其合法权益受到危害。此时，保险受益人虽然形式上拥有保险金，但实际上并不能享受到保险金的好处，其合法权益不能得到保障。

但是，作为一种植根于寿险保单之上的信托行为，人寿保险信托能够在保险合同的义务履行后，还为受益人解决实际的保险金使用问题，是保险功能的一个延续和拓展，是解决在特殊事件中出现的未成年人受益权利保障问题的重要途径。

从信托的角度，保险金作为信托财产具有特殊的"财产独立性"，投保人和信托公司的债权人都不得对其强制执行。专业化的资产管理服务和针对信托财产特殊的税收优惠政策，还可以使保险金实现保值增值，达到受益人利益最大化。

（三）不可撤销人寿保险信托的所得税

就所得税而言，信托是单独的实体。因此，ILIT需按照税法规定的信托税率缴纳所得税。一般而言，信托与个人纳税人遵循同样的规则。最重要的是，如果向信托受益人分配收入，就会按照受益人的税率征税，且信托可扣除大多数情况下分配的收入。

就所得税而言，信托也是赠与人信托。信托的持有人在计算个人所得税义务时必须包括信托收入、利得、损失、扣除和抵免等所有项目。但是，就人寿保险而言，更多的人愿意使用人寿保险中"免税提款"的功能来避免缴纳个人所得税，其计算基数是现金值和死亡赔付额。

（四）不可撤销人寿保险信托的赠与税

捐赠既有保单或缴纳保费的资金，通常构成对信托受益人的赠与。

赠与税年度免税额使捐赠人能每年向人数不受限制的接受者做出不超过当前年度免税额1.7万美元的赠与，而不必缴纳赠与税。即便仅有一名配偶转移财产，配偶两人也可以利用转赠选择，对受益人使用其年度免税额。唯有现时权益的赠与才符合赠与税的年度免税要求。未来权益的赠与不符合年度免税额资格。只有在某些条件下，对信托的捐赠才是现时权益的赠与：

（1）当受益人有权从信托中提取赠与金额时；

（2）当受益人对信托收入有现时权益时；

（3）当信托是完全为了一名未成年人的利益，并符合某些要求时。

如果有提款权的个人未行使该权利,且该权利失效,则该失效构成一般指定权的解除。根据《税法》,解除一般指定权即构成应缴税赠与。因此提款受益人被视为向其他信托受益人做出了失效金额的应缴税赠与。此规则的例外是只要赠与不超过:

(1) 5 000美元;

(2) 信托资产值的5%(以金额大者为准),指定权的失效将不会构成赠与。

对信托的视同赠与也会使提款受益人成为信托赠与人。因此,提款权失效可导致资产纳入赠与人或受益人的遗产。

(五)不可撤销人寿保险信托的遗产税

设立ILIT的主要目的之一是税务目的,将死亡保险金排除在赠与人的总遗产之外。作为交换,赠与人必须放弃对保单的控制权和所有权。因此,在起草ILIT时,必须注意不要在无意中把保单纳入赠与人的遗产。有数种方式会使ILIT纳入赠与人的遗产,比如,赠与人能将受托人换成其本人,就可能间接适用这一条。

(六)不可撤销人寿保险信托的隔代转移税

如果运用赠与人的终生转移,而非去世后才可利用豁免额,便能充分利用隔代转移税豁免额。通常,这是通过将赠与人的隔代转移税豁免额分配给对信托作出的赠与来做到的。若是合理安排,就能转移捐赠,而不发生赠与税、遗产税和隔代转移税。如果赠与被用于支付人寿保险的保费,那么,在受保人死亡时,隔代转移税豁免就能得到充分利用,从而使赠与人在税赋和资产受到保护的长期信托中传递的资产大幅增加。

第八章　英联邦国家家族税收制度及规划

第一节　英国税收制度及其规划

◆【案例8-1】

李先生被认定为英国税务居民。2022年，李先生去掉所得税免征额度和其他减免，个人应税收入为20 000英镑，他还通过出售个人股份获得了12 200英镑的应税所得。那么，李先生应该缴纳多少资本利得税呢？

一、税制及主要税种介绍

英国的税收由直接税和间接税构成，以直接税为主，间接税为辅。直接税主要包括个人所得税、公司所得税、资本利得税、资本转移税、土地开发税、石油税和遗产税等。间接税主要包括增值税、关税、消费税和印花税等。

在政府收入分配上，英国税收分为国税和地方税。国税由中央政府掌握，占全国税收收入的90%左右，是中央财政最主要的来源。英国的个人税务年和财务年时间不同，个人税务年为4月6日至次年4月5日，而财务年为4月1日至次年3月31日。一个公司的会计年度一般与财务年同步，公司成立当年的会计年度或有不同。

（一）国民保险税[①]

英国的国民保险税类似我国的社会保险费，国民需要支付此费用才可享受国家退休金以及其他社保福利，如失业津贴和生育津贴等。2023年，超过16周岁且每周收入242英镑以上的雇员和超过16周岁年收入11 908英镑以上的自雇人士需要支付国民保险税。国民保险税也是分档计费，交费档次根据雇佣状态、收入水平和断交时间决定。

（二）增值税[②]

1.课税标的

增值税对商业销售进行征税，如出售商品或服务。除此以外还包括：出租、出售商业资产、佣金、销售给员工的物品，如餐厅用餐、商业货物用作个人用途以及非销售行为，如易货等行为。

2.税率[③]

英国增值税有三档税率，分别为标准税率，低税率和零税率。

（1）标准税率。大部分货物和服务适用标准税率，现行英国的标准税率为20%。

（2）低税率。根据销售情况和货品种类，有些商品适用低税率，低税率的税率为5%。儿童安全椅和国内汽油等一直适用低税率。助行器只有在安装到年满60周岁的老人家里时才适用低税率。

（3）零税率。零税率意味着虽然仍需就商品或服务征收增值税，但是税率为0%，此类别增值税仍需在增值税申报表中进行申报。零税率的商品主要有书籍、报纸、童装、童鞋、摩托车头盔、大部分出口到非欧盟国家的商品等。

（4）免税。部分商品和服务免征增值税，主要是一些日用必需品，如保险、邮票、邮政服务和医生提供的健康服务。

[①] 参见英国政府网站，https://www.gov.uk/national-insurance，最后访问时间：2023年1月27日。
[②] 参见英国政府网站，https://www.gov.uk/vat-businesses，最后访问时间：2023年1月27日。
[③] 参见英国政府网站，https://www.gov.uk/vat-businesses/vat-rates，最后访问时间：2023年1月27日。

（三）公司税[①]

1.纳税主体

有限公司、在英国设有分公司或办事处的外国公司、俱乐部、合作社或其他非法人团体，需要就商业行为的盈利缴纳公司税。

2.课税对象

公司或团体的课税盈利应源于营业收入、投资和高于成本价出售资产的行为。如果公司在英国，则就其全球的盈利征收公司税。如果公司不在英国，只有分支或办公室在英国，则需就英国活动的盈利征收公司税。

3.公司税率[②]、津贴与减免[③]

英国公司税率为19%。准备公司账目时可以在税前盈利中扣减运营公司的费用，但公司员工的个人用途费用不得扣减，招待客户的费用也不得扣减。如果购买公司运营所需资产，则可以申请资本津贴，如购买设备、机器、商用车（如汽车、货车和拖车）。

英国公司税可以申请的其他减免还包括：（1）研发减免。（2）专利减免：来自专利发明的利润的减免。（3）创造产业减免：公司从影院、电影、电视、动画、电子游戏中盈利。（4）解散减免：关掉公司并转为专营商（Sole Trader）、普通商业合伙（Ordinary Business Partnership）或有限合伙（Limited Partnership）。

（四）资本利得税[④]

1.课税对象

资本利得税，是指出售或处置资产时，对增值部分的征税。处置资产行为包括出售、赠与、转让、互易、因遗失或损毁得到补偿。以下资产出售或

[①] 参见英国政府网站，https://www.gov.uk/corporation-tax，最后访问时间：2023年1月27日。
[②] 参见英国政府网站，https://www.gov.uk/corporation-tax-rates，最后访问时间：2023年1月27日。
[③] 参见英国政府网站，https://www.gov.uk/corporation-tax-rates/allowances-and-reliefs，最后访问时间：2023年1月27日。
[④] 参见英国政府网站，https://www.gov.uk/capital-gains-tax，最后访问时间：2023年1月27日。

处置，且获利时需要交纳资本利得税：

（1）大部分超过6 000英镑的个人财物，除了汽车；

（2）房产，除了主要居住的房产；

（3）出租、用作商业用途或面积很大的主要居住房产；

（4）非个人储蓄账户（ISA）和个人股权计划（PEP）里的股份；

（5）商业资产。

2. 税率[①]与免税津贴[②]（Tax-free Allowance）

赠送给配偶或慈善机构的礼物一般不需要交税，盈利超过年免税津贴以上的部分才征收资本利得税。2021年至2022年免税津贴额度为12 300英镑，信托可享额度减半为6 150英镑。即使定居海外且不是英国税务居民，也要就英国的住宅房产缴纳资本利得税，其他资产如公司股份等不需要缴纳，但离开英国五年内回到英国的不在此列。案例8-1中的李先生为英国的税务居民，常住在英国，其出售个人股份获得应税所得12 200英镑，处于免税津贴之下，因此无须缴纳英国的资本利得税。

住宅房产和其他资产适用的资本利得税税率不同，通常出售住宅不需要交税。如果个人所得税适用高税率（Higher Rate）或额外税率（Additional Rate），则处置住宅税率为28%，处置其他资产的税率为20%。若个人所得税适用基本税率（Basic Rate），则资本利得税税率根据利得的额度、应税收入和处置的资产是住宅还是其他资产而定。计算步骤如下：

（1）计算应税收入（已减去所得税免征额和其他所得税减免）。

（2）计算出应税利得。

（3）从应税利得中扣减免税津贴。

（4）将（1）和（3）项相加。

（5）如果此金额仍然落在个人所得税基本税率一档中，则需支付住宅房产资本利得税18%、其他资产10%。若超过基本税率区间，则需按住宅房产

[①] 参见英国政府网站，https://www.gov.uk/capital-gains-tax/rates，最后访问时间：2023年1月27日。

[②] 参见英国政府网站，https://www.gov.uk/capital-gains-tax/allowances，最后访问时间：2023年1月27日。

税率28%、其他资产税率20%缴纳。

（6）如果利得同时来自住宅房产和其他资产，则可以使用免税津贴冲减高税率的处置住宅房产的利得部分。

3. 市场价值①

部分情况需要适用市场价值，依据以下标准，见表8-1所示：

表8-1 英国市场价值的税务确认标准

适用市场价值情形	市场价值时点
赠与	赠与日
以低于市场价值出售以帮助买方	出售日
继承资产（不知遗产税价值时）	死亡日
1982年4月前持有的资产	1982年3月31日

（五）房产印花税②

英国房产分为所有权（Freehold）房产和使用权（Leasehold）房产，所有权房产为永久产权，而使用权房产有一定的使用年限。在英国的英格兰、威尔士和北爱尔兰地区购买房产或土地需要支付房产印花税，苏格兰地区适用房产交易税。所有权房产和新建的收取买断费（Premium）的房产及名义租金（Nominal Rent）的使用权房产直接适用房产印花税税率（住宅印花税税率5%—12%，非住宅印花税税率2%—5%），其他使用权房产还需根据房产年租金及租约的净现值另行收取印花税。现行的住宅印花税起征点是125 000英镑，非住宅印花税起征点是150 000英镑。房产建设竣工后30日内，购买人须向英国税务海关总署申报印花税，律师或代理一般会代为办理上述印花税申报工作，逾期申报将可能面临罚款及罚息。

---

① 参见英国政府网站，https://www.gov.uk/capital-gains-tax/market-value，最后访问时间：2023年1月27日。

② 参见英国政府网站，https://www.gov.uk/stamp-duty-land-tax/residential-property-rates，最后访问时间：2023年1月27日。

二、法定居民测试与个人所得税

（一）英国税务居民测试

个人所得税（Income Tax）是基于收入征收的税收，但并非所有的收入都需要被征税。[①]非英居民只需就来源于英国的收入交所得税，不对来源于外国的收入交英国所得税，而居民一般来讲需要就全球所得交税。[②]英国居民与非英居民的判定根据法定居民测试（Statutory Residence Test，SRT），依以下标准进行判断：

1. 第一自动居民测试（First Automatic UK Test）

法定居民测试是一个由简到繁的过程，第一个测试叫作"第一自动居民测试"，即是否在一个税务年在英国居住了183天或以上的天数，如果答案是肯定的，则自动被认定为英国此税务年的居民。若不满足，则进行三个自动海外测试（Three Automatic Overseas Tests）。

满足三个自动海外测试中的任何一个，就不是此税务年的英国居民：

（1）第一自动海外测试。此税务年的前三个税务年中，至少有一年是英国居民，而且在此税务年于英国生活小于16天。如果被测试人在此税务年过世，则此测试不适用。

（2）第二自动海外测试。此税务年的前三个税务年中都不是英国居民，在此税务年在英国居住时间小于46天。

（3）第三自动海外测试。此税务年在海外有全职工作，不存在31天内没有任何一天在海外工作3小时以上且：

①此税务年在英国居住少于91天

②在英国工作3小时以上的天数少于31天

如果不满足上述任何一项测试，则需要继续进行第二自动居民测试和第三自动居民测试。

[①] 参见英国政府网站，https://www.gov.uk/income-tax，最后访问时间：2023年1月27日。
[②] 参见英国政府网站，https://www.gov.uk/tax-foreign-income/residence，最后访问时间：2023年1月27日。

2. 第二自动居民测试

第二自动居民测试的适用条件是在税务年内,在英国有或曾有住所。

在连续91天里在英国有家住所,至少有30天在此税务年中,并在英国住所中住满30天,并要满足下列任意一条:

①在海外没有住所;

②在海外有住所,但在此税务年内每个海外住所居住时间均少于30日。

注意:如在英国有多处住宅,每处住宅要分开计算,其中一处住宅满足上述条件则满足第二自动居民测试。

3. 第三自动居民测试

在英国有全职工作365天,不存在31天内没有任何一天在英国工作3小时以上且:

①365天的全部或部分在此税务年内;

②365天内,有75%以上每日工作超过3小时的日子是在英国;

③至少有一日既在365天工作日内又在税务年内,且工作超过3小时。

如果达到以上条件,则是英国居民。

4. 足够联系测试（Sufficient Ties Test）

如果不满足任何自动居民测试和自动海外测试,则需要进行足够联系测试来最终确定是否为英国居民。足够联系测试需要看与英国的联系,以及在英国居住的时间。如果在此税务年的前三个税务年都不是英国居民,则需要考虑家庭联系、住宿联系、工作联系和90天联系。如果在此税务年前三年有一年或超过一年是英国居民,则还需要考虑国家联系。

在英国居住的时间决定了需要参考多少种联系,从而确定是否为英国居民。详细信息见表8-2和表8-3:

表8-2 在此纳税年前三年有一年或超过一年是英国居民

此税年居住在英国的时间（天）	需要英国联系的数目
16—45	至少4条

续表

此税年居住在英国的时间（天）	需要英国联系的数目
46—90	至少3条
91—120	至少2条
超过120	至少1条

表8-3 在此税务年的前三个税务年度都不是英国居民

此税年居住在英国的时间（天）	需要英国联系的数目
46—90	至少4条
91—120	至少3条
超过120	至少2条

以下为上述各种联系的简要解释：

（1）家庭联系

如果下列人员为英国税务居民，则在此税务年有一条家庭联系：

①配偶（分居除外）；

②同居伴侣（如同配偶一样生活）；

③未满18周岁的子女，且此税务年与子女共同生活在英国的时间大于等于61天。

（2）住宿联系

此税务年在英国有地方居住且可以连续居住91天及以上。此外当年至少在那里居住过一晚。但如果可以居住的地方是近亲属家，则需要住满16晚及以上。近亲属包括父母、祖父母、超过18周岁的子女或孙子女。

（3）工作联系

如果此税务年内在英国工作超过40天，工作时间超过3小时，无论是连续工作还是间断工作，则此税务年和英国有工作联系。

（4）90天联系

如果在此税务年前的两个税务年任意一年在英国居住满90天，则有90天联系。

（5）国家联系

如果此税务年经过的午夜时间，在英国居住的次数是最多的，则有国家联系。

（二）英国税务居民如何缴纳个人所得税

1. 需要缴纳个人所得税的收入

（1）从工作中获得的收入。

（2）个体经营所获得的利润，包括通过网络或应用程序销售的服务。

（3）部分国家补贴（State Benefits）。常见的应税国家补助包括：国家养老金、求职者津贴、照顾者津贴、就业及支持津贴、无行为能力补助、丧亲津贴、由工业死亡补助计划支付的养老金、丧偶父母津贴、遗孀养老金。[①]

（4）大部分养老金，包含国家养老金、公司和个人养老金以及退休年金。

（5）租金收入，除自住的房东（Live-in Landlord）且出租年收入少于自租屋免税限额 7 500 英镑（The Rent a Room Limit）。

（6）从工作中得到的其他收益。

（7）信托收入。

2. 不需要缴纳个人所得税的项目

（1）存款限额（Savings Allowance）以下的存款利息。

（2）免税账户的收入，如个人储蓄账户（Individual Savings Accounts, ISAs）以及国家储蓄存单（National Savings Certificates）。

（3）5 000 英镑以内的公司股息收入。

（4）部分国家补贴（State Benefits）。常见的免税国家补助包括：住房补助、就业及支持津贴（收入相关）、收入支持（参与罢工除外）、工作税收抵免、儿童税收抵免、伤残生活津贴、儿童补贴（基于收入）、个人独

---

① 参见英国政府网站，https://www.gov.uk/income-tax/taxfree-and-taxable-state-benefits，最后访问时间：2023 年 1 月 27 日。

立报酬（PIP）、监护人津贴（Guardian's Allowance）、护理津贴（Attendance Allowance）、养老金补助（Pension Credit）、冬季取暖费及圣诞奖金、75周岁以上免费电视许可、一次性抚恤金（lump-sum Bereavement Payments）、产假津贴、工伤补助、严重伤残津贴、通用福利金（Universal Credit）、战争遗孀养老金。①

（5）政府有奖公债（Premium Bond）或英国国家彩票所得；从住在房东家里的租客处收取的低于自租屋免税限额的收入（The Rent a Room Limit）的租金。

苏格兰地区的个人所得税被称为苏格兰个人所得税（Scottish Income Tax），税收是缴纳给苏格兰政府的。苏格兰个人所得税同样适用于工资收入、养老金（Pension）以及其他应税收入。②

3.英国个人所得税计算规则和征收方式

英国个人所得税的计算步骤为：加总所有应税收入，包括应税国家补贴；计算出税收抵免额度；用应税收入减去税收抵免额度得到最终应税收入。受雇人士旅行时用自己的钱购买工作用品，以及自雇人士，还可以享受税收抵免（tax relief）。③

英国实行雇主预扣代缴制度（PAYE system），雇主或养老金提供者在发工资或养老金前预先划走个人所得税和国家保险（National Insurance）。个人税务代码（Tax Code）会告诉雇主需要划走的金额。税务代码也覆盖应税国家补贴，因此若欠税未缴纳，通常会自动从收入中扣除。可能需要填写自我评估系统（Self-Assessment System）的纳税申报表。当个人财务状况更为复杂时（如个体经营者或高收入者），可以通过自我评估系统（Self-Assessment）来缴纳个人所得税和国民保险。当未上税的收入超过2 500英镑时，报税者必

---

① 参见英国政府网站，https://www.gov.uk/income-tax/taxfree-and-taxable-state-benefits 最后访问时间：2023年1月27日。

② 参见英国政府网站，https://www.gov.uk/scottish-rate-income-tax，最后访问时间：2023年1月27日。

③ 参见英国政府网站，https://www.gov.uk/income-tax-reliefs，最后访问时间：2023年1月27日。

须填写纳税申报单（Tax Return）。①

4. 英国个人所得税税率表

2022年标准的个人税收抵免金额为12 570英镑。还可以申请婚姻抵免（Marriage Allowance）和失明人士抵免（Blind Person's Allowance），但两者的数额在收入超过100 000英镑后减少。见表8-4所示：

表8-4 英国2022年个人所得税税率②

税 级	应税收入	税 率
个人免征额（Personal Allowance）	最高12 570英镑	0%
基本税率（Basic Rate）	12 571—50 270英镑	20%
高税率（Higher Rate）	50 271—150 000英镑	40%
附加税率（Additional Rate）	超出150 000英镑	45%

苏格兰地区的个人所得税有别于英格兰地区，见表8-5所示：

表8-5 苏格兰2022年个人所得税税率③

税 级	应税收入	苏格兰税率
个人免征额（Personal Allowance）	最高12 570英镑	0%
起始税率（Starter Rate）	12 571—14 732英镑	19%
基本税率（Basic Rate）	14 733—25 688英镑	20%
中间税率（Intermediate Rate）	25 689—43 662英镑	21%
高税率（Higher Rate）	43 663—150 000英镑	41%
最高税率（Top Rate）	超出150 000英镑	46%

当需要支付附加税率时，不再享受个人免征额。

5. 婚姻津贴和失明人士津贴（Marriage Allowance & Blind Person's Allowance）

当纳税人的配偶收入更高时，婚姻津贴（Marriage Allowance）可以从纳

---

① 参见英国政府网站，https://www.gov.uk/income-tax/how-you-pay-income-tax，最后访问时间：2023年1月27日。
② 参见英国政府网站，https://www.gov.uk/income-tax-rates，最后访问时间：2023年1月27日。
③ 参见英国政府网站，https://www.gov.uk/scottish-rate-income-tax，最后访问时间：2023年1月27日。

税人的个人免征额中转移 1 250 英镑给其配偶。作为收入低的一方，必须有免征额（2022 年为 12 570 英镑）及以下的收入才可享受婚姻津贴。配偶作为收入较高的一方，其收入应当在 12 571 英镑到 50 271 英镑（苏格兰地区为 43 662 英镑）之间。每年婚姻津贴最多可使纳税配偶每个税务年减少纳税 250 英镑（即 1 150 英镑乘税率 20%）。从 2015 年 4 月 5 日起的任意税务年，纳税人可以申请回溯婚姻津贴抵扣额度，抵扣未使用的额度。纳税人及配偶出现以下情况，也不影响婚姻津贴：（1）领取养老金；（2）生活在国外。

6. 英国税务居民的海外所得税如何纳税？

国外收入，是指在英格兰、苏格兰、威尔士以及北爱尔兰以外地区获得的任何收入。海峡群岛（The Channel Islands）和马恩岛（Isle of Man）被视作外国。是否需要纳税取决于是否为英国税务居民。如果不是英国居民则不需要为海外收入缴纳英国税。若是英国居民，则通常需要为海外收入纳税。但如果习惯性居住地（Domicile）在海外则可能不需要纳税。

税务居民的海外所得包括海外工作所得工资、海外投资和储蓄的利息、海外财产租金收入以及海外持有养老金收入。海外收入报税同样通过纳税申报表填报，但有些海外收入的征税方式不同。如果海外收入在不止一个国家征税，可以申请税收减免。如果海外所得税还没有缴纳，需要申请居留证明来证明有资格获得减免。如果唯一海外收入是总额低于 300 英镑的股息，则不需要申报。对于养老金、出租房地产（Rent from Property）、某些类型的就业收入有不同的规则。

（1）养老金

如果是英国的居民或在过去五个纳税年是居民，则需要为养老金纳税。同时，还需要支付国外养老金税款，包括一些未授权付款（Unauthorized Payments），如提前付款（Early Payments）和一次性付款（Lump Sums）。

（2）出租房地产

海外房地产要按照通常规则交税。但如果出租了一个以上的海外房地产，则可抵销其他海外房地产的损失。

（3）某些类型的就业收入

对于以下两种职业，有特殊的税收规则：在船上或海上采气或者石油业；

在欧盟或政府工作，或作为志愿发展工作者。

三、英国遗产税

英国遗产税的征收对象是逝者的财产，包括房产、货币、其他财产。英国亦对过世前七年以内的赠与征收遗产税。2023年，英国遗产税的起征点为325 000英镑，如若将房屋赠送给子女（包括领养、抚养和继养）或孙子女，遗产税起征点提高到500 000英镑。夫妻可以共享遗产税起征额度。如若将遗产留给配偶、慈善机构或社区体育俱乐部（Community Amateur Sports Club），则不征收遗产税。

遗产税标准税率为40%，其只对起征点之上的财产征税。比如，遗产为500 000英镑，则遗产税金额为500 000英镑减去325 000英镑后再乘40%，即175 000英镑的40%。

（一）英国遗产税的额外起征额度（Additional Threshold）[①]

1.额外起征额度介绍

如若某人在2020年4月6日及以后过世，其遗产超过基本遗产税起征点，逝者的直接后代继承房屋或房屋的一部分权益时可以享受额外起征额度，额外起征额度在2020至2021年度为175 000英镑。额外起征额度会根据通胀率进行调整，一般按以下金额适用见表8-6所示：

表8-6　额外起征额度调整

序　号	额外起征额度	年　度
1	125 000英镑	2018—2019
2	150 000英镑	2019—2020
3	175 000英镑	2020—2028

[①] 参见英国政府网站，https://www.gov.uk/guidance/inheritance-tax-residence-nil-rate-band，最后访问时间：2023年9月5日。

若有先过世的配偶，则其额外额度可以加到后过世配偶的额外额度上，这样可以使额外起征额度加倍。计算遗产税课税基数时，先扣除额外起征额度，再扣除基本遗产税起征点的额度，以余额计税。未用完的基本遗产税起征额度或是额外起征额度都可以转给配偶。但额外起征额度与基本遗产税起征额度不同，不适用于生存时的转让，如生存时转给信托或过世前七年内的赠与。

直接后代包括子女、孙子女、直系后代以及其配偶，即使直系后代过世，直系后代配偶仍被认作直接后代。此外，继子女（即使以前是继子女现在不是）、收养的子女、抚养的子女或者逝者作为监护人或特别监护人监护的未满18周岁的孩子。继承房屋的人不需要是未成年人，继子女仅限定于自己的父或母是（或曾是）被继承者的配偶的情况。直接后代不包括侄子、侄女、外甥、外甥女、兄弟姐妹等非上述所列的亲属。

2.继承房屋使用额外起征额度

如若直接后代满足使用额外起征额度的要求，则其继承房屋。需要遵循以下情况：

（1）逝者遗嘱留给直接后代的；

（2）无遗嘱继承留给直接后代的（法定继承）；

（3）其他合法方式。

逝者遗嘱无须特别提到房屋，其可以通过作为遗产余值（the Residue）的一部分而继承。遗产余值是遗产支付完以下费用的残值：

（1）债务如房贷或欠款等；

（2）丧葬费；

（3）遗嘱执行人的费用；

（4）税；

（5）管理遗产的其他开支；

（6）遗嘱中规定的其他赠与或遗赠。

直接后代只有在被继承人去世时对房屋有所有权的情况下才能适用额外起征额度。举例来说，如果遗嘱设立条件规定孙子女要达到一定年龄时才能继承房屋，则意味着房屋会被信托持有，因为孙子女在被继承人去世时没有继承房屋，所以额外起征额度不适用。此外，直接后代也不需要居住传承下来的房屋，如代理人将房屋出售并把收入转给直接后代，也可享受额外起征额度。

3.额外起征额度递减规则（Tapering away the Additional Threshold）

在额外起征额度可以适用的情况下，如果遗产超过200万英镑，遗产每超过2英镑则额外起征额度减少1英镑。例如，某居民在2020至2021税务年留给其子女的遗产价值210万英镑，包括一套价值45万英镑的房产。因遗产210万英镑超过200万英镑10万英镑，所以额外起征额度减少10万英镑除以2等于5万英镑。原额外起征额度为175 000英镑（2020—2021税务年）减去5万英镑等于125 000英镑。所以，如果遗产价值超过235万英镑，额外起征额度归零。

需要注意的是，额外起征额度递减规则所计的遗产金额是遗产中资产总值减去任何债务的数值。

（二）英国遗产税的减免（Reliefs and Exemptions）

1.低遗产税率与慈善（Inheritance tax and Charity）[①]

如若向慈善机构分配10%及以上的遗产净值，可以有资格享受36%的低遗产税率。

2.遗产税与赠与（Inheritance tax and Gifts）[②]

（1）遗产税额度与免除

如若在去世前七年内赠与，遗产税起征点是325 000英镑，换言之，去世七年之前赠送的礼物是免征遗产税的。每年有3 000英镑的免征遗产税额度（从4月6日到次年4月5日），其不会占用325 000英镑的遗产税免征额度。每年未用完额度只可在次年使用，过期作废。

[①] 参见英国政府网站，https://www.gov.uk/inheritance-tax-reduced-rate-calculator，最后访问时间：2023年9月5日。

[②] 参见英国政府网站，https://www.gov.uk/inheritance-tax/gifts，最后访问时间：2023年1月27日。

此外，每纳税年度还有以下遗产免征额度：

①婚礼，每人免征额度为1 000英镑（子女为5 000英镑，孙子女为2 500英镑）；

②用平时工资买的小礼物是免除遗产税的，如圣诞礼物和生日礼物；

③配偶之间互送礼物也无须支付遗产税，只要在英国居住，没有任何限额；

④资助他人生活费用亦免除遗产税（如老年亲属或未满18周岁的儿童）；

⑤向慈善机构和政党的捐助也是免征遗产税的；

⑥在任意一个纳税年，可以向任意未占用赠与者免征额度的人赠送最多250英镑的小礼物，人数不限。

（2）七年规定（The 7 Year Rule）

如若需要缴纳遗产税，则税率根据赠与发生时间变化。若在去世前三年内赠与，遗产税率为40%。其他税率见表8-7所示：

表8-7 遗产税率

序 号	去世时间减赠与时间	遗产税率
1	少于3年	40%
2	3—4年	32%
3	4—5年	24%
4	5—6年	16%
5	6—7年	8%
6	7年及以上	0%

3.商业减免概要（Business reliefs）[①]

继承生意或因生意产生的利息以及非上市公司股份可以享受100%的商业减免。以下情况可享受50%商业减免：

（1）掌控50%以上投票权的上市公司的股份；

（2）死者生前所有并且用于实际控制或者合伙的生意中的土地、房产和

---

① 参见英国政府网站，https://www.gov.uk/business-relief-inheritance-tax，https://www.gov.uk/business-relief-inheritance-tax/what-qualifies-for-business-relief，最后访问时间：2023年1月27日。

机器；

（3）有权受益于持有用于生意的土地、房产和机器的信托。

去世前至少此生意或资产持有两年以上，才可以享受商业减免。

以下公司无法享受商业减免：

（1）主要经营证券、股票、土地及房产的公司或者投资公司；

（2）非营利组织；

（3）卖掉生意，除非其他公司主要以其股份收购上述生意并继续经营；

（4）公司结业，除非此举为生意继续的一个步骤。

以下资产无法享受商业减免：

（1）资产满足农业减免；

（2）赠与或继承前两年内未主要用作商业用途；

（3）生意未来无须用到。

（三）不在英国生活的遗产税[①]

如果习惯性居住地（Permanent Home, Domicile）不在英国，遗产税只针对在英国的资产课税，如在英国的房产和银行账户。因此，对于习惯性居住地不在英国的人，以下资产不征收遗产税：（1）外币账户；（2）海外养老金；（3）持有许可的单位信托（Unit Trust）和开放式投资公司（Open-Ended Investment Company）的股份。

以征收遗产税为目的，英国税务海关总署认定以下情况也为习惯性居住地在英国，即视同习惯性居住[②]（Deemed Domiciled），但遗产税视同习惯性居住与所得税和资本利得税的条件不同：（1）此税年前二十年中有十七年是英国税务居民；（2）此税年前三公历年在英国习惯性居住。

[①] 参见英国政府网站，https://www.gov.uk/inheritance-tax/when-someone-living-outside-the-uk-dies，最后访问时间：2023年1月27日。

[②] 参见英国政府网站，https://www.gov.uk/hmrc-internal-manuals/residence-domicile-and-remittance-basis/rdrm20040，最后访问时间：2023年1月27日。

第二节　澳大利亚税收制度及其规划

◆【案例8-2】

凯特来自爱尔兰，有工作假期签证。凯特在澳大利亚悉尼停留了十二个月。凯特有一周假期旅行到东海岸，到达悉尼后，又在拜伦湾度过两周假期。最后三周，凯特在澳大利亚西部旅行。凯特在悉尼住在一个与他人合租的地点，之后又在悉尼另一个地点与他人合租了十个月，租约中有凯特的名字。凯特在悉尼逗留期间，到图书馆看书，参加了爱尔兰俱乐部和水球俱乐部。那么凯特是否为澳大利亚税务居民？

凯特是否属于澳大利亚的税务居民，需要经过居住测试和三个法定测试。具体测试方法详见下文。

一、税制及主要税种介绍

澳大利亚是实行分税制的国家，分为中央税收收入和地方税收收入，且以直接税为主。[①]联邦税收主要包括个人所得税、公司所得税、货物服务税、医疗保险税、关税、消费税、培养保证金等税种。澳大利亚的主体税种是直接税，没有继承税或遗产税。澳大利亚的财政年度是从每年的7月1日至次年的6月30日，7月至10月为法定报税期，10月31日截止，需在此前申报个人所得税。

（一）个人所得税

在澳大利亚需要申报获得的收入，包括雇佣收入、租金收入、澳大利亚养老金和年金（除澳大利亚税法或税收协定另行规定）、澳大利亚资产的资本利得。澳大利亚税务居民需要申报在澳大利亚内外取得的所有收入。需申报

[①] 参见中国商务部网站，http://melbourne.mofcom.gov.cn/article/ddfg/zh/200301/20030100061043.shtml，最后访问时间：2023年1月27日。

个人所得税的收入主要包括[①]：

1.雇佣收入；

2.养老金、年金和政府付款；

3.投资收入（包括利息、股息、租金和资本利得）；

4.经营、合伙和信托收入；

5.外国收入（外国收入包括外国退休金和年金、外国雇用收入、外国投资收入、外国经营收入、海外资产的资本利得）；

6.集合基金收入；

7.其他收入（包括补偿金和保险付款、员工股份计划下的折扣股份、奖金和奖励）。

澳大利亚2022—2023税务年度的个人所得税税率如表8-8、表8-9、表8-10、表8-11所示：

表8-8　澳大利亚2022—2023税务年度居民收入税率[②]

征税收入	税负
0—18 200澳元	免征
18 201—45 000澳元	18 200澳元以上部分19%
45 001—120 000澳元	45 000澳元以上部分32.5%+5 092澳元
120 001—180 000澳元	120 000澳元以上部分37%+29 467澳元
180 001澳元及以上	180 000澳元以上部分45%+51 667澳元

上述税率不包含2%的医疗保险税。

表8-9　2022—2023税务年度外国居民收入税率

征税收入	税负
0—120 000澳元	32.5%

---

① 参见澳大利亚政府网站，https://www.ato.gov.au/Individuals/Income-and-deductions/Income-you-must-declare/，最后访问时间：2023年1月27日。

② 参见澳大利亚政府网站，https://www.ato.gov.au/Rates/Individual-income-tax-rates/?page=1#Resident_tax_rates_2017_18，最后访问时间：2023年1月27日。

续表

征税收入	税负
120 001—180 000澳元	120 000澳元以上部分37%+39 000澳元
180 001澳元及以上	180 000澳元以上部分45%+61 200澳元

外国居民不征收医疗保险税。

表8-10　2022—2023税务年度未成年居民收入税率[①]

征税收入	税负
0—416澳元	免税
417—1 307澳元	416澳元以上部分66%
1 307澳元及以上	所有收入（不包括"除外收入"）的45%

表8-11　2022—2023税务年度未成年非居民收入税率

征税收入	税负
0—416澳元	32.5%
417—663澳元	416澳元以上部分66%+135.20澳元
663澳元及以上	所有收入的45%

未满18周岁的，收入适用特别规则。[②]税率比成年人适用的税率要高。然而对以下事项，未成年人与成年人享受同等税率：

（1）除外人士（Excepted Person），即已完成全日制学习并且全职工作，或有残疾，或享有双重孤儿抚养津贴（Double Orphan Pension）

（2）除外收入（Excepted Income），包括受雇或经营收入、福利署的付款和来自死者遗产的收入。

打工度假者（Working Holiday Maker）是指拥有417（工作假期类，Working

[①] 参见澳大利亚政府网站，https://www.ato.gov.au/Individuals/Income-and-deductions/In-detail/Income/Your-income-if-you-are-under-18-years-old/?anchor=Highertaxrates#Highertaxrates，最后访问时间：2023年1月27日。

[②] 参见澳大利亚政府网站，https://www.ato.gov.au/Rates/Individual-income-tax-rates/?page=，最后访问时间：2023年1月27日。

Holiday）或462（工作及假期类，Work and Holiday）签证子类的人，其税收与税务居民无关。其税率见表8-12：

表8-12 2022—2023税务年度打工度假者收入税率

征税收入	税　负
0—45 000澳元	15%
45 001—120 000澳元	超过45 000澳元部分32.5%+6 750澳元
120 001—180 000澳元	超过120 000澳元部分37%+31 125澳元
180 001澳元及以上	超过180 000澳元部分45%+53 325澳元

（二）资本利得税

在澳大利亚，出售房地产、股票等资本资产时的资本利得及损失需在所得税申报表中申报并缴纳资本利得税（CGT）。但实际缴纳中，资本利得税算作所得税的一部分，而不独立纳税。当有资本利得时，利得计入应税所得额，但由于不单独征税，应自行计算出相应金额。当有资本损失时，可以用其来减少资本利得。自1985年9月20日起取得资产需要征收资本利得税，除了大部分个人资产（如房屋、车、家具等个人使用资产）和仅用于税收目的的资产折旧。① 主要住宅一般免征资本利得税，除非将其出租收取租金或用其于商业经营，或者其占地超过2公顷。大部分房地产需要征收资本利得税，包括空地、商业经营场所、出租房产、度假房和休闲农庄。1985年9月20日起公司股份或单位信托（包括管理基金）应征收资本利得税，但股票交易业务中出售股票所得的利润被作为普通收入征税。加密货币、租赁，商誉，许可证，外币，合同权利，以及对土地或资本利得税征收前资产（pre-CGT assets，1985年9月20日之前获得的资产）的重大资本改变。超过一定价值的收藏品和个人使用资产（对使用这些物品的资本损失有限制）。

一些资本利得是免税的，但同时必须放弃相应的资本损失。资本利得或

---

① 参见澳大利亚政府网站，https://www.ato.gov.au/General/Capital-gains-tax/，最后访问时间：2023年1月27日。

损失的免除事项主要包括主要住宅、车、低于1万澳元的个人物品、以500澳元以下的价格（或收购时价值500澳元以下）获得的收藏品以及利得税征收前的资产等。①

（三）医疗保险税（Medicare Levy）

医疗保险为澳大利亚居民提供医疗保健服务，医疗保险税的部分资金来自纳税人，以应纳税所得的2%支付医疗保险税。②医疗保险税不得在所得税税前扣除，应与所得税一并征收。

如果应税收入低于下述门槛值，医疗保险税额就会减少。在某些情况下，可能根本不必交纳医疗保险税。在2021—2022年，如果应税收入等于或低于23 365澳元（对老年人和享有相关税收抵销的领取养老金人士门槛为36 925澳元），不需要支付医疗保险税。如果应税收入在23 365澳元到29 207澳元之间（对老年人和享有相关税收抵销的领取养老金人士为36 925澳元到46 157澳元），只支付部分的医疗保险税。③

没有私人医院健康保险（Private Hospital Health Insurance）的，可能需要在医疗保险税之外支付医疗保险税附加费（Medical Levy Surcharge，MLS），附加费率取决于收入。如果有适当的私人医院健康保险，就不用支付医疗保险税附加费，而且根据收入，可能有资格享受私人健康保险退税。这笔退税是由政府承担了部分私人医院健康保险费。免付医疗保险税的情况有：（1）满足一定的医疗需求；（2）非税务居民；（3）没有资格享受医保福利。但对于非澳大利亚的税务居民，可以免除当年的医疗保险税的条件是在这一年中没有任何家属或者所有家属均属于医疗保险税免除类别。

---

① 参见澳大利亚政府网站，https://www.ato.gov.au/general/capital-gains-tax/cgt-assets-and-exemptions/，最后访问时间：2021年2月16日。
② 参见澳大利亚政府网站，https://www.ato.gov.au/Individuals/Medicare-levy/，最后访问时间：2021年2月16日。
③ 参见澳大利亚政府网站，https://www.ato.gov.au/Individuals/Medicare-and-private-health-insurance/Medicare-levy/Medicare-levy-reduction/Medicare-levy-reduction-for-low-income-earners/，最后访问时间：2023年2月1日。

（四）货物服务税（Goods & Services Tax，GST）

澳大利亚对大部分商品和服务征收10%的货物服务税。大多数基本食品，一些教育课程和一些医疗、健康、保健产品及服务都不征收货物服务税。商业资产的出售、转让以及以其他方式处置所有权也是应税的，如办公设备或车辆等。[1]在澳大利亚开展经营或其他企业，且货物服务税营业额超过7.5万澳元的（非营利组织超过15万澳元），需要注册登记货物服务税纳税人。

若销售的货物有可识别的免GST税或含进项税（Input-Taxed）的部分，则销售该商品可部分纳税。进项税事项指出售不含GST税的商品和服务，如出租住房，该类销售不能申请GST税抵免。[2]一般来说，出售或出租现有的住宅物业都是进项税事项，价格不含货物服务税。但是，如果被认为是"新的"住宅物业，它是一项应纳税的销售，即适用货物服务税。无论购买的房产是新的或旧的，如果目的是出售盈利或者开发后出售，则可能被认为是在进行一项商业经营，可能需要注册货物服务税。一般来说，如果房产交易为私人目的，如在建造或出售住宅时，就不会被认为是在进行商业经营。

（五）企业所得税

澳大利亚居民企业需要就其全球范围内的应税所得向澳大利亚税务机关缴纳企业所得税；澳大利亚的非居民企业只需就其来源于澳大利亚境内的所得向澳大利亚税务机关缴纳企业所得税。澳大利亚居民企业一般指在澳大利亚注册成立的企业，或虽然不是在澳大利亚成立但是在澳大利亚从事经营活动且主要管理机构位于澳大利亚的企业，或其具有控制表决权的股东是澳大利亚居民（居民企业或居民个人）的企业。

---

[1] 参见澳大利亚政府网站，https://www.ato.gov.au/Business/GST/，最后访问时间：2021年2月16日。
[2] 参见澳大利亚政府网站，https://www.ato.gov.au/Individuals/Medicare-and-private-health-insurance/Medicare-levy/，最后访问时间：2023年1月27日。

澳大利亚企业所得税的纳税年度是每年的7月1日至次年的6月30日。澳大利亚的企业所得税税率分为标准税率和低税率。企业的标准税率统一为30%。而对于小型企业，自2015年7月1日起使用低税率28.5%。2021—2022财年及以后年度，年营业收入累计不超过5000万澳元的小型企业减按25%缴纳企业所得税。

从企业所得税的角度来说，受同一集团全资控股的澳大利亚企业可选择成立单一纳税实体，在澳大利亚进行合并纳税申报。合并纳税不考虑纳税集团内部各个企业之间的业务往来，且允许互相抵销合并集团企业之间的利润和亏损。一旦企业选择成立合并纳税集团，并入合并纳税集团的成员企业只能是100%全资控股的澳大利亚居民企业，且成立合并纳税集团的选择是不可撤销的。

二、税收居民判定规则

澳大利亚将个人分为三种情况，即税务居民、外国居民（非税务居民）、临时居民。满足任何一个居民资格测试的即为税务居民，其全球收入都应申报纳税，若海外收入已在海外纳税，通常可以在澳大利亚获得所得税抵免。不满足任何一个测试的即为外国居民。外国居民需对在澳大利亚取得的任何收入纳税，且没有免税额度以及医疗保险税。临时居民是指持有临时签证，且与其配偶均不是澳大利亚公民或永久居民的人。临时居民需要申报在澳大利亚取得的收入，以及属于临时居民身份时，在海外获得任何收入。[①]对于具有双重税务居民身份的打工度假者有单独的规定，适用固定的个人所得税率，无须考虑其居民状态，请参考前文个人所得税部分。居民测试（Residency Tests）共有四种，包括居住测试和三个法定测试。符合任意一种，即为澳大利亚税务居民。

---

① 参见澳大利亚政府网站，https://www.ato.gov.au/Individuals/Coming-to-Australia-or-going-overseas/Your-tax-residency/Australian-resident-for-tax-purposes/，最后访问时间：2023年1月27日。

（一）居住测试（Resides Test）

判定税务居民身份最主要的测试是居住测试。如果居住在澳大利亚，则被认为是澳大利亚税务居民并且不再需要使用其他居民测试。这里的"居住"意为永久居住，或在特定地方长时期居住在固定的或经常性住所。

管理家务和经济事项的方式在决定居民状态时起到很大作用。如果在澳大利亚的每日活动和在进入澳大利亚前的行为相当相近，则可能会被认为是澳大利亚居民。居民状态需要考虑所有相关事实和情况，没有单个因素是决定性的。

澳大利亚税务居民认定居住地时主要考虑因素：

（1）现在在澳大利亚的意图或目的；

（2）家庭、企业或雇佣关系；

（3）资产的保值和所在地，资产包括住房、车辆等；

（4）社交和生活安排，包含社区俱乐部成员、孩子在当地上学等。

在澳大利亚居住，是需要在一段时间内表现出常规性、连续性以及习惯性行为的。"一段时间"一般指六个月，但并不是完全依据时间来划分居民身份，而是综合考虑时间和行为来决定居住状态。如果不满足居住测试，但满足下列三个法定测试之一，也是澳大利亚居民。

（二）习惯性居住测试（The Domicile Test）

习惯性居住测试是第一个法定测试，指习惯性居住地在澳大利亚的，除非税务局认定永久居住地不在澳大利亚。该测试分两个步骤，先确定住所（Domicile）的所在国家，不在澳大利亚的则不满足该测试条件。若满足该条件则考虑第二步，永久居住地（Permanent Place of Abode）是否在澳大利亚，若不在，则不满足该测试；若在澳大利亚，则为澳大利亚税务居民。习惯性居住地法律意义上被认为是永久的家，尽管可能居住于多个地方，但一个时点只能有一个习惯性居住地。根据法规和普通法规定，习惯性居住地有三种基本分类[1]：

---

[1] 参见澳大利亚政府网站，https://www.ato.gov.au/Individuals/Coming-to-Australia-or-going-overseas/Residency-tests/Residency---the-domicile-test/，最后访问时间：2023年9月5日。

（1）原籍型习惯性居住地（Domicile by Origin）：个人在出生时获得。如婚内子女采用父亲的习惯性居住地，无婚姻关系（Ex-nuptial）所生子女采用母亲的习惯性居住地。

（2）选择型习惯性居住地（Domicile by Choice）：由法律推断，改变居住地且打算永久更改或至少无限期更改居住地。任何有法律能力的人都可以拥有选择型习惯性居住地。

（3）依法取得习惯性居住地（Domicile by Operation of Law）：按照法律规定认定，例如：

①婴儿的习惯性居住地因父母习惯性居住地的改变而改变；

②已婚妇女也可独立于丈夫，获得独立的习惯性居住地；

③达到能够拥有独立习惯性居住地能力的年龄：达到18岁或结婚时。

习惯性居住地测试主要适用于澳大利亚居民在外国工作一段时间，在该情况下，可能会不符合居住测试，但通常会在澳大利亚保留一个住所。只要符合以下情形，就被认为是澳大利亚居民：

（1）没有海外固定或习惯性居住的地方；

（2）在一个国家内频繁改变地方居住。

（三）183天测试（The 183-day Test）

183天测试是第二个法定测试，仅适用于抵达澳大利亚的个人。无论是持续的或有间断，在澳大利亚的时间超过税务年的一半，即认定为澳大利亚税务居民，除非确有通常居住地（Usual Place of Abode）不在澳大利亚且无意在澳大利亚定居。183天测试中的日期为某一税务年内在澳大利亚的所有日期，到达日和离开日都计算在183天内。通常居住地和习惯性居住地测试中的永久居住地不同，通常居住地可以是当前习惯的经常住所。[1]

---

[1] 参见澳大利亚政府网站，https://www.ato.gov.au/Individuals/Coming-to-Australia-or-going-overseas/Residency-tests/Residency---the-183-day-test/，最后访问时间：2023年9月5日。

（四）退休金测试（The Superannuation Test）

退休金测试是第三法定测试，用以确定海外澳大利亚政府雇员的澳大利亚居民身份。若是以下任一机构的会员，既为澳大利亚居民[①]：

（1）公共部门退休金计划（the Public Sector Superannuation Scheme，PSS）；

（2）联邦退休金计划（the Commonwealth Superannuation Scheme，CSS）。

若为公共部门退休金累积计划（the Public Sector Superannuation Accumulation Plan，PSSAP）的成员，则不适用该测试。满足本项测试的澳大利亚居民，其配偶和小于16岁的子女也被视作澳大利亚居民，其中，配偶可以是注册结婚的配偶，也可以是普通法婚姻的伴侣。PSS和CSS成员包含永久员工和某些类别临时员工，但不包括雇佣或委任仅到澳大利亚以外工作的雇员。此测试主要确保在海外职位工作的澳大利亚政府雇员被视为澳大利亚居民，如外交官员、外事贸易官员等。他们的配偶和16岁以下的子女同样视为澳大利亚居民。

公司的澳大利亚税务居民身份认定主要考虑以下条件：（1）在澳大利亚境内注册成立；（2）注册地虽不在澳大利亚，但在澳大利亚经营且主要管理机构在澳大利亚或控制公司投票权的股东是澳大利亚居民。

对于案例8-2中的凯特来说，凯特在澳大利亚期间的行为体现了一定的连续性，与普通居民的常规或习惯一致。因此通过习惯性居住测试和183天测试，可以认定凯特是澳大利亚的税务居民。

第三节　新西兰税收制度及其规划

◆【案例8-3】

王先生家住中国，持中国护照且在中国工作，海外投资仅有新西兰A公司的股份。2019年，王先生取得新西兰的A公司股息3 000新西兰元，该项收

[①] 参见澳大利亚政府网站，https://www.ato.gov.au/Individuals/International-tax-for-individuals/In-detail/Residency/Residency---the-superannuation-test/，最后访问时间：2021年2月16日。

入应如何纳税？

一、税制及主要税种介绍

新西兰的纳税年度为每年的4月1日至次年的3月31日[①]，直接税为主要税种，包括个人所得税、公司所得税（含暂缴税）、预提税、商品服务税以及赠与税。新西兰没有资本利得税，但在某些情况下出售特定资产需要纳税。

（一）个人所得税

个人所得税的税率以纳税年度的总收入为基础，应税收入主要包括：工资薪酬、自营收入、定期付款、福利、学生补贴、资产投资以及海外收入。[②]不需要缴纳个人所得税的收入包括：奖金和遗产（用于投资所得利息需要纳税）、赠与（赠与者没有得到回报）以及用于偿还。个人所得税可能由自己申报或由他人代扣代缴。自雇人士、租赁、版税、股东收入以及董事费用等多为自行申报收入，当收入超过200新西兰元且没有减税的，需要通过IR3申报。[③]工资、股息、利息等收入多为他人代扣代缴，个人需要向付款人或银行提供IRD编号以及税率或税号（Tax Codes）。个人所得税实行累进税率，其税率如下表8–13所示[④]：

表8–13　2021—2022年个人所得税率

收入（新西兰元）	税　　率
14 000及以下	10.5%

[①] 参见新西兰税务局网站，https://www.ird.govt.nz/topics/income-tax/tax-residency，最后访问时间：2023年1月27日。

[②] 参见新西兰税务局网站，https://www.ird.govt.nz/income-tax/income-tax-for-individuals/how-income-is-taxed，最后访问时间：2023年1月27日。

[③] 参见新西兰税务局网站，https://www.ird.govt.nz/income-tax/income-tax-for-individuals/how-income-is-taxed/my-income-is-not-taxed-before-i-get-paid，最后访问时间：2023年1月27日。

[④] 参见新西兰税务局网站，https://www.ird.govt.nz/income-tax/income-tax-for-individuals/tax-codes-and-tax-rates-for-individuals/tax-rates-for-individuals，最后访问时间：2023年1月27日。

续表

收入（新西兰元）	税　　率
超过 14 000 至 48 000	17.5%
超过 48 000 至 70 000	30%
超过 70 000 至 180 000	33%
超过 180 000	39%

个人所得税可以申请税收抵免。第一类是独立所得税抵免（Independent Earner Tax Credit，IETC），新西兰税务居民在某一纳税年度内收入为24 000新西兰元至48 000新西兰元时可申请，其收入来源为工资、ACC补偿款、带薪育儿假、投资、自雇收入等。但有些情况不能申请IETC的，退伍军人的养老金、新西兰退休金、收入测试福利、申请人或伴侣享受为家庭工作的税收抵免以及任何一项前述的海外等价物。IETC根据总收入计算，总收入为扣除税款前的收入。收入在24 000至44 000新西兰元的，抵免额为每周10新西兰元；收入在44 001至48 000新西兰元的，超过44 000新西兰元部分，每一新西兰元可抵免13分。[1]另一类是捐赠抵扣，新西兰税务居民捐款给正式机构达到或超过5新西兰元，且捐赠人及家人没有收到任何回报，可以以个人名义申请抵扣。抵扣额为捐款总额的33.33%或应纳税所得额33.33%中较小者。若捐赠总额超过应税所得额，则可与配偶分享税收抵免，申请人可以申请不超过收入的额度，其余部分由配偶申请。该申请可以在捐赠之日起四个纳税年度内提交捐赠的证明。[2]

（二）公司所得税

企业和组织在其第一个营业年度结束时提交所得税申报表，并在年底一次性缴纳所得税。第一年后，则按期缴纳暂缴税（Provisional Tax），暂缴税通常与商品

---

[1] 参见新西兰税务局网站，https://www.ird.govt.nz/income-tax/income-tax-for-individuals/individual-tax-credits/independent-earner-tax-credit-ietc，最后访问时间：2023年1月26日。

[2] 参见新西兰税务局网站，https://www.ird.govt.nz/income-tax/income-tax-for-individuals/individual-tax-credits/tax-credits-for-donations，最后访问时间：2023年1月26日。

及服务税合并支付。企业根据业务类型支付固定税率，其税率如表8-14所示[①]：

表8-14 公司所得税率

商业类型	税　率
自雇类	税率参见个人所得税
大多数公司	28%
毛利当局（Māori authorities）	17.5%
根据1908年《法人团体法》（the Incorporated Societies Act 1908）注册成立的非营利组织	28%
非法人组织	税率参见个人所得税
信托和受托人——存入信托的初始资金	0%
信托和受托人——信托产生的任何收入	33%

暂缴税采用分期付款的形式，从上次报税起，如果需要交纳的税款多于2 500新西兰元，就要交纳暂缴税。通常公司不需要为第一年营业交纳暂缴税，除非该公司采用会计收入法（Accounting Income Method，AIM）且有盈利。但是公司并非免税，而是在缴纳第一年公司所得税的同时，为第二年缴纳暂缴税。暂缴税可采用四种方法计算，若收入稳定或下一年有增长，可选标准选项；若下一年收入预计减少，可采用估计选项；采用会计收入法，则只需在企业盈利时缴纳；若注册了GST，按月或两个月申报，则可采用比率选项。

（三）预提税（Withholding Tax）

1. 定期付款（Schedular Payments）

定期付款，是指向从事某些活动的承包人支付的款项。承包人可以是个人、合伙企业、信托或者公司，且不论是否为税务居民。承包人获得定期付款的情况如自由记者为杂志撰写文字获得收入、保险代理人或销售员的佣金、公司董事收到的董事费、非居民承包人、艺人和运动员等。[②] 非居民获

[①] 参见新西兰税务局网站，https://www.ird.govt.nz/topics/income-tax/tax-codes-and-tax-rates/tax-rates-for-businesses，最后访问时间：2023年1月26日。

[②] 参见新西兰税务局网站，https://www.ird.govt.nz/income-tax/withholding-taxes/schedular-payments，最后访问时间：2023年1月27日。

得定期付款有特殊的规定。非居民承包人的标准税率为15%，但若对此有异议，可以通过税率估计工具确定更高的税率（至少为15%），或通过税率估计工具计算并联系新西兰税务局申请更低的特别税率。处罚可以免税，非承包人定期付款的税款一般由付款人从付款中代为扣除。承包人需向付款人提供IR330C表格，若不提供该表格，则付款人按照公司承包人20%、非公司承包人45%的税率标准扣除税款。①

2. 居民预提税（Resident Withholding Tax，RWT）

居民预提税在新西兰居民在其国内外的银行账户和投资所得，即居民被动收入（Resident Passive Income）中扣除，由付款人或托管人在支付利息和股利前进行扣除。②税收缴纳金额依据税务状况、利息和股息的类型以及提供给付款人的信息决定。需要注意的是，2020年4月起，非公司税务居民取得利息和股息的，若未向支付人提供IRD号码，将按"未申报"率，即45%扣除。若提供了税务局编码但未选择RWT税率，则按默认33%税率进行扣除。③同时，自2020年4月1日起，税务局不再签发RWT免税证书，也不再在新西兰公报上公布取消和更新豁免权的声明，而是通过网上自动更新IRD注册情况。支付居民被动收入给新西兰居民的，需要登记为付款人，并代扣缴RWT。自2020年4月1日起，新的投资收益必须进行报告。

3. 非居民预提税

非居民预提税（Non-Resident Withholding Tax，NRWT）是对非居民被动收入（Non-Resident Passive Income，NRPI）进行课税。④非居民被动收入，是指从新西兰向非居民支付的股利、利息或特许使用费。支付非居民预提税需

---

① 参见新西兰税务局网站，https://www.ird.govt.nz/roles/non-residents/schedular-payments-for-non-resident-contractors，最后访问时间：2023年1月27日。
② 参见新西兰税务局网站，https://www.ird.govt.nz/topics/income-tax/resident-withholding-tax，最后访问时间：2023年1月27日。
③ 参见新西兰税务局网站，https://www.ird.govt.nz/income-tax/withholding-taxes/resident-withholding-tax-rwt/nz-residents-with-interest-and-dividends-from-nz-accounts-and-investments，最后访问时间：2023年1月28日。
④ 参见新西兰税务局网站，https://www.ird.govt.nz/topics/income-tax/non-resident-withholding-tax，最后访问时间：2023年1月28日。

要登记为付款人，从款项中扣除税额并寄给税收部门。双重税收协定决定其扣除额，依照发送被动收入地区的税率扣除NRWT。没有双重税收协定的地区、收款地不清以及付款给出行人员，适用高税率，分别为利息和版税15%、股息30%。[1] 中国适用的NRWT税率为利息10%，支付给"关联人"的利息最多10%，股息15%，版权使用费10%。[2]

4. 住宅用地预提税（Residential Land Withholding Tax, RLWT）

住宅用地预提税是从房地产销售中扣除的税。其适用情况为：

（1）2016年7月1日及以后时间获得或应付的销售额；且

（2）出售得为新西兰房地产且为住宅用地；且

（3）卖方：

①2015年10月1日及之后至2018年3月28日购买该房地产，出售前拥有该房地产不足二年；或

②2018年3月29日及之后购买该房地产，在出售前拥有该房地产不足五年；且

③是海外RLWT人员。[3]

任何个人和团体出售新西兰房地产，都需要通过填写IR1101表格进行申报。RLWT规则不适用于继承财产或关系财产结算的出售和处置。

（四）暂缴税（Provisional Tax）

暂缴税采用分期付款的形式，从上次报税起，如果需要交纳的税款多于2 500新西兰元，就要交纳暂缴税。通常公司不需要为第一年营业交纳暂缴税，除非该公司采用会计收入法（Accounting Income Method, AIM）且有盈利。但是公司并非免税，而是在缴纳第一年公司所得税的同时，为第二年缴

---

[1] 参见新西兰税务局网站，https://www.ird.govt.nz/income-tax/withholding-taxes/non-resident-withholding-tax-nrwt/deduct-nrwt-at-the-right-rate，最后访问时间：2023年1月27日。

[2] 参见新西兰税务局网站，https://www.ird.govt.nz/income-tax/withholding-taxes/non-resident-withholding-tax-nrwt/deduct-nrwt-at-the-right-rate/nrwt-rates-for-dta-countries，最后访问时间：2023年1月23日。

[3] 参见新西兰税务局网站，https://www.classic.ird.govt.nz/rlwt/understanding/，最后访问时间：2023年1月27日。

纳暂缴税。①暂缴税可采用四种方法计算，若收入稳定或下一年有增长，可选标准选项；若下一年收入预计减少，可采用估计选项；采用会计收入法，则只需在企业盈利时缴纳；若注册了GST，按月或两个月申报，则可采用比率选项。

（五）商品及服务税（GST）

新西兰对大部分提供商品及服务的行为征收商品及服务税（GST），GST一般为在价格上附加15%，商品和服务包括大部分进口商品和部分进口服务。②对持续或定期向他人提供商品及服务以获取收入的行为应当征收GST税，但不包括薪水、爱好或私人娱乐活动、偶尔出售国内或私人物品、提供免GST税的商品或服务。GST需要注册，未经注册的不能在价格中加入GST。在过去十二个月中营业额达到或超过6万新西兰元的或者GST税含在价格内的，纳税人应当为缴纳GST进行注册。年营业收入少于6万新西兰元，可以自愿注册GST。注册GST后，可以开具税务发票、在销售中收取GST以及在购买和支出中支付GST。部分商品及服务是零税率，包括出口货物、出售持续经营企业（Going Concern）以及部分土地出售。对于提供零税率商品及服务的纳税人，在价格中不包含GST税，但是在支出中需要支付GST税的（能够获得退税），需在申请表中填写零税供应商和应税供应商。

纳税人需计算出其收到的GST金额与支付的GST金额之间的差额，并定期填写GST申报表，GST税将多退少补。若纳税人停止其应税行为，且在未来十二个月内不再展开新的应税行为，则应当在21天内注销GST。未来十二个月的营业额低于6万新西兰元的，或已经提交了一段时间零申请表的，也可考虑注销GST。是否对非居民征收GST税，依据企业在新西兰开展业务的情

---

① 参见新西兰税务局网站，https://www.ird.govt.nz/income-tax/provisional-tax/paying-tax-in-your-first-year-in-business，最后访问时间：2023年1月27日。
② 参见新西兰税务局网站，https://www.classic.ird.govt.nz/gst/gst-registering/gst-about/，最后访问时间：2023年1月27日。

况，分为三种类型的GST登记，具体情形可参考1985年《商品与服务税法》第8节第2—4条的规定。[①] 自2019年12月1日起，从海外供应商购买的价值不超过1 000新西兰元的商品，需要支付GST税。

二、新西兰税收居民判定规则

只要满足下列条件中的第一条，即认定为新西兰税务居民[②]：
（1）任意十二个月期间在新西兰生活超过183天；
（2）在新西兰拥有永久性住所。

其中，任意十二个月中在新西兰的时间超过183天的条件，不要求183天连续。在当地度过某天的一部分时间也视为一天，如到达或离开新西兰的当日也算作一天。永久性住所要求在新西兰某地拥有某个经常居住的地方，且与新西兰有紧密联系。紧密联系主要考虑：
（1）多久回到新西兰一次；
（2）在该地待多长时间；
（3）家庭和社会关系；
（4）经济利益（如投资、新西兰退休金等）；
（5）商业或工作关系；
（6）是否打算回新西兰生活。

季节性工作签证（Seasonal Employer Limited Visa）以及船员工作签证（Fishing Crew Work Visa）不适用于183天规则。在任何十二个月内离开新西兰325天，且在新西兰没有永久性住所，即成为非税务居民。其中，325天不必连续，且包含完整一天及一天中的部分时间。派往海外工作的新西兰政府雇员属于新西兰税务居民，不参考在海外时间以及永久居住地，但该要求不

---

① 参见新西兰税务局网站，https://www.classic.ird.govt.nz/industry-guidelines/non-res-bus-gst/，最后访问时间：2021年2月16日。
② 参见新西兰税务局网站，https://www.ird.govt.nz/topics/tax-residency/tax-residency-status，最后访问时间：2021年2月16日。

适用于与政府雇员一同离开的配偶及子女。

在新西兰纳税的个人或企业都需要申请IRD码。为个人申请IRD码可以通过填写IR595表格申请，为企业申请则需填写IR596表格。征税的外国收入包括在新西兰期间所得的外国就业收入以及外国营业所得。税务居民的海外个人所得可以获得临时免税。从成为税收居民的第一天起计算，共计四十八个月，一旦符合条件将自动免税。从抵达新西兰至成为税务居民的期间也是免税的。临时免税与为家庭工作的税收抵免（Working for Families Tax Credits，WfFTC）不能同时享受。获得豁免资格需满足下列条件之一：

（1）2006年4月1日及之后具有新西兰税收居民资格的；

（2）再次成为税收居民前，至少十年是非新西兰税收居民的；

（3）此前未有资格享受此项免税的（包括曾有资格但选择放弃免税的）；

（4）未接受为家庭工作的税收抵免（配偶或伴侣也未接受该项抵免）。

享受海外个人所得临时免税的收入包含：

（1）受控外国公司（CFC）收入；

（2）外国投资基金（FIF）收入（包含外国退休金）；

（3）非税收居民的预提税（Withholding Tax，如外国抵押贷款）；

（4）外国员工认股权（Foreign Employee Share Options）产生的收入；

（5）来自外国财务安排的应计收入；

（6）外国信托收入；

（7）外国租金收入；

（8）外国股息；

（9）外国利息；

（10）外国特许使用费（Royalties）；

（11）来新西兰之前外国工作的收入，如奖金收入；

（12）销售外国财产的收入；

（13）离岸业务收入（与服务绩效无关）。

在豁免结束后，需要通过填写个人纳税申报表（IR3）来申报所有外国收入以及新西兰收入。

除个人的税务居民身份认定外，公司也有居民身份认定。新西兰的公司居民身份认定主要依据为：

（1）公司在新西兰境内注册；

（2）公司总部或主要管理机构位于新西兰境内；

（3）公司的董事等在其职权范围内实施控制的地方位于新西兰境内。

对于有双重税收协定的情况，公司的常设机构若在新西兰，则应缴纳所得税。常设机构主要是指：

（1）分公司、办公室、工厂或车间；

（2）资源位置，如油井、采石场等；

（3）农业类，如农牧业或林业产地；

（4）持续六个月以上的建筑物、建筑工地和装配工程。

（5）某些活动：①建筑、工地或装配工程相关监督活动；②资源勘探；③使用实质性设备（Substantial Equipment）超过六个月的；④任何与建筑用材相关的活动。

三、非合规信托及纳税义务

就所得税而言，信托不视为单独的实体，而是依据委托人的居民身份确定。[①]新西兰将信托分为三类：

第一类为合规信托（Complying Trusts）。合规信托的委托人和受托人均为新西兰税务居民，需要提交所得税申报表，并对减去分配给受益人部分后的全球收入纳税。

第二类为外国信托（Foreign Trusts）。外国信托在分配时有非居民委托人，外国信托仅对新西兰来源收入征税。在分配已实现资本利得（Realised Capital Gains）以及从信托中支付的款项（Payment out of the Corpus of the Trust）时是

---

① 参见新西兰税务局网站，https://www.ird.govt.nz/roles/trusts-and-estates/trusts-and-tax-residency，最后访问时间：2023 年 1 月 27 日。

不需要纳税的。

第三类为非合规信托（Non-complying Trusts）。非合规信托是指原本为外国信托，但其委托人成为新西兰税务居民。一般来说，非合规信托的委托人是新西兰税务居民，与非居民受托人在海外建立并且在首次结算（Settled）后未在新西兰缴纳过所得税。其还包括受托人的收入应在新西兰缴税但尚未缴纳的信托。[①]非合规信托可以在委托人成为新西兰税务居民的十二个月内，选择建立为合规信托。非合规信托仅对新西兰来源收入征税。有非新西兰居民受托人的非合规信托的委托人，作为信托代理人，需为信托的全球收入纳税。

非合规信托除非分配的是信托主体，其他的分配都应纳税，包含通过以下方式向受益人分配货币或资产：

（1）分配前几年积累的受托人收入；

（2）分配从处置部分资产或财产获得的资本利润或所得；

（3）提供给受益人低于全部价值的信托财产或服务；

（4）从受益人处获得高于全部价值的财产或服务。

为另一信托的利益结算款项或财产，并分配给新西兰居民受益人，该款项或财产将构成受益人收入或应税分配。

如果受益人是新西兰居民，则从非合规信托中获得的分配，与该年度其他收入一起包含在个人纳税申报表，统一以45%的税率征收。受益人收入的分配与受益人正常税率一样。由于受托人未履行其所得税义务而成为非合规信托的，如果受托人履行其义务，包含罚款和利息，信托将成为合规信托。

非合规信托的分配顺序如下：

（1）信托本年度产生的收入；

（2）信托之前年度产生的（累计受托人收入）收入（受益人收入除外）；

---

① 参见新西兰税务局网站，https://www.classic.ird.govt.nz/forms-guides/keyword/trustsandestates/ir288-guide-trusts-estates.html，最后访问时间：2021年2月16日。

（3）本年度产生的任何资本利润或收益；

（4）之前年度累计的任何累计资本利润或收益；

（5）信托主体。

如果受益人从非合规信托收到分配，又有其他来源的损失或损失结转，可以要求对分配进行抵扣。其计算方法为：

$$损失或损失结转金额 \times \frac{受托人收入税率（0.33）}{0.45}$$

◆【案例8-3解析】

中国与新西兰有双重税收协定，可从网址查询到股息的NRWT税率为15%，应纳税450新西兰元。该收入是王先生从新西兰获得的唯一收入，则王先生无须提交新西兰纳税申报表。

第四节 加拿大税收制度及其规划

◆【案例8-4】

王先生是国内某家非上市公司的实际控制人，经过多年的辛苦打拼，事业有成，在国内拥有多项资产。王先生与王太太夫妻恩爱，育有一子小王（现已成年），八年前，为了让儿子到加拿大接受教育，王太太与儿子小王已经移民加拿大，至今已在加拿大生活了八年。王先生独自在国内经营公司，在节假日去加拿大与家人短暂团聚，每个纳税年度累计在中国居住183天以上。目前王先生面临这样一个问题：如何对国内的资产进行安排，才能使王太太与儿子小王可以受益？并且要考虑加拿大税收成本的问题。

一、税制及主要税种介绍

加拿大在税收上实行联邦、省和地方三级课税制度，联邦和省各有相对独立的税收立法权，地方的税收立法权由省赋予。各省税收政策具有灵活性，各省的税种、征收方式、均衡税赋等都有一定的自主权,但省级税收立法权不得有悖于联邦税收立法权。加拿大联邦政府主要征收联邦所得税(公司及个人)、工薪税、货物与服务税(GST/HST)、关税、社会保障税等。加拿大省政府主要征收地方所得税、零售税、矿区税、资本税、土地移转税等;加拿大市政府主要征收房地产税、市营业税、公司所得税等。

(一)加拿大联邦所得税

加拿大联邦所得税包括个人所得税、公司所得税、信托所得税。

1. 个人所得税

联邦个人所得税率实行累进制,省/地区(魁北克地区除外)税率同样遵循累进制。加拿大个人的全部所得扣除允许扣除的支出后作为应纳税所得额,通过填写T1个人所得税纳税申报表申报所得税。

2023年加拿大联邦税率如表8-15[①]所示:

表8-15　2023年加拿大联邦税率

应纳税所得额(加元)	税　率
53 359及以内	15%
超过53 359至106 717	20.5%
超过106 717至165 430	26%
超过165 430至235 675	29%
超过235 675	33%

加拿大的个人所得税优惠主要包括:(1)家庭、儿童、护理人员抵扣;(2)教育抵扣;(3)残疾抵扣;(4)养老金及储蓄计划抵扣;(5)就业费用及贷款;(6)省/地区个人所得税抵扣等。[②]加拿大新移民及归国居民,第一

[①] 参见加拿大政府网站,https://www.canada.ca/en/revenue-agency/services/tax/individuals/frequently-asked-questions-individuals/canadian-income-tax-rates-individuals-current-previous-years.html,最后访问时间:2023年1月28日。

[②] 参见加拿大政府网站,https://www.canada.ca/en/revenue-agency/services/tax/individuals/topics/about-your-tax-return/tax-return/completing-a-tax-return/deductions-credits-expenses.html,最后访问时间:2021年2月16日。

纳税年度可申请以下税收抵扣及优惠①，见表8-16：

表8-16　加拿大新移民税收优惠

	已婚或普通法婚姻（Common-law）且有儿童	单身且有儿童	已婚或普通法婚姻且无儿童	19岁及以上的单身人士，无儿童
儿童税收优惠	有	有	无	无
GST/HST抵免	有	有	有	有
省、地方的优惠及抵免	有	有	有	有

移民前拥有的非加拿大应税财产，将视同处置，即视作已出售财产并在成为加拿大居民之日按照公平市场价值重新取得这些财产。

合伙企业不缴纳资本利得或损失税以及公司所得税。合伙企业的成员填写个人所得税纳税申报表，分别报告其在合伙企业所占份额的资本利得或损失。

自雇人士需缴纳所得税，收入来源包括商业活动、专业、佣金、农业或渔业。商业活动包含专业技术、电话沟通、贸易、生产等。就业收入不算作商业活动收入。②自雇人士可以申请减免日常费用（Daycare Expenses）。③

加拿大没有赠与税和遗产税，赠与和遗产被视为资本利得进行处理。作为礼物收到的财产，其价值按照取得该财产当日的公平市场价值（FMV）计算。若为继承财产，则通常认为被继承者在去世前处置了所有的资本财产，称为视同处分（Deemed Disposition），且收到了处分财产的收益，称为视同收益（Deemed Proceeds）。④则通常继承者继承的财产价值（Property's

---

① 参见加拿大政府网站，https://www.canada.ca/en/revenue-agency/services/tax/international-non-residents/individuals-leaving-entering-canada-non-residents/newcomers-canada-immigrants.html，最后访问时间：2021年2月16日。

② 参见加拿大政府网站，https://www.canada.ca/en/revenue-agency/services/tax/individuals/topics/about-your-tax-return/tax-return/completing-a-tax-return/personal-income/self-employment-income-lines-135-143-net-income-lines-162-170-gross-income.html，最后访问时间：2021年2月16日。

③ 参见加拿大政府网站，https://www.canada.ca/en/revenue-agency/services/tax/businesses/topics/daycare-your-home/self-employed-individual-employee.html，最后访问时间：2021年2月16日。

④ 参见加拿大政府网站，https://www.canada.ca/en/revenue-agency/content/dam/cra-arc/formspubs/pub/t4011/t4011-19e.pdf，最后访问时间：2021年2月16日。

Cost）等于被继承者财产处置的视同收益，即其死亡前的财产权的公平市场价值。

2.公司所得税

所有的居民公司（免税皇家公司、哈特排信徒侨民公司、注册慈善机构除外），即使没有应税收入，也均要填写T2公司所得税纳税申报表，包括非营利组织、免税公司、消极公司（主要靠利息、股息、特许权使用费等非劳动方式赚钱的公司）。[①]

居民公司通常要就其全球所得缴纳基本税率为38%的联邦税，在扣除联邦减免后，联邦基本税率实际为28%。符合一般减税条件的公司，税率可以降低13%。[②]对非居民公司在加拿大取得的所得也要征收相同税率的联邦税（中国和加拿大有税收协定，对于中国的居民公司在加拿大取得的收入，可以向加拿大税务局申请按照税收协定规定的税率缴纳税款）。对在加拿大各省或属地范围内取得的所得，在考虑各种税收抵免和减免后，净税率为15%。小企业净税率自2019年1月1日起为9%。[③]

3.信托所得税

加拿大将信托视为独立的纳税主体，同时指定信托受托人代扣代缴税款。加拿大信托分为两类：遗嘱信托（Testamentary Trust）和生前信托（Inter Vivos Trust）。如果财产没有按照遗嘱规定分配给受益人，遗嘱信托可能变为生前信托。[④]信托财产收入需缴纳所得税，出现以下情形需要通过填写T3申请表申报信托收入[⑤]：

---

① 参见加拿大政府网站，https://www.canada.ca/en/revenue-agency/services/tax/businesses/topics/corporations/corporation-income-tax-return.html，最后访问时间：2021年2月16日。

② 参见加拿大政府网站，https://www.canada.ca/en/revenue-agency/services/forms-publications/publications/t4012/t2-corporation-income-tax-guide-chapter-5-page-5-t2-return.html#P2969_218288，最后访问时间：2021年2月16日。

③ 参见加拿大政府网站，https://www.canada.ca/en/revenue-，agency/services/tax/businesses/topics/corporations/corporation-tax-rates.html，最后访问时间：2021年2月16日。

④ 参见加拿大政府网站，https://www.canada.ca/en/revenue-agency/services/tax/trust-administrators/types-trusts.html，最后访问时间：2021年2月16日。

⑤ 参见加拿大政府网站，https://www.canada.ca/en/revenue-agency/services/tax/trust-administrators/t3-return/who-should-file-a-t3-return.html，最后访问时间：2021年2月16日。

（1）有应付税款；

（2）被要求缴纳税款（Requested to File）；

（3）加拿大居民已处置或视为已处置一项资本财产或应税资本收益，如股份等；

（4）该年度自始至终为非加拿大居民，且有应税资本收益或已处置加拿大应税财产；

（5）视同居民信托；

（6）持有所得税法第75（2）款[①]规定的财产；

（7）已向受益人支付超过100加元的收益，用于抚养费、生活费或对受益人使用的财产征税；

（8）从信托财产中获得收入、收益或利润分配给受益人，且信托：

①所有来源的总收入超过500加元；

②分配给单一受益人超过100加元；

③向一个或多个受益人分配资本；

④将收入的任何部分分配给非居民受益人。

（二）工薪税（Payroll Tax）

作为雇主、受托人，需要从所支付的报酬中代扣代缴联邦、省的个人所得税、养老金（CCP）、就业保险（EI）等。[②]魁北克地区可能还需扣除魁北克养老金以及魁北克双亲保险计划（QPIP）。季节性或无员工情况也需报告。工薪税的付款人按支付报酬方式划分为四种类型。季度付款人通常按季度支

[①] 所得税法第75（2）款规定的财产指的是：如果一个自1934年后无论基于什么条件被设立并且是加拿大税务居民的信托，在以下条件下持有财产：（a）来自归还直接或间接从其处获得信托财产或其替代物的人（以下简称该人）而获得的信托财产或替代物，或在信托设立后的某一时间，将该信托转让给该人决定的人而获得的财产或替代物。（b）在该人生前，除非该人同意或按照该人的指示，否则不得处置该财产。在该人是加拿大税务居民且生前，财产或替代财产产生的任何收入或损失，以及处置财产或替代财产产生的任何应税资本利得或允许资本损失，视情况而定，被视为收入或损失，或者视情况而定被视为该人的应税资本利得和允许资本损失。

[②] 参见加拿大政府网站，https://www.canada.ca/en/revenue-agency/services/tax/businesses/topics/payroll/remitting-source-deductions/how-when-remit-overview.html，最后访问时间：2021年2月16日。

付报酬。常规付款人按月发放。1倍加速付款人每月最多付2次报酬。2倍加速付款人每月最多付4次报酬。①

（三）商品及服务税与协调销售税（GST/HST）

在加拿大进行销售、租赁或者提供供应品的非小供应商应当缴纳GST/HST税。②GST税适用于加拿大大部分地区，税率为5%。HST税适用于部分省份，其税率分别为：安大略省13%（Ontario），新斯科舍省15%（Nova Scotia），新不伦瑞克省（New Brunswick）、纽芬兰省（Newfoundland）和拉布拉多省（Labrador）自2016年7月1日起为15%，爱德华王子岛（Prince Edward Island）自2016年10月1日起为15%。③

二、税收居民判定规则

判定个人是否为加拿大税务居民需要考虑其是否与加拿大保持或建立居民关系（Residential Ties）。其中，重要居住联系（Significant Residential Ties）包括[④]：

（1）在加拿大有住宅；

（2）有配偶或普通法婚姻配偶在加拿大；

（3）被抚养人在加拿大。

二级居住联系（Secondary Residential Ties）包括：

（1）在加有个人财产，如车或家具等；

（2）在加有社会关系，如有加拿大娱乐或宗教组织的成员资格；

（3）在加有经济联系，如有加拿大的银行账户、信用卡或参加退休储蓄

---

① 参见加拿大政府网站，https://www.canada.ca/en/revenue-agency/services/tax/businesses/topics/payroll/remitting-source-deductions/how-when-remit-due-dates.html#smmry，最后访问时间：2021年2月16日。

② 参见加拿大政府网站，https://www.canada.ca/en/revenue-agency/services/tax/businesses/topics/gst-hst-businesses/when-register-charge.html，最后访问时间：2021年2月16日。

③ 参见加拿大政府网站，https://www.canada.ca/en/revenue-agency/services/forms-publications/publications/notice265.html，最后访问时间：2021年2月16日。

④ 参见加拿大政府网站，https://www.canada.ca/en/revenue-agency/services/tax/international-non-residents/information-been-moved/determining-your-residency-status.html，最后访问时间：2021年2月16日。

计划；

（4）有加拿大省或地区驾照；

（5）在加拿大省或地区有注册的车辆；

（6）有加拿大护照；

（7）有加拿大省或地区的医疗保险；

（8）有加拿大的移民身份或相应的工作许可证；

（9）有加拿大工会或专业组织的会员资格；

（10）有在加拿大的季节性居所或租赁居所。

除此以外，还有其他居住联系（Other Residential Ties），如加拿大的邮寄地址等，但此类居住联系重要性有限。

普通居民（Ordinarily Resident）是指在加拿大经常、通常或习惯性居住并生活。除普通居民外，以下情况视同加拿大税务居民[①]：

（1）某一税务年度内，在加拿大的时间超过183天，包含在加拿大读大学、工作或度假，计算天数累计计算。居住在美国但在加拿大工作的人，不计算工作通勤天数。

（2）某一税务年度在加拿大境外居住，没有重要居住关系，但为加拿大的驻外政府官员、军队或加拿大部队海外学校工作人员，或在加拿大全球事务援助计划下工作。

（3）根据加拿大与另一国家之间的税收协定、协定或公约，由于与加拿大居民（包括被视为居民）的关系，在另一国家该个人90%或以上的所有收入免税的个人。

加拿大非税务居民包括完全不在加拿大生活的人以及与加拿大没有重要居住关系的人。[②]重要居住关系包括整个税务年度没有住在加拿大，或者在加拿大的时间少于183天的居民。加拿大非税务居民（Non Residents）只需对

[①] 参见加拿大政府网站，https://www.canada.ca/content/dam/cra-arc/formspubs/pub/5013-g/5013g-18e.pdf，最后访问时间：2021年2月16日。

[②] 参见加拿大政府网站，https://www.canada.ca/en/revenue-agency/services/tax/international-non-residents/individuals-leaving-entering-canada-non-residents/non-residents-canada.html，最后访问时间：2021年2月16日。

来自加拿大境内的收入缴纳所得税。

判定实体是否为加拿大税务居民主要有以下依据：

企业主要管理和控制场所位于加拿大（主要管理和控制场所通常为董事会成员履行职责、会面或举行会议的地方）。

如企业符合以下条件之一，应被视为加拿大税收居民[①]：

（1）在1965年4月26日后在加拿大注册成立。

（2）在1965年4月27日前在加拿大注册成立，并在1965年4月26日后的任何纳税年度，该企业在普通法原则下已是加拿大税收居民，或在加拿大境内开展经营活动。

三、加拿大居民信托和视同居民信托

《加拿大所得税法案》（ITA）第104条至第108条，对加拿大信托的纳税问题进行了解释。对于信托的纳税主要填写T3信托所得税和信息申报表（Trust Income Tax and Information Return）。[②]分析涉加拿大委托人的纳税义务，需要分析搭设的家族信托在加拿大税法上如何认定，属于哪一类型。按照信托的纳税义务不同，加拿大信托可以分为加拿大居民信托、视同加拿大居民信托和加拿大非居民信托。[③]

（一）加拿大居民信托和视同加拿大居民信托的定义

加拿大居民信托是指在加拿大本土设立的信托。加拿大将信托视为独立的纳税主体，同时指定由受托人、管理人等代为纳税。

ITA第94条新规定，在以下情况下，海外非居民信托将被视同加拿大居民信托纳税：

[①] 参见加拿大政府网站，https://www.canada.ca/en/revenue-agency/services/tax/international-non-residents/businesses-international-non-resident-taxes/residency-a-corporation.html#res，最后访问时间：2021年2月16日。

[②] 参见加拿大政府网站，https://www.canada.ca/en/revenue-agency/services/forms-publications/publications/t4013-t3-trust-guide-2016.html，最后访问时间：2021年2月16日。

[③] 参见加拿大政府网站，https://www.canada.ca/en/revenue-agency/services/tax/trust-administrators/types-trusts.html，最后访问时间：2021年2月16日。

（1）有加拿大居民是信托资产的贡献者，即便所有的受益人都不是加拿大的居民；

（2）有加拿大居民是信托的受益人；而且，信托资产的贡献者在转让资产或是离世之前的五年内曾经是加拿大居民，或是转让资产以后五年内成为加拿大居民。

（二）加拿大居民家族信托和视同居民信托收益的纳税人

加拿大居民信托不仅要交联邦所得税，还要交地方所得税。加拿大信托收益的纳税分为两种情况。

第一种情况：信托本身纳税。

当信托收益没有支付或者在没有应支付受益人的情况下，由信托承担纳税责任。将信托的税后收益分配给受益人时，被视为免税所得，受益人不再需要纳税。在这种情况下，生前信托纳税的税率是所得税的最高税率（边际税率），遗嘱信托税率按照正常的个人所得税累进税率。

第二种情况：受益人纳税。

当信托收益支付或应支付受益人的情况下，由受益人纳税。在这种情况下，该受益人根据所得额按照个人所得税累进税率纳税。因为信托纳税的情况对于生前信托来说，只能按照累进税率的最高税率33%缴纳税款，所以，相较于由信托纳税，将信托收益直接分配给受益人（按照受益人本年度所得计算累进税率）很有可能降低信托财产收益的税收。

（三）加拿大非居民信托（Non-Resident Trust，NRT）

对于在加拿大境外设立的信托，如果不能满足ITA第94条视同居民信托的条件，则属于非居民信托。非居民信托仅就来源于加拿大的收入和分配给加拿大受益人的增值收入纳税。加拿大政府要求非居民信托的加拿大委托人或者加拿大受益人进行申报（T1141、T1142表格等）。并且根据申报的结果对相应收入进行所得税的申报及缴纳（T1表格等）。

相比加拿大居民信托，非居民信托的纳税义务明显减轻。这种非居民信托，也称"祖母信托（Granny Trust）"，是指由非加拿大税务居民做委托人，在加拿大境外为加拿大居民的家人设立的信托。这种海外非居民信托是很好的免税投资工具。但要注意两点：第一，信托的资产贡献者在过去五年以上都不是加拿大的居民，而且将来也没有意图成为加拿大的居民；第二，受托人不在加拿大境内，而且所有信托的实际管理和决策都在加拿大境外发生。在以上情况下，海外信托本身不用向加拿大政府报税，而且可以将信托本金免税分配给加拿大的受益人。这种税务架构最适合父母是高资产的非居民，而孩子在加拿大定居生活的家庭。

◆【案例8-4解析】

对于王先生这样的中加跨国家庭来说，可以利用加拿大的非居民信托（祖母信托）来进行资产规划。建议王先生在中国建立家族信托并担任信托的委托人。这主要是考虑到王先生在一个纳税年度中，在中国居住累计超过183天，是中国的税务居民。王先生除了家庭关系在加拿大，每个纳税年度只是短暂去加拿大度假探亲，未与加拿大保持长久居住关系，被认定为加拿大的税务居民可能性大大降低。王先生过去也一直选择以中国税务居民身份报税。此时，王先生作为委托人将中国境内的资产在中国设立信托，委托人不会涉及加拿大税收，受益人在获得分配前也不会产生加拿大的税收负担。

第九章 国际金融自由港家族税收制度及规划

第一节 中国香港税收制度与规划

一、中国香港主要税种介绍

中华人民共和国香港特别行政区（以下简称中国香港）是国际上著名的低税地之一，不仅是因为其税率较低，而且是因为其征收的税种也相当少。现阶段，中国香港实施的税种主要包括：

（一）利得税

根据2012年7月《中华人民共和国香港特别行政区税务局税务条例释义及执行指引第21号——利润来源地》的引言，在中国香港，地域概念一向是利润课税的基础。换言之，只有在中国香港产生或来自中国香港的利润才须在中国香港课税。中国香港《税务条例》第14条清楚表明，只有于中国香港产生或来自中国香港的利润才须课缴利得税，与纳税人的居住地无关。对于任何国籍的人士（包括团体），只要利润来源是在中国香港产生或来自中国香港，都要缴纳利得税，也并不因其是否为中国香港居民身份产生任何差别。在 Hang Seng Bank 一案中，英国上议院上诉法官 Lord Bridge 解释，任何人士符合下列三项条件，便须缴纳利得税：

（1）该名人士必须在中国香港经营行业、专业或业务；

（2）应课税利润必须来自该名人士在中国香港所经营的行业、专业或业务；

（3）利润必须在中国香港产生或得自中国香港。

根据《中华人民共和国香港特别行政区税务局税务条例释义及执行指引第21号——利润来源地》第45条，除非另有特定条文规定，否则中国香港税务局会把下列各类利润视作来自下述的来源地，见表9-1所示：

表9-1 中国香港所得来源地确定[①]

收入或利润	来源地
（1）从房地产获得的租金收入	物业所在地
（2）拥有人从售卖房地产获得的利润	物业所在地
（3）从买卖上市股票和其他上市证券获得的利润	买卖有关股票或证券的证券交易所所在地。如在场外买卖，则为买卖合约达成的地方
（4）从买卖非上市股份和其他非上市证券所得的利润	买卖合约达成的地方［在第15（1）（1）条适用的情况下的财务机构除外］
（5）服务酬金收入	提供服务以赚取该酬金的地方。应注意的是：如一个投资顾问的组成机构和运作，只在中国香港设立和进行，则其有关管理客户基金收入的利润来源地应是中国香港。其应课税利润除基金管理费收入和业绩奖金外，也包括其代客户买卖证券时，中国香港或海外经纪所给予的回佣、佣金和折扣金等收入
（6）财务机构以外人士的利息收入	根据《中华人民共和国香港特别行政区税务局税务条例释义及执行指引第13号》[②]（利得税—利息收入的征税）的准则决定

中国香港利得税是向有营业活动的公司及个人征收经营所得税，中国香港特区政府对来自中国香港的所得按16.5%（法人企业）、15%（非法人）的税率征收利得税，并且可以在税前扣除因获得应税所得时产生的开支。根据

[①] 参见中国香港特别行政区税务局网站，https://www.ird.gov.hk/chs/pdf/sc_dipn21.pdf，最后访问时间：2021年1月18日。

[②] 参见中国香港特别行政区税务局网站，https://www.ird.gov.hk/chs/pdf/dipn13.pdf，最后访问时间：2021年6月13日。

2018年中国香港《税务条例》的规定，2018年4月1日及之后开始的课税年度实行两级制利得税。法团（Corporation）[①]首个200万港币的利得税税率降至8.25%，其后的利润则继续按16.5%征税。至于独资或合伙业务的非法团业务，首个200万元的利得税税率为7.5%，其后的利润按15%征税。

（二）薪俸税

◆【案例9-1】纳税评定金额[②]

在A国注册成立的B公司，拥有一家中国香港子公司C和一家中国内地子公司D。2010年6月，中国香港子公司C在A国与上诉人签署了合同（中国香港）。同年7月6日，该上诉人与子公司D签订了一份雇佣合同（上海），合同中表明，上诉人与C公司的合同自2010年7月6日起终止。

该纳税人就其2010—2011年度的纳税评定金额进行上诉。理由是：（1）该纳税人仅在上海提供服务；（2）其工资由子公司D支付；（3）该纳税人拥有完整的中国纳税证明；（4）该纳税人自2010年7月至2011年3月在中国香港逗留82天，并不满足需要纳税的条件。

然而上诉委员会驳回了该纳税人的请求。理由是：（1）中国香港子公司C很明显与该纳税人存在雇佣关系。不能因为上海合同中的一句话，就证明雇佣关系终止。此时上诉委员会认为该纳税人仍受中国香港公司的雇佣。（2）该纳税人仅在上海提供服务，只能根据《税务条例》第8条的（1A）（b）或（1A）（c）讨论是否有豁免权，而与收入来源无关，收入仍然来源于中国香港。[③] 在此案中，提供服务的地点并不是重点，就业地点可以和提供服务的地点不同。

根据中国香港《税务条例》第8条的规定，任何有收益的职位或受雇工

---

① 法团在中国香港是指根据《香港公司条例》成立的公司，或根据其他国家法律规定成立的公司。在申报税务时，法团并不包含合作社、职工会等。

② 参见中国香港特别行政区政府网站，Board of Revenue，Case No. D24/17. https://www.info.gov.hk/bor/en/decision-33-3rd-sup.htm?d=1925，最后访问时间：2021年6月13日。

③ 参见《税务条例》第8条，中国香港特别行政区政府网站，https://www.elegislation.gov.hk/hk/cap112?xpid=ID_1438402579456_001，最后访问时间：2021年6月13日。

作于中国香港产生或得自中国香港的薪酬需缴纳薪俸税，与内地的个人所得税类似。《中华人民共和国香港特别行政区税务局税务条例释义及执行指引第10号》[1]对有关中国香港或非中国香港受雇工作的问题作出补充，明确在中国香港以外地方支付薪酬，不应该是确定受雇工作地点的决定因素，其他因素也需要考虑，并指出薪酬不仅包括月薪，同时包括在入息定义内的所有额外入息和实物利益。

根据国家税务总局《内地和香港特别行政区关于对所得避免双重征税和防止偷漏税的安排》[2]第14条第2款，如果内地居民在中国香港从事受雇活动取得报酬，须在中国香港交纳薪俸税，但是如果同时符合下列三个条件，该人士在中国香港的收入可豁免缴纳薪俸税：

（1）该人士在有关纳税年度开始或终了的任何十二个月中在中国香港连续或累计停留不超过183天；

（2）该项薪酬并非由中国香港雇主支付或代表支付；

（3）该项薪酬并非由雇主设在中国香港的常设机构所负担。

（三）印花税

中国香港《印花税条例》[3]就某类文件征收税款，主要文件载列如下：售卖转易契（楼契）、不动产买卖协议、不动产租约（租约）、中国香港证券转让书，由所有签约各方分别纳税。

1.售卖转易契（楼契）、不动产买卖协议，须按下列所述征收印花税，见表9-2所示：

---

[1] 参见中国香港特别行政区税务局网站，https://www.ird.gov.hk/chs/pdf/dipn10.pdf，最后访问时间：2021年6月13日。
[2] 参见国家税务总局网站，http://www.chinatax.gov.cn/n810341/n810770/c1153751/5131982/files/c16acf1d56e54289b6f81842f199f6d8.pdf，最后访问时间：2023年1月13日。
[3] 参见中国香港特别行政区政府网站，https://www.elegislation.gov.hk/hk/cap117，最后访问时间：2023年1月20日。

表9-2 中国香港印花税第一标准税率[1]

超过	不超过	第1标准税率 第2部（适用于在2013年2月23日或之后，但在2016年11月5日前就取得住宅物业所签立的文书，及在2013年2月23日或之后，但在2020年11月26日前就取得非住宅物业所签立的文书）	第1标准税率第1部（适用于在2016年11月5日或之后就取得住宅物业所签立的文书）
	2 000 000元	1.5%	15%
2 000 000元	2 176 470元	30 000元+超出2 000 000元的款额的20%	15%
2 176 470元	3 000 000元	3%	
3 000 000元	3 290 330元	90 000元+超出3 000 000元的款额的20%	
3 290 330元	4 000 000元	4.5%	
4 000 000元	4 428 580元	180 000元+超出4 000 000元的款额的20%	
4 428 580元	6 000 000元	6%	
6 000 000元	6 720 000元	360 000元+超出6 000 000元的款额的20%	
6 720 000元	20 000 000元	7.5%	
20 000 000元	21 739 130元	1 500 000元+超出20 000 000元的款额的20%	
21 739 130元		8.5%	

自2010年11月20日起，除非有关交易获豁免，或额外印花税不适用于有关的交易，任何以个人或公司（不论在何地注册）名义，在2010年11月20日或以后取得住宅物业，并在取得后二十四个月内（物业是在2010年11月20日或之后至2012年10月27日前取得）或三十六个月内（物业是在2012年10月27日或之后取得）将其转售，均须缴纳5%—20%的额外印花税。

自2012年10月27日起，除非获豁免，买家印花税适用于在2012年10月27日或之后就住宅物业所签立的买卖协议或售卖转易契。[2]买家印花税是按物

---

[1] 参见中国香港特别行政区税务局网站，https://www.ird.gov.hk/chs/faq/avd.htm，最后访问时间：2023年1月20日。

[2] 参见中国香港特别行政区税务局网站，https://www.ird.gov.hk/chs/faq/bsd.htm，最后访问时间：2021年6月13日。

业交易的代价款额或物业市值（以较高者为准），以15%的税率计算。自2020年11月26日起，非住宅物业交易的文书须以第二标准税率缴纳从价印花税。[①]

2.坐落于中国香港的不动产租约印花税按其不同年期征收，税率如表9-3所示：

表9-3　中国香港不动产租约印花税税率[②]

年期		印花税税率
无指定租期或租期不固定		年租或平均年租的0.25%
超过	不超过	
	一年	租期内须缴租金总额的0.25%
一年	三年	年租或平均年租的0.5%
三年		年租或平均年租的1%
租约内提及的顶手费及建造费等		代价的4.25%（如根据租约须付租金）；否则与买卖不动产的印花税相同

3.买卖中国香港证券，必须制备成交单据，按照下列税率缴纳印花税[③]，见表9-4所示：

表9-4　中国香港证券交易印花税税率[④]

文件性质	收费
售卖或购买任何中国香港证券的成交单据	每张售卖及购买单据所载的代价款额或价值的0.13%（双方分别缴纳）
无偿产权处置转让书	5港币另加转让证券价值的0.26%
任何其他种类的转让书	5港币

---

① 在2023年2月22日上午11时之前签立的文书的第二标准税率和在2023年2月22日上午11时或之后签立的文书的第二标准税率。具体可参见中国香港特别行政区税务局网站，https://www.ird.gov.hk/chs/faq/avd.htm，访问时间：2023年9月5日。

② 参见中国香港特别行政区税务局网站，https://www.ird.gov.hk/chs/pdf/irsd119.pdf，最后访问时间：2021年6月3日。

③ 参见中国香港特别行政区税务局网站，https://www.ird.gov.hk/chs/pdf/sog_pn04b.pdf，最后访问时间：2021年6月3日。

④ 参见中国香港特别行政区税务局网站，https://www.ird.gov.hk/chs/tax/budget2021_sd.htm，最后访问时间：2023年1月31日。

在任何情况下，如印花税署署长认为申报的价值不足，即有权按照转让的物业或证券的市价征收印花税。

（四）差饷和物业税

中国香港差饷和物业税都是针对不动产物业征收的税，差饷是对房地产的保有征收的税收，类似于房地产税；物业税是对出租用途房地产的租金收入征收的税收，属于不动产租赁收入的所得税。

1. 差饷[①]

差饷按照物业单位评估价值的一定比例来征收。业主与物业使用人均有缴付差饷的责任。实际情况视双方所订租约的条款而定。如租约无订明由业主缴交，则须由使用人缴交。

差饷的计税依据是物业单位的评估价值，该评估价值被称为"应课差饷租值"。应课差饷租值采用租金价值，也就是假设物业单位在评估日期当天在公开市场上出租可获得的租金收入。因此，应课差饷租值并不是一个实际发生的租金价值，而是一个排除了交易双方个人偏好、交易权利限制等因素之后的理论价值，仅反映物业所在区位、大小、楼层、朝向等物理属性。为了更加及时和准确地反映物业单位的价值，中国香港从1999年开始每年对所有物业单位进行重新评估，规定每年10月1日为应课差饷租值的评估日期。

差饷的税率采用固定的比例税率，每年由中国香港立法会厘定，对所有的物业类型都使用统一的税率。自1999年起，差饷税率一直为5%。

2. 物业税

物业税的征税对象是通过不动产获利的人士（业主）。根据《税务条例》第5条的规定，不动产包括房屋、土地及建筑物，业主如果通过出租这些不动产获利，则需要缴纳物业税。[②]中国香港物业税税率[③]如表9-5所示：

[①] 参见中国香港特别行政区政府网站，https://www.rvd.gov.hk/sc/public_services/rates.html，最后访问时间：2023年1月14日。

[②] 参见中国香港《税务条例》第5条，中国香港特别行政区政府网站，https://www.elegislation.gov.hk/hk/cap112，最后访问时间：2023年1月14日。

[③] 参见中国香港特别行政区政府网站，https://www.gov.hk/sc/residents/taxes/taxfiling/taxrates/propertyrates.htm，最后访问时间：2023年1月14日。

表9-5　中国香港物业税税率

课税年度	税　率
2008/09 及其后	15%
2004/05 至 2007/08	16%
2003/04	15.5%
2002/03	15%

中国香港的物业税是按年缴纳的，现时标准税率为15%。《税务条例》第5条（1A）明确提出物业税的计税依据为应评税值（不动产出租收入）减去业主已付差饷，并扣除余额的20%（视为基本开支），用剩余的部分作为课税依据，计算该不动产该年度的物业税。用公式表示为：

应征物业税=（出租收入–已付差饷）×（1–20%）×15%

◆【案例9-2】物业税的法定免税额[①]

某物业主上诉税务局对其作出的年度评税，称评税人在评定其应付税项时只给予其20%的法定免税额度不合理。因其所有的物业曾经过大型维修，实际维修费用的金额应该获得全数扣除，而不受条例20%的限制。

首先，物业主申报租金收入所涉及的"租金"不应仅指房租，还应包括针对建筑物使用权的许可证费用、租客向业主支付的服务费和管理费、某些无法追回的租金中已经追回的部分、租约的转让费等。[②]其次，业主还应承担相应的税务责任，如长时间地保留租约以及某些证明文件、提交物业税申报表、缴付税款等。[③]依据《税务条例》第5B（2）条，物业的应评税值是指租客为租住物业所付出的总租金。本案中，业主该课税年度并无已缴差饷，因此税务局作出免征20%物业税的课税评定是合理的。

[①] 参见中国香港特别行政区政府网站，Board of Revenue，Case No. D 46 / 12. https://www.info.gov.hk/bor/en/decision-28.htm?d=1760，最后访问时间：2023年1月13日。

[②] 参见中国香港特别行政区税务局网站，https://www.gov.hk/sc/residents/taxes/property/propertyincome.htm，最后访问时间：2023年1月13日。

[③] 参见中国香港特别行政区税务局网站，https://www.gov.hk/sc/residents/taxes/property/propertyobligations.htm，最后访问时间：2023年1月13日。

二、中国香港税务居民判定规则

判断一个人是否为中国香港的税务居民，既要考虑中国香港的规定，还要结合《内地和香港特别行政区关于对所得避免双重征税和防止偷漏税的安排》的相关规定确认。

（一）中国香港对中国香港税务居民的判定规则

根据中国香港税务局的文件指示，符合以下任一条件的人士，均可视为中国香港的税务居民[①]：

对于个人来说：

（1）通常为居住在中国香港的个人。

（2）在某个纳税年度内，在中国香港停留超过180天的人，或者连续两个纳税年度内（其中一个是有关的纳税年度），在中国香港停留超过300天的人。

当纳税人在中国香港拥有一个永久性的居所，则该人士一般被认为是"通常居住于中国香港地区"。此处的"通常居住"，是指除了某些情况下的临时离港，其余时间该人士都持续地住在中国香港的居所中。这种居住要求纳税人自愿定居在中国香港且需要一定的持续性，不论时间的长短，都是其日常生活的一种状态。在确定其居住（逗留）时间时，停留不满一天，应按一天计算。

对于实体来说：

（1）当某个实体的主要管理或日常控制在中国香港境内时，不论其是否于中国香港境内注册成立，该实体都将被视为中国香港的税务居民。（当该实体为公司时）

（2）当某个实体的主要管理或日常控制在中国香港境内时，不论其是否依据中国香港的法律设立，该实体都将被视为中国香港的税务居民。（当该实体为非公司时）

[①] 参见经济合作与发展组织网站，http://www.oecd.org/tax/automatic-exchange/crs-implementation-and-assistance/tax-residency/Hong-Kong-Residency.pdf，最后访问时间：2021年6月13日。

对于该实体来说，此处的"主要管理"可以理解为是该实体日常业务管理或运营，也可以指某些决策的执行地。而"控制"是指该实体经营的发生地，或者其核心决策的发生地。

（二）内地及其相关协定对中国香港税务居民的认定

国家税务总局于2016年发布的《关于在内地使用香港居民身份证明有关问题的公告》[1]明确规定，中国香港特别行政区税务主管当局为中国香港居民颁发的居民身份证明书，可以作为该人士该公历年内及接下来连续两个公历年的居民身份的证明。如果中国香港居民的身份发生变化，则该居民证明书不能再作为其中国香港居民身份证明的文件，同时其不能再享受某些待遇条件。

同时，《国家税务总局关于〈内地和香港特别行政区关于对所得避免双重征税和防止偷漏税的安排〉第五议定书生效执行的公告》修改了双重居民实体的加比规则，即对于除个人以外同时为双方居民的人，应仅将其视为一方居民适用该安排的规则。[2]加比规则有利于帮助确定属于缔约国（地区）双方居民的纳税人，确定其纳税居民身份，以避免双重课税的情况出现。《安排指明（中国内地）（对所得避免双重征税和防止偷漏税）令》第4条第2款明确指出，同时为双方居民的个人，其身份应按以下规则进行确定[3]：

将其判定为永久性居所所在方居民；如果其在双方都有永久性居所，则将其判定为重要利益中心所在方居民。

如果无法判断其重要利益中心，或无永久性居所，则将其判定为习惯性居处所在一方居民。

如果其在双方都有，或者都没有习惯性居处，双方主管当局应通过协商

---

[1] 参见国家税务总局网站，http://www.chinatax.gov.cn/n810341/n810755/c2178550/content.html，最后访问时间：2021年6月13日。

[2]《安排指明（中国内地）（对所得避免双重征税和防止偷漏税）（第五议定书）令》（2019年12月6日），载中国香港特别行政区政府网站，https://www.elegislation.gov.hk/hk/cap112DH，最后访问时间：2021年6月13日。

[3]《安排指明（中国内地）（对所得避免双重征税和防止偷漏税）令》（2006年10月27日），载中国香港特别行政区政府网站，https://www.elegislation.gov.hk/hk/cap112AY@2006-10-27T00:00:00，最后访问时间：2021年6月13日。

解决。

三、中国香港税收安排及居民证明书

（一）涉及中国香港的居民税收安排

◆【案例9-3】内地收入是否纳入中国香港课税范畴[①]

纳税人提起上诉反对中国香港税务局向其征收2006/07以及2007/08的薪俸税。该上诉人称在2006/07和2007/08两个纳税年度内，其都受雇在中国内地工作，所以当时的收入并不应纳入中国香港课税入息范畴。上诉人称其薪酬全部被存入内地账户，并且已经按照中国内地的税收政策缴纳个人所得税；此外，该上诉人享受内地法定节假日。其受雇公司为C公司（中国香港），并将其借调至位于广州的附属公司C公司（内地）。

（1）中国香港《安排指明（中国内地）（对所得避免双重征税和防止偷漏税）（第五议定书）令》[②]第5条对受雇所得进行修改，指出特定情况下，一方居民因受雇取得的薪金、工资和其他类似报酬，除在另一方从事受雇的活动以外，应仅在该一方征税。在另一方从事受雇的活动取得的报酬，可以在该另一方征税。

本案中，上诉人的受雇文件明确指出，其受雇职位为C公司（中国香港）的财务总监。该职务可以由C公司（中国香港）与上诉人协定、C公司（中国香港）有权终止对其的聘用合同，由此可见，上诉人的实际雇佣公司为C公司（中国香港）。当两个或两个以上的税务管辖区对某一纳税人的同一项收入或利润同时拥有税收司法权并向其征税时，便会产生双重课税的情况。该上诉人在中国香港和内地都有受雇活动，所以很难避免被双重课税。

[①] 参见中国香港特别行政区政府网站，Board of Revenue，Case No.D39/10. https://www.info.gov.hk/bor/en/decision-25-3rd-sup.htm?d=1718，最后访问时间：2021年2月14日。

[②]《安排指明（中国内地）（对所得避免双重征税和防止偷漏税）（第五议定书）令》(2019年12月6日)，载中国香港特别行政区政府网站，https://www.elegislation.gov.hk/hk/cap112DH，最后访问时间：2023年1月13日。

（2）根据中国香港《安排指明（中国内地）（对所得避免双重征税和防止偷漏税）令》①第21条，中国香港特别行政区居民从内地取得的各项所得，按照本安排规定在内地缴纳的税额，允许在对该居民征收的中国香港特别行政区税收中抵免。但是抵免的金额不能超过按照中国香港《税务条例》中计算的应缴薪俸税的税额。换言之，税收抵免不适用于上诉人非从内地提供服务取得的报酬。

本案中，上诉人的雇佣方为C公司（中国香港），此公司于2002年在中国香港注册成立，且C公司（中国香港）在中国香港经营业务，所以该上诉人的实际雇佣合同理应为中国香港合同。

（3）上诉人所提供的资料并没有任何内容可以证明其与C公司（内地）存在雇佣关系。

（4）关于上诉人在中国香港的逗留时间，在2006/07和2007/08两个课税年度内，其逗留时间分别为143日和94日。其中连续逗留时间有时会超过20日，因此上诉委员会有理由相信其收入与C公司（中国香港）有必然的联系。

对于该案件的纳税人在中国香港受雇工作期间的所得，应全部计为中国香港应课税收入。但由于其在内地已经缴纳了个人所得税，此时上诉人可申请该部分入息的豁免或税收抵免。

为了避免双重课税，纳税人应当注意：

（1）劳动合同的签署。如果前文所述案件的纳税人能够证明其工作是与C公司（内地）签订的，而非C公司（中国香港），这将对其收入来源的判定带来更明确的指示。此时，所谓的"借调"工作关系，并不影响其合同所属地。

（2）注意自身工作地点与工作时长。该案件上诉人在两个课税年度内，分别在中国香港逗留143日和93日。这个逗留时间过长，尤其对于某些工作地点并不在中国香港的人士来说。而这种无法自证行为的逗留时间和混乱的工作关系，很容易导致双重课税的出现。

（3）不利因素还有其工作性质。前述案件经过上诉委员会的调查，确定

---

① 《安排指明（中国内地）（对所得避免双重征税和防止偷漏税）令》（2006年10月27日），载中国香港特别行政区政府网站，https://www.elegislation.gov.hk/hk/cap112AY@2006-10-27T00:00:00，最后访问时间：2023年1月13日。

该上诉人的工作内容在中国香港之外也可以完成,伴随其过长的中国香港逗留时间,更将其置于一种应当课税的中国香港纳税居民的身份状态。

(二)居民身份证明书[①]

居民身份证明书是一份由中国香港主管当局向中国香港居民发出的文件,用以证明其中国香港居民身份,能申请享受全面性避免双重课税协定/安排下的待遇。一般而言,同一纳税年度,申请者只能收到一份居民身份证明书。中国香港主管当局应当尽力协助中国香港税务居民避免双重课税,向申请者提供居民身份证明书。但当申请者明显不符合该协定/安排所规定的相关条件时,中国香港主管当局应拒绝向明显不可获外地税项宽免的人士颁发居民身份证明书。另外,即使申请者收到了中国香港居民身份证明书,也并不证明其已经成功获得了外地税项宽免,因为该人士是否适用避免双重课税协定/安排是由该协定的缔约伙伴决定的。缔约伙伴会就该人士是否符合所有相关条件和是否可享受有关待遇作出决定。如中国香港居民认为缔约伙伴不应拒绝给予其应享有的待遇,中国香港主管部门会考虑按照相关的全面性避免双重课税协定/安排中的相互协商程序,与该缔约伙伴进行磋商。

第二节 新加坡税收制度与规划

一、新加坡主要税种介绍

税收是新加坡政府维持运营的一项重要的经济来源,如在2021—2022财政年度中税收的总占比高达其政府收入的73.6%。[②]同样,新加坡也是一个低

[①] 中国香港居民身份证明书(COR),参见中国香港特别行政区税务局网站,https://www.ird.gov.hk/chs/tax/dta_cor.htm,最后访问时间:2021年6月13日。

[②] 参见新加坡政府网站,https://www.iras.gov.sg/irashome/About-Us/Taxes-in-Singapore/The-Singapore-Tax-System/,最后访问时间:2023年1月13日。

税并且以属地原则征税的国家，任何发生在新加坡或源于新加坡的或在新加坡得到的收入，都需要在新加坡缴税。现阶段，新加坡实施的税种主要包括：

（一）所得税

1. 个人所得税

新加坡《所得税法》第10条规定，任何人在新加坡赚取或从新加坡赚取的所有收入均应缴纳所得税，且应以累进税率来征税。任何源自新加坡或产自新加坡或在新加坡境内收到的任何源自新加坡境外的收入，如纳税人所从事行业带来的利润、工作带来的收入、退休金、租金等都需要缴纳个人所得税。[1]

当然，新加坡当局也允许在计算应税收入时，扣除一部分费用。根据《所得税法》第14A条，该费用主要是指为获取收入而必须支付的建筑物租金、部分用于研究的成本、某些坏账、部分捐款等。[2]《所得税法》第15条（g）则规定在新加坡以外的任何国家缴纳的或应缴的所得税（任何税种）都是不可以扣除的。[3]

新加坡税收居民的个人所得税须按照应税金额进行累进计税。自2017年起，当应课税收入不超过2万新元时，无须缴纳个人所得税；超过32万新元的部分，则需要按照应课税收入22%的税率缴纳个人所得税。[4] 为了提高个人所得税制度的累进性，新加坡个人可以申请的个人所得税减免总额上限为每个评估年度80000新元。如表9-6所示：[5]

---

[1]《所得税法》第10条，载新加坡政府网站，https://sso.agc.gov.sg/Act/ITA1947#pr10-，最后访问时间：2021年6月13日。

[2]《所得税法》第14条，载新加坡政府网站，https://sso.agc.gov.sg/Act/ITA1947#pr14A-，最后访问时间：2021年6月3日。

[3]《所得税法》第15条，载新加坡政府网站，https://sso.agc.gov.sg/Act/ITA1947#pr15-，最后访问时间：2021年6月3日。

[4]《所得税法》附录二表2，载新加坡政府网站，https://sso.agc.gov.sg/Act/ITA1947?ProvIds=Sc2-#Sc2-，最后访问时间：2023年1月31日。

[5] 参见安永会计师事务所官网，https://www.ey.com/en_gl/tax-guides/worldwide-personal-tax-and-immigration-guide，最后访问时间：2023年2月1日。

表9-6　2023年新加坡个人所得税税率

应课税收入	税　率
首个2万新元	0%
次1万新元	2%
次1万新元	3.5%
次4万新元	7%
次4万新元	11.5%
次4万新元	15%
次4万新元	18%
次4万新元	19%
次4万新元	19.5%
次4万新元	20%
超过32万新元	22%

2. 企业所得税

新加坡的企业分为居民企业和非居民企业两类，对于那些管理和控制都在新加坡境内的公司，不论是否为新加坡注册的公司，都被视作居民企业。反之，则称为非居民企业。二者的区别在于，居民公司可享受避免双重征税协定中规定的优惠待遇，但非居民公司则无权享受。[①]新加坡对企业资本不征收利得税，但是对源于新加坡或在新加坡境内收到的境外收入征收所得税（股息、分公司利润等豁免情况除外）。《所得税法》的第10条（25）明确指出，境外汇入或带入新加坡境内的金额，用于偿还新加坡境内账务的金额，用来购买有形动产的金额（包括有形动产），都属于境内收到的新加坡境外收入，对此应征收所得税。[②]

《所得税法》第43条（1）（a）规定，对于公司（不论居民公司或非居民公司）来讲，新加坡对于企业征收17%（固定税率）的企业所得税。[③]除非

[①] 参见新加坡税务局网站，https://www.iras.gov.sg/irashome/Businesses/Companies/Learning-the-basics-of-Corporate-Income-Tax/Tax-Residence-Status-of-a-Company/，最后访问时间：2021年6月13日。

[②] 《所得税法》第10条，载新加坡政府网站，https://sso.agc.gov.sg/Act/ITA1947#pr10-，最后访问时间：2021年6月3日。

[③] 《所得税法》第43条，载新加坡政府网站，https://sso.agc.gov.sg/Act/ITA1947#pr43-，最后访问时间：2021年6月13日。

某些允许免税的情况发生，或政策对于某些符合规定的公司实施税收减免。例如[1]（见表9-7、9-8、9-9）：

表9-7 对于新注册的公司（成立后的连续三年内的减免）

公司注册时间	应纳税额	减免比例
2020年起	正常纳税收入的前100 000新元	75%
2020年起	正常纳税收入的次100 000新元	50%
2010—2019	正常纳税收入的前100 000新元	100%
2010—2019	正常纳税收入的次200 000新元	50%

表9-8 对于所有的公司（包括担保有限责任公司）

公司注册时间	应纳税额	减免比例
2020年起	正常纳税收入的前10 000新元	75%
2020年起	正常纳税收入的次190 000新元	50%
2010—2019	正常纳税收入的前10 000新元	75%
2010—2019	正常纳税收入的次290 000新元	50%

此外，新加坡政府为帮助所有企业减少成本或进行重组，在2013—2020这几个课税年度，均按照不同年份和不同比例进行企业退税。

表9-9 2013—2020年度企业退税计算方式

课税年度	退税金额
2020	获得25%的企业所得税退税，最高不超过15 000新元
2019	获得20%的企业所得税退税，最高不超过10 000新元
2018	获得40%的企业所得税退税，最高不超过15 000新元
2017	获得50%的企业所得税退税，最高不超过25 000新元
2016	获得50%的企业所得税退税，最高不超过20 000新元
2013—2015	获得30%的企业所得税退税，最高不超过30 000新元

---

[1] 参见新加坡税务局网站，https://www.iras.gov.sg/irashome/Businesses/Companies/Learning-the-basics-of-Corporate-Income-Tax/Overview-of-Corporate-Income-Tax/#，最后访问时间：2021年6月3日。

（二）消费税

新加坡《消费税法》，即《商品和服务税法》(Goods and Services Tax Act) 第8条规定，对新加坡的商品和服务征收一部分的税额，包括部分进口的商品都需要缴纳消费税。这要求任何商品和服务，只要是在新加坡境内生产或者提供的，就都要缴纳消费税（免税的商品或服务除外）。[①]

新加坡《消费税法》第11条（2）规定，应当以商品或服务的供应时间来确定该课税收入的应税年度。通常来讲，对于供货时间的计算应参考两个方面：一个是商品或服务的供应时间；另一个是发票开具的日期。如若以上两项均已经发生，则应以先发生事件的时间为准。[②]2003年以来，新加坡的消费税税率逐步稳定增长。《消费税法》第16条规定，自2007年7月1日起至2022年12月31日，商品和服务的标准税率为7%[③]；2023年度，商品和服务的标准税率是8%；2024年度，商品和服务的标准税率是9%。

《消费税法》在附录一中明确了消费税的登记责任问题。[④]新加坡消费税要求纳税人进行自我申报，这表示并非每一个人都需要缴纳消费税，只有已经登记或者被要求登记的消费税注册商家才可成为消费税的纳税人。

首先，如果纳税人的年课税金额超过100万新元，那么其将被要求进行强制登记并缴纳消费税，除非审计长认为其之后四个季度应税金额无法超过100万新元。其次，尽管某些纳税人的应纳税收入并未达到100万新元，仍旧可以选择主动登记。但是一旦纳税人完成了主动登记，则需要在未来的两年内进行不间断登记。另外，独资经营者或者合伙经营者可根据其名下所有的

[①] 新加坡《消费税法》第8条，载新加坡政府网站，https://sso.agc.gov.sg/Act/GSTA1993?ProvIds=P1III-#pr8-，最后访问时间：2021年6月13日。
[②] 新加坡《消费税法》第11条，载新加坡政府网站，https://sso.agc.gov.sg/Act/GSTA1993?ProvIds=P1III-#pr11-，最后访问时间：2021年6月13日。
[③] 新加坡《消费税法》第16条，载新加坡政府网站，https://sso.agc.gov.sg/Act/GSTA1993?ProvIds=P1III-#pr16-，最后访问时间：2021年6月13日。
[④] 新加坡《消费税法》附录一，载新加坡政府网站，https://sso.agc.gov.sg/Act/GSTA1993?ProvIds=Sc1-#Sc1-，最后访问时间：2021年6月13日。

应课税额来确定是否应该登记并缴纳消费税。

除此之外，如果纳税人大量生产零税率的产品，或者其十二个月内销项税额小于可抵扣进项税额，经由新加坡税务局的审计长批准之后，其可以享受消费税的豁免。

（三）财产税

财产税是对财产所有权征收的税，无论财产是出租，所有者占用还是空置都适用。根据新加坡《财产税法》第2（1）条的规定，应课税的不动产类型包括房屋、建筑物、土地等。不动产所有人应当依法缴纳财产税，当同一产权人同时拥有多处不动产时，这些不动产的价值将被合计统计。建筑物的年度价值是税务局根据与该物业类似或可比物业的估计市场租金确定，而非实际租金收入。《财产税法》第6条（6）明确指出，当不动产被当作宗教场所使用时；或该不动产为政府出资的公立学校；或该建筑是以慈善的目的建造；或该不动产有利于新加坡的社会发展时，可以免除（部分免除）财产税的缴纳（视具体情况而定）。此外，税务局审计长在决定是否免除（部分免除）财产税时有一定的自由裁量权。[1]

根据《财产税法》第8条的相关规定，如果一个建筑物持续空置时间超过30天或者1个自然月，该业主可以得到一定比例的退税，提出此退税申请须同时满足以下四个条件[2]：

（1）该房屋是修整完备且适合居住的；

（2）已经尽了一切可能获取租客；

（3）房屋的租金是合理的；

（4）申请退税的整个期间，该房屋一直处于空置的状态。

《财产税法》第9条明确规定了纳税人每年的应缴税率为财产估价清单上

---

[1]《财产税法》第6条，载新加坡政府网站，https://sso.agc.gov.sg/Act/PTA1960#pr6-，最后访问时间：2021年6月13日。

[2]《财产税法》第8条，载新加坡政府网站，https://sso.agc.gov.sg/Act/PTA1960#pr8-，最后访问时间：2021年6月13日。

价值总额的36%。另外，2013年第18号法案补充提出，审计长可以发布指令，重新规定不同种类的或不同属性的财产的税额（不超过36%）。[①] 新加坡对自用型住宅房地产及非自用型住宅房地产实施累进房地产税税率（2023年度，自用型住宅房地产税率为0%—23%八档累进税率，非自用型住宅房地产税率为11%—27%四档累进税率），对其他房地产（非住宅），如商业及工业房地产，采用10%税率。[②]

（四）印花税

◆【案例9-4】伪造印花税证书并使用

2012年，新加坡某房地产经纪人S因伪造印花税证书，而被判处12周监禁。在担任某房地产公司经纪人的过程中，S将7张伪造的租赁印花税证书提供给房东和租客用于办理租房手续。S并未向新加坡税务局递交房客已支付的印花税总计金额3 694新元，交易过程中也无人发现其所使用的印花税证书系伪造。[③]

根据《印花税法》的相关规定，"租赁"的定义为占用不动产并且支付租金的行为，同时须提供书面的承诺。《印花税法》第26条明确要求在租赁过程中，应当缴纳租赁印花税。[④] 课税人成功缴纳印花税后，可收到由税务局发行的印花证书，纳税人也可在线检查此证书的真实性。该经纪人收到了来自租客的印花税税金，却并未将其按时缴纳给政府，明显违背了课税规定，涉及的租户也未及时辨明印花证书真伪。

新加坡印花税分为三个类型：财产印花税、实体股权印花税和股份印花

[①]《财产税法》第9条，载新加坡政府网站，https://sso.agc.gov.sg/Act/PTA1960#pr9-，最后访问时间：2021年6月13日。
[②] 参见新加坡税务局网站，https://www.iras.gov.sg/quick-links/tax-rates/property-tax-rates，最后访问时间：2023年2月1日。
[③] 参见新加坡税务局网站，https://www.iras.gov.sg/irashome/News-and-Events/Newsroom/Tax-Crime/2016/Jail-Term-for-Schemer-for-Forging-and-Using-Counterfeit-Stamp-Certificates/，最后访问时间：2021年6月13日。
[④]《印花税法》第26条，载新加坡政府网站，https://sso.agc.gov.sg/Act/SDA1929#pr26-，最后访问时间：2021年6月13日。

税。①印花税只针对不动产或股票的相关凭证进行征收，并且，根据不同的交易类型，其税率也是不同的。通常来说，在交易协议中会清楚地列明哪一方需要承担支付印花税的责任，否则该印花税的课税方将遵循以下《印花税法》附表中的规定缴纳印花税。见表9-10所示：②

表9-10 新加坡印花税规定

凭证种类	纳税义务人
股票、股份转让	受让人
不动产转让	受让人
不动产出租正本副本	承租人和出租人
抵押	抵押人或债务人

1. 股份印花税

在购买股票时需要缴纳印花税，其应课税金额为股票的实际价格或资产净值两者中较高的一个。抵押股票从银行或其他金融机构获得贷款时，则应按贷款额支付印花税。③

2. 财产印花税

在不动产转让或者租赁时需缴纳财产印花税。

（1）不动产租赁，需要根据签署的房屋租赁协议合同中实际约定的租金或以市场租金较高的一项缴纳印花税。

（2）不动产转让，须缴纳三类印花税：买方印花税（BSD）、买方附加印花税（ABSD）、卖方印花税（SSD）。④

买方印花税：在2018年2月20日（含）以后购买的不动产应当按照新的买方印花税缴纳，住宅和非住宅的应课税率有所不同。见表9-11所示：

---

① 参见新加坡税务局网站，https://www.iras.gov.sg，最后访问时间：2021年6月13日。
② 《印花税法》附表三，载新加坡政府网站，https://sso.agc.gov.sg/Act/SDA1929?ProvIds=Sc3-#Sc3-，最后访问时间：2021年6月13日。
③ 参见新加坡税务局网站，https://www.iras.gov.sg/irashome/Other-Taxes/Stamp-Duty-for-Shares/Learning-the-basics/Stamp-Duty-Basics-for-Shares/，最后访问时间：2021年6月13日。
④ 参见新加坡税务局网站，https://www.iras.gov.sg/irashome/Other-Taxes/Stamp-Duty-for-Property/Learning-the-basics/Stamp-Duty-Basics-for-Property/，最后访问时间：2023年2月1日。

表9-11　新加坡不动产买方印花税税率

实际成交价值或市场价值较高的一个	住宅（BSD）税率	非住宅（BSD）税率
首个18万新元	1%	1%
次18万新元部分	2%	2%
次64万新元部分	3%	3%
超过100万新元部分	4%	

此外，在某些特殊情况下，买方需要在支付买房印花税的基础上额外缴纳买方附加印花税。自2021年12月16日起，买方附加印花税税率[①]为表9-12所示：

表9-12　新加坡不动产买方附加印花税税率

买家身份	ABSD税率
新加坡公民第二套住宅物业	17%
新加坡公民第三套（含）以上的住宅物业	25%
新加坡永久居民首套住宅物业	5%
新加坡永久居民第二套住宅物业	25%
新加坡永久居民第三套（含）以上的住宅物业	30%
非新加坡国籍购买任何住宅物业	30%
实体购买任何住宅物业	35%

卖方印花税（SSD）：自2010年2月20日之后出售的住宅用不动产，全部需要缴纳卖方印花税。另外，于2017年3月11日（含）之后购买的住宅，如果房东持有该不动产三年以上再进行出售，则可以免除卖方印花税；但是，出售所持有住宅用地不满三年的卖方，则仍须缴纳卖方印花税。

3. 实体股权印花税

当公司购买或出售在新加坡拥有住宅物业的控股实体股权时，需要支付额外转名印花税。控股实体是在新加坡拥有至少50%（即资产比率）的有形资产总额（包括规定的不动产）的实体。除了现有的股份印花税，额外转名印花税

[①] 参见新加坡税务局网站，https://www.iras.gov.sg/IRASHome/Other-Taxes/Stamp-Duty-for-Property/Working-out-your-Stamp-Duty/Buying-or-Acquiring-Property/What-is-the-Duty-that-I-Need-to-Pay-as-a-Buyer-or-Transferee-of-Residential-Property/Additional-Buyer-s-Stamp-Duty--ABSD-/，最后访问时间：2023年2月1日。

适用于公共住房单元股权的合格出售/转让，对买卖双方均有不同的税率要求。①

二、新加坡税收居民判定规则

根据新加坡《所得税法》第2条（1）的规定，"新加坡税收居民"指：

（一）税收居民个人②

（1）定量标准：纳税年度的前一年，在新加坡境内居住或工作（作为公司董事的情况除外）超过183天的个人。

（2）定性标准：个人在新加坡永久居住，合理的临时离境除外。

（二）税收居民企业③

在新加坡境内经营且主要管理机构位于新加坡境内的公司或社会团体（包括俱乐部、社团、管理公司、贸易协会、市镇理事会和其他非法人组织）。

其中，对于主要管理机构的判定：

（1）公司和其他团体的税收居民身份根据其主要管理机构所在地确定，主要管理机构是指作出经营战略决策（如公司政策或发展战略等）的机构。

（2）通常来说，制定战略决策的董事会召开地点是关键的判定因素。

（三）不视为税收居民的企业④

（1）个人独资企业：由于个人独资企业的利润属于该企业经营者本人，

---

① 参见新加坡税务局网站，https://www.iras.gov.sg/irashome/Other-Taxes/Stamp-Duty-for-Property-Holding-Entities/Learning-the-basics/Stamp-Duty-Basics-for-Property-Holding-Entities/，最后访问时间：2021年6月13日。
② 参见新加坡税务局网站，https://www.iras.gov.sg/irashome/Individuals/Foreigners/Learning-the-basics/Individuals--Foreigners--Required-to-Pay-Tax/，最后访问时间：2021年6月13日。
③ 参见新加坡税务局网站，https://www.iras.gov.sg/irashome/Businesses/Companies/Learning-the-basics-of-Corporate-Income-Tax/Tax-Residence-Status-of-a-Company/，最后访问时间：2021年6月13日。
④ 《新加坡税收居民身份认定规则》，载国家税务总局网站，http://www.chinatax.gov.cn/download/ssxxjhzt/85.pdf，最后访问时间：2023年1月13日。

所以个人独资企业的纳税义务就应当被认为是个人所得税。

（2）合伙企业：由于合伙企业的收入属于全体合伙人，所以，该企业的课税义务应为所有合伙人个人所得税份额的总和。

三、新加坡居民税收安排及居民证明

（一）涉及新加坡的居民税收安排

◆【案例9-5】中国居民受雇新加坡公司涉税案例

中国公民王某现同时受雇于B公司（中国）和D公司（B公司的新加坡分公司），并分别签订了劳动合同。由于业务原因，王某需要在中国和新加坡两地工作，其每年在新加坡累计生活和工作时间均超过190天，且其前一年在新加坡获得的劳动报酬总计3万新元全部由D公司支付。同时，王某在中国境内所获得的6万元人民币劳动报酬则由B公司直接支付。王某在中国有固定住所，同时其在新加坡有一套房产用于出租。

（1）根据《中国税收居民认定规则》，在中国境内有住所，或者无住所而在境内居住满一年的个人应认定为中国税收居民。在中国境内有住所是指因户籍、家庭、经济利益关系而在中国境内习惯性居住。[①]新加坡对于非新加坡籍税务居民则要求，外籍雇员（公司董事、公众演艺人员或专业人士除外）在课税年度的前一年在新加坡实际居住或工作183天或以上，或者连续两年在新加坡停留或工作至少183天。

首先，为合理安排税收，须确定王某的税收居民身份。王某在中国境内有固定居所，其理应为中国税收居民，须依法课税。在新加坡，中国籍王某在新加坡居住和工作时间年均超过183天，同样视为新加坡税收居民。

（2）《中华人民共和国和新加坡共和国政府关于对所得避免双重征税和

[①]《中国税收居民认定规则》，载国家税务总局网站，http://www.chinatax.gov.cn/download/ssxxjhzt/1.pdf，最后访问时间：2023年2月11日。

防止偷漏税的协定》①第15条规定了非独立个人所得的征税办法,除另有规定外,缔约国一方居民因受雇取得的薪金、工资和其他类似报酬,除在缔约国另一方从事受雇的活动以外,应仅在该缔约国一方征税。在该缔约国另一方从事受雇的活动取得的报酬,可以在该缔约国另一方征税。但以下三种情况除外:受雇人在任何十二个月中在该缔约国另一方停留连续或累计不超过183天;该项报酬由并非该缔约国另一方居民的雇主支付或代表该雇主支付;该项报酬不是由雇主设在该缔约国另一方的常设机构或固定基地所负担。

前文案件中,王某同时受雇于B公司及D公司并分别获得劳动报酬。虽然D公司是B公司在新加坡的常设机构分公司,但是由于王某在课税年度内在新加坡停留时间累计超过183天,并不适用仅在缔约国一方征税的规定。对于王某因受雇于D公司所得的薪酬,应当按照新加坡的所得税法对超出2万新元的部分按照2%的税率进行缴纳;同理,受B公司雇佣所得薪酬应向中国缴纳个人所得税。

(3)根据新加坡《财产税法》及《印花税法》相关规定,物业的产权人需对其所有不动产缴纳财产税,在不动产转让或者租赁时还需缴纳财产印花税。另外,《中华人民共和国和新加坡共和国政府关于对所得避免双重征税和防止偷漏税的协定》第6条规定,缔约国一方居民从位于缔约国另一方的不动产取得的所得,可以在缔约国另一方征税。因此,王某应就其出租的房产对新加坡依法课税。

(4)《中华人民共和国和新加坡共和国政府关于对所得避免双重征税和防止偷漏税的协定》第22条特别规定,中国居民在新加坡缴纳的税额或者新加坡居民在中国缴纳的税额,可以在另一方税收中进行抵免,但抵免额不超过税法规定额度。王某在两地所缴税额,均可在另一方课税时申请税

---

① 《中华人民共和国政府和新加坡共和国政府关于对所得避免双重征税和防止偷漏税的协定》(2007年7月11日),载新加坡税务总局网站,https://www.iras.gov.sg/IRASHome/uploadedFiles/IRASHome/Quick_Links/Singapore-China%20DTA%20with%20Third%20Protocol%20(22%20Oct%202010).pdf,最后访问时间:2021年6月13日。

收抵免。

（5）《中华人民共和国和新加坡共和国政府关于对所得避免双重征税和防止偷漏税的协定》第24条针对中新税务争议规定了相互协商程序："一、当一个人认为，缔约国一方或者双方所采取的措施，导致或将导致对其不符合本协定规定的征税时，可以不考虑各缔约国国内法律的补救办法，将案情提交本人为其居民的缔约国主管当局；或者如果其案情属于第二十三条第一款，可以提交本人为其国民的缔约国主管当局。该项案情必须在不符合本协定规定的征税措施第一次通知之日起，三年内提出。二、上述主管当局如果认为所提意见合理，又不能单方面圆满解决时，应设法同缔约国另一方主管当局相互协商解决，以避免不符合本协定规定的征税。达成的协议应予执行，而不受各缔约国国内法律的时间限制。三、缔约国双方主管当局应通过协议设法解决在解释或实施本协定时所发生的困难或疑义，也可以对本协定未作规定的消除双重征税问题进行协商。四、缔约国双方主管当局为达成上述各款的协议，可以相互直接联系。"

（二）居民身份证明书[①]（COR）

新加坡的居民身份证明是一封证明某个人或公司是新加坡税务居民的信函，可使居民个人或公司根据避免双重征税的协定获得相关利益。对于具有税收减免限制规定的避税协定，新加坡税务居民公司必须满足附加条件才能要求享受条约优惠，即必须汇出或将汇往新加坡的应税外国来源收入汇入新加坡。该证明是协定伙伴的税务机关所必需的，且必须提交该税务机关，以证明该公司是新加坡税务居民。有资格申请此证明的公司必须是新加坡的税务居民，但是被提名公司、外商投资控股公司以及非新加坡股份有限公司均无权申请居民身份证明书。

[①] 参见新加坡税务总局网站，https://www.iras.gov.sg/irashome/Businesses/Companies/Working-out-Corporate-Income-Taxes/Companies-Receiving-Foreign-Income/Applying-for-COR/-Tax-Reclaim-Form/，最后访问时间：2021年6月13日。

第十章　家族身份与财富整体税收规划

第一节　家族身份税收规划

◆【案例10-1】李氏夫妇身份规划

李氏夫妇的主要产业在中国内地,二人在内地有房产,育有两个儿子,长子20岁,次子16岁,均在英国读书。该夫妇在英国有住房,每年会在英国住一段时间陪伴孩子。家族成员均取得中国香港永久性居民身份。该夫妇准备做家族信托,需要根据中国内地、中国香港和英国的税收居民政策,为该家族成员提供居住建议,尽可能帮助该夫妇节省税收。

分析该案例,首先要了解中国内地、中国香港和英国税务居民的相关规定。从税收负担上看,中国内地的税收负担和英国的税收负担相对较重,中国香港税负相对较轻,因此要通过分析三地的税务居民身份的规定,尽量让家族成员成为中国香港的税务居民,避免家族成员成为中国内地或者英国的税务居民。

一、中国内地、中国香港、英国个人税务居民的相关规定

(一)中国内地个人税务居民规定

1.个人税务居民的确认规则

根据2018年修正的《个人所得税法》和《个人所得税法实施条例》,个人税务居民分为两种情况:

一是在中国境内有住所的中国公民和外国侨民。

在中国境内有住所，指因户籍、家庭、经济利益关系而在中国境内习惯性居住，不包括虽具有中国国籍，却并未在中国内地定居，而是侨居海外的华侨和居住在中国香港、澳门、台湾地区的同胞。

二是在中国境内无住所，但在一个纳税年度内在中国境内居住累计满183天。

《个人所得税法》给出的非居民定义为"在中国境内无住所又不居住，或者无住所而一个纳税年度内在中国境内居住累计不满一百八十三天的个人"。

2. 个人税务居民的纳税义务

居民个人从中国境内和境外取得的所得，依照规定缴纳个人所得税。非居民个人从中国境内取得的所得，依照规定缴纳个人所得税。

根据《个人所得税法实施条例》第4条和第5条的规定（详细规定见第四章第一节"四、无住所个人的个人所得税"），可以对在中国境内无住所的人做以下分类，见表10-1所示：

表10-1 中国境内无住所个人税务分类

情形	居住时间（无住所）	纳税人身份	来源于境内的所得		来源于境外的所得	
			境内支付	境外支付	境内支付	境外支付
情形一	一年内不满90日	非居民个人	征税	免税	无纳税义务	无纳税义务
情形二	一年内不满183天	非居民个人	征税	征税	无纳税义务	无纳税义务
情形三	满183天不满六年	居民个人	征税	征税	征税	免税
情形四	住满六年	居民个人	征税	征税	征税	征税

（二）中国香港税务居民个人规定

1. 中国香港税务居民个人的确认规则

根据中国香港《税务条例》的规定，符合以下任一条件的个人视为中国香港税收居民：

（1）通常居住于中国香港的个人

如果个人在中国香港有自己或家人所居住的永久性的家，则该个人一般会被视为"通常居住于中国香港地区"。具体的法律规定为：

①通常居所是指个人除了偶然或临时离境的情况下，持续地在中国香港居住的居所。

②要被视为通常居住在中国香港的个人，该个人除临时性或偶然性离境一定时间外，必须习惯性（Habitually）及通常性（Normally）居住在中国香港。通常居住的概念是指个人在中国香港居住是出于自愿并以定居为目的，具有一定的持续性，并且不论时间长短，为其当前生活的惯常状态。

（2）在某纳税年度内在中国香港停留超过180天或在连续两个纳税年度（其中一个是有关的纳税年度）内在中国香港停留超过300天的个人

然而，就算达到以上条件，也并不意味着自然成为中国香港税收居民。如果要成为中国香港税收居民，仍需要个人向中国香港税务局提交中国香港税收居民申请表，并经过中国香港税务局的认证后，才能成为中国香港税收居民，也才能享受中国香港与内地签署的防止双重征税的协定的保护。

2. 中国香港税务居民个人的纳税义务

中国香港采用地域来源原则征税，即只有源自中国香港的利润才须在中国香港课税，而源自其他地方的利润则无须在中国香港缴纳利得税。

（三）英国税务居民个人的规定

1. 英国税务居民的确认规则

英国税务居民个人的判定有四个条件，符合其中之一即为英国税务居民[①]：

（1）习惯性居住地居民

唯一的家在英国（必须拥有、租用或居住至少91天，且在一个纳税年度内至少30天，这30天不一定是连续的，在该纳税年度总共住满30天即可）。

（2）非习惯性居住地居民

在一个纳税年度内在英国停留至少183天（纳税年度指从4月6日至次年4月5日）。

---

① 参见英国政府网站，https://www.gov.uk/tax-foreign-income/residence，最后访问时间：2023年1月17日。

（3）工作时间判定的居民

一个人在英国全职工作了365天，没有明显的中断且

①365天的全部或部分在此税务年度内；

②365天内，有75%以上每日工作超过3小时的日子是在英国；

③至少有一日即在365天工作日内又在税务年度内，且工作超过3小时；

如果达到以上条件，则是英国居民。

（4）通过足够联系测试的居民

足够联系测试需要考虑与英国的联系，以及在英国居住的时间。如果在此税务年度的前三个税务年度都不是英国居民，则需要考虑家庭联系、住宿联系、工作联系和90天联系。如果在此纳税年度前三年有一年或超过一年是英国居民，则还需要考虑国家联系。

2.英国税务居民的纳税义务

英国税务居民需要就来源于海内外收入缴纳个人所得税，而非居民只需就来源于英国的收入交个人所得税，不对来源于外国的收入交英国的所得税。

非习惯性居住居民同时满足以下情况，不需要为海外收入（Income）或利得（Gain）缴纳英国税收：（1）在一个税务年度中收入或利得少于2 000英镑；（2）收入或收益不带入英国，如把收入或收益转入英国银行账户。

二、家族身份规划需要考量的税法策略

（一）选择税务负担较低的国家或地区做税务居民

高净值人士的选择权相对较大，包括对财富的选择、对家族身份的选择、对教育的选择等。从家族身份的选择看，以税务的视角，一般可选择税务负担较低的国家或地区做税务居民。以案例10-1中的李氏夫妇为例，就可以通过表10-2比较中国内地、中国香港和英国对于居民的征税情况。

表10-2 中国内地、中国香港和英国对居民征税情况

国家或地区	境内来源收入是否征税			境外来源收入是否征税		
	非居民	居民公民	居民外国人	居民公民	居民外国人	非居民公民
中国内地	是	是	是	是	是	否
中国香港	是	是	是	否	否	否
英国	是	是	是	是	是	否

如表10-2所示，中国内地和英国的征税权依据属人主义，即该国税务居民的全球收入需要向该国纳税；而中国香港的征税权依据属地主义，即来源于中国香港的收入才在中国香港纳税。当非居民全权信托受托人向英国居民分配收入时，无论受托人是否已经被征收过税款，也不区分是股息收入还是其他收入，受益人根据自身所得税率交税，所以信托分配收益时，受益人不应是英国税务居民。目前，中国内地并不对信托收益征收所得税，所以仍可以在内地居住。

因为中国香港仅对来源于中国香港的收入征税，所以受益人居住在中国香港是适宜的。

如果李氏夫妇做信托，把资产放入非居民信托时习惯性居住（Domiciled）或视同习惯性居住地（Deemed Domiciled）在英国，信托内英国以外的资产也要交遗产税。

根据《英国所得税税法案》（ITA2007）第721条至第727条的相关规定，若委托人能从信托资产中受益，委托人通常居住（Ordinarily Resident）在英国的话，即使设立信托时不是英国税务居民，其有权享有的信托利益不分配也要交税。此外若委托人是英国税务居民，根据ITA2007第731条，受益人通常居住在英国期间收到信托分配的本金也可能需要交税。

单从信托考虑，若只是短期陪读不太可能被认定为习惯性居住在英国，若信托是全权信托且受益不分配给委托人，也无须担心委托人缴税的问题。但若委托人夫妇在信托以外有大量其他收入，则要考虑规避成为英国税务居民，因为尚不清楚委托人以往在英国的居住情况，但委托人至少满足足够联系测试的家庭联系和住宿联系，谨慎考虑，李氏夫妇在每个纳税年度居住时间应少于90天。

因此，给委托人李氏夫妇在税收视角下的未来居住建议是：（1）每年在

英国居住累计不超过90天；（2）每年最好在中国香港居住累计超过180天；（3）每年在中国内地居住累计不超过183天，如果设立境外信托，由境外信托向李氏夫妇支付款项，连续在中国内地的居住时间可以累计不超过六年。

（二）遇到双重税务居民，运用税收抵免政策和双边协定避免双重纳税

1. 运用税收抵免政策避免双重纳税

根据《财政部、国家税务总局关于境外所得有关个人所得税政策的公告》（财政部、国家税务总局公告2020年第3号）第7条的规定，居民个人从中国境外取得所得的，应当在取得所得的次年3月1日至6月30日内申报纳税，与综合所得的汇算清缴时限重合。同时，居民个人在一个纳税年度内来源于中国境外的所得，依照所得来源国家（地区）税收法律规定在中国境外已缴纳的所得税税额允许在抵免限额内从其该纳税年度应纳税额中抵免。例如，案例10-1中的李氏夫妇在英国取得的相关所得，可视为其获得来源于英国的所得。如果这些所得在英国已经缴纳了个人所得税，那么该笔税额可以在国内的抵免限额内从其该纳税年度应纳税额中抵免，但需要提供在英国的完税证明、税收缴款书或者纳税记录等纳税凭证。

2. 运用双边税收协定选择一国税务居民

截至2023年1月，中国已对外正式签署109个避免双重征税的协定，其中104个协定已生效，与中国香港、澳门两个特别行政区签署了税收安排，与中国台湾地区签署了税收协议（尚未生效）。在这些避免双重纳税的协定中，一般会有一个税务居民身份确认的程序，这个程序被称为加比规则，目前各国税收协定或税收安排的章节结构大同小异。以《内地和香港特别行政区关于对所得避免双重征税和防止偷漏税的安排》第4条第2款、第3款为例，规定如下：

"二、……同时为双方居民的个人，其身份应按以下规则确定：

（一）应认为是其有永久性住所所在一方的居民；如果在双方同时有永久性住所，应认为是与其个人和经济关系更密切（重要利益中心）所在一方的居民；

（二）如果其重要利益中心所在一方无法确定，或者在任何一方都没有永久性住所，应认为是其有习惯性居处所在一方的居民；

（三）如果其在双方都有，或者都没有习惯性居处，双方主管当局应通过协商解决。

三、……除个人以外，同时为双方居民的人，应认为是其实际管理机构所在一方的居民。"

◆【案例10-2】S先生双重税务居民认定[①]

2013年，S先生与中国内地C公司签订无固定期限劳动合同，担任运营总监，合同约定其主要工作地点为内地某市。自2014年起，S先生兼任C公司位于中国香港的子公司D公司的常务理事，并同时在中国香港履职。S先生认为，其受雇任职情况适用《国家税务总局关于执行内地与港澳间税收安排涉及个人受雇所得有关问题的公告》（国家税务总局公告2012年第16号）中对中国香港、澳门税收居民受雇所得的个人所得税计算方法，要求退还其2014年度和2015年度因未享受税收安排待遇而多缴纳的个人所得税约40万元。其理由如下：

一是S先生已于2014年取得中国香港居民身份证（非中国香港永久性居民）；

二是中国香港的税务机关为其开具了2014年度和2015年度的税收居民身份证明。

主管税务机关全面审查了S先生提交的有关资料，运用"加比规则"判定S先生为内地税收居民。

在S先生构成内地和香港双重税收居民的情况下，主管税务机关根据税收安排居民条款中的"加比规则"，判定S先生税收居民身份归属。"加比规则"，是按照"永久性住所—重要利益中心—习惯性住所"的顺序来协调双重居民身份矛盾的一种规则，采用上述顺序进行判断后仍无法确定单一居民身份的，再由双方税务主管当局协商解决。一旦确定了S先生是内地的税收居民，根据《个人所得税法》的规定，S先生应履行居民纳税人义务，就其从内地和香港取得的所得，缴纳个人所得税。

（1）永久性住所标准

根据国家税务总局与香港特别行政区《内地和香港特别行政区关于对所

[①] 国家税务总局国际税务司：《税收协定执行案例集》，中国税务出版社2019年版。

得避免双重征税和防止偷漏税的安排》第4条第2款第1项的规定,同时为双方居民的个人"应认为是其有永久性住所所在一方的居民;如果在双方同时有永久性住所,应认为是与其个人和经济关系更密切(重要利益中心)所在一方的居民"。

本案中,S先生在内地某市拥有三套自住房产,S先生在派往中国香港任职之前以及任职期间回某市时均居住在其中一套,因此,应判定其在内地有永久性住所。同时,为了工作方便,S先生在中国香港租住了一处房屋,其在中国香港工作期间,一直在该房屋居住,非临时居留。因此,S先生在内地和香港都有永久性住所。根据此标准无法明确判定S先生是哪一方税收居民,需要运用下一标准进行考量。

(2)重要利益中心标准

"重要利益中心"要参考个人家庭和社会关系、职业、政治、文化及其他活动、营业地点、管理财产所在地等因素综合评判。其中特别注重的是个人的行为,即个人一直居住、工作并且拥有家庭和财产的国家(地区)通常为其重要利益中心之所在。

经核实,S先生受雇于内地的C公司,同时在其中国香港子公司D公司任职,在与C公司签订的劳动合同中明确约定了主要工作地点为内地某市,其在中国香港子公司履职的行为,实质上是在履行该合同规定的义务,其主要收入均来源于与C公司的劳动合同,由C公司向其支付工资,C公司还为S先生在内地缴纳社会保险和住房公积金,而D公司没有为S先生在中国香港缴纳保险。

S先生长期在内地工作,2014年度在内地停留时间为220天,2015年在内地停留时间为160天,其长期生活、工作在内地。通过第三方信息显示S先生多数亲属均居住在内地,在内地具有稳定的社会关系,其家庭财产主要集中在内地,包括存款、股票、现金、车辆和三套房产等。而在中国香港,S先生仅有一处租住的房屋和一辆汽车。S先生的妻女虽然取得了非永久中国香港居民身份,但其妻子为家庭主妇,女儿在中国香港某中学读书。

综合考虑申请人的家庭、社会关系和财产状况等各方面因素,主管税务机关认为，S先生显然与内地具有更为紧密的关系，其重要利益中心在内地而非中国香港，因此应认定其为内地税收居民。

第二节　家族企业整体税收规划

◆ **【案例10-3】基汇资本收购某科中心**

2012年，中国香港企业家李氏开始逐步淡出中国内地，变卖其在北上广深的一些物业。北京某街区有一非常有名的楼盘叫作某科中心，地理位置极佳，租金回报非常高。李氏当年斥资3亿元建成此楼，收租多年之后，最终决定于2012年将其以9亿美元的价格对外出售。3亿美元成本（含土地使用权、开发成本），9亿美元售价，毛利高达6亿美元，投资回报非常丰厚，可是如果把税收计算进去，会是什么结果呢？

增值税及附加：9/（1+9%）×9%×（1+12%）=0.83亿美元；

土地增值税：[9－3×（1+10%+20%）－0.83]×50%－[3×（1+10%+20%）+0.83]×15%=1.43亿美元[①]；

企业所得税：（9－3－0.83－1.43）×25%=0.935亿美元；

合计税负：0.83+1.43+0.935=3.195亿美元，占销售额的35%，占毛利润的53%。

---

① 在土地增值税计算中出现的"10%"是指根据《国家税务总局关于土地增值税清算有关问题的通知》（国税函〔2010〕220号）第3条第1款规定，财务费用中的利息支出，凡能够按转让房地产项目计算分摊并提供金融机构证明的，允许据实扣除，但最高不能超过按商业银行同类同期贷款利率计算的金额。其他房地产开发费用，在按照"取得土地使用权所支付的金额"与"房地产开发成本"金额之和的5%以内计算扣除。

第2款规定，凡不能按转让房地产项目计算分摊利息支出或不能提供金融机构证明的，房地产开发费用在按"取得土地使用权所支付的金额"与"房地产开发成本"金额之和的10%以内计算扣除。因此，为了简便计算，这里采用不能提供金融机构证明的情况下，按照10%来计算房地产开发费用。

出现的"20%"是指根据《土地增值税暂行条例实施细则》（财法字〔1995〕6号）第7条的规定，"对从事房地产开发的纳税人可按本条（一）、（二）项规定计算的金额之和，加计百分之二十的扣除"。而该案例中的公司属于房地产开发公司，因此可以加计扣除20%。

为了避免在投资转让时的高额税收，李氏很早就进行了股权架构设计：某科中心的产权归属于北京A公司，A公司的股权由其上层股东B公司100%持有，B公司的股权又由其上层股东C公司100%持有。最终，李氏转让的是A公司的"爷爷"——C公司的股权。而C公司根本不是设在国内，而是设在BVI。BVI除薪俸税、房地产税、关税、印花税、旅店住宿税、旅客离港税以外，没有增值税、土地增值税、所得税。其股权架构如图10-1所示：

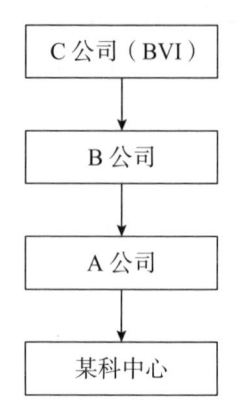

```
┌─────────────┐
│  C 公司（BVI）│
└──────┬──────┘
       ↓
┌─────────────┐
│    B 公司    │
└──────┬──────┘
       ↓
┌─────────────┐
│    A 公司    │
└──────┬──────┘
       ↓
┌─────────────┐
│   某科中心   │
└─────────────┘
```

图10-1 李氏股权架构

最终，李氏将转让房地产的行为转变成股权转让行为，而且股权转让行为发生在境外，不涉及不动产买卖，虽然根据国税函〔2009〕698号《国家税务总局关于加强非居民企业股权转让所得企业所得税管理的通知》，非居民企业需就其来源于中国境内的收入缴纳10%的企业所得税，但该文件仅针对企业所得税作了强制性规定，对于增值税、土地增值税、契税、双向征收的印花税没有影响，依然不用缴纳。最终，李氏3亿美元成本，9亿美元成交，6亿美元税前利润，按10%征收的企业所得税为6 000万美元。本来要交3.195亿美元，现在仅需6 000万美元，节省的税收成本非常可观。

一、企业整体税收规划的基本思路

企业整体的税收规划，又称为系统的税收规划。在当前信息化时代的税收征管体系下，税收征管走向规范化和透明化，靠"藏、躲、逃"的方式进行避税显然不合时宜，一定要通过依法进行税收规划的路径，全面思考税收问题，提前做好系统合法的税务规划。

系统的税收规划包含三个层次：宏观税务规划、中观税务规划和微观税务规划。

宏观的税务规划是顶层架构税务规划，是通过系统梳理公司的股权和治理结构，结合公司战略发展目标，梳理税务风险点，通过改变股权结构的方式减少税务风险，以最小的成本实现战略发展目标。案例10-3中体现的就是顶层架构的税务规划。顶层架构的税务规划一般在进行大的投资项目时就要进行，不能等到经济行为快要发生时再规划，否则会增加不必要的成本和风险。

中观税务规划是合同税务规划，是通过梳理企业的合同模式和具体合同条款，通过改变交易方式、设计合同条款来减少税务风险。比如同样是销售一台节能设备，是签订直接销售合同还是签订"合同能源管理"合同，税收成本会有很大不同。

微观税务规划是指通过正确的财税处理来避免税务风险。比如，企业捐赠，到底如何索要发票；什么样的票据可以扣除；利息是计入财务费用还是业务成本；研发费用是否一定要计入管理费用等，这些都涉及微观的税收规划。

二、宏观税务规划的主要方法

（一）改变纳税人身份的税收规划

改变纳税人身份是从宏观战略层面进行的税收规划方法之一。在法律上，各国（地区）税法对于税收居民的界定产生的冲突，应依据两国（地区）之间的双边税收协定有关规定予以处理，从而判断账户持有人的税收居民身份。在全球化的背景下，高净值人士的投资、生活范围早已超越了国界，但是各司法管辖区却拥有相互独立的法律体系，有关投资收益、遗产、赠与、房产持有等的税法规定是不同的，深刻影响着投资和资产配置行为。建议高净值人士根据具体需求，合理规划税收居民身份，实现全球投资税负成本最优化。

（二）对纳税人不同组织形式进行规划

目前，对于纳税人的征税行为，可能是个人、个体工商户、个人独资企业、合伙企业（包括有限合伙和普通合伙），有限责任公司、股份有限公司、外商投资企业、子公司、分公司等。不同的组织形式在税收上会有较大的不同。

以子公司和分公司为例，子公司是具有独立法人资格，能够承担民事法律责任与义务的实体；而分公司是不具有独立法人资格，需要由总公司承担法律责任与义务的实体。企业采取何种组织形式需要考虑的因素主要包括分支机构盈亏、分支机构是否享受优惠税率等。因此，预计适用优惠税率的分支机构盈利，选择子公司形式，单独纳税；预计适用非优惠税率的分支机构盈利，选择分公司形式，汇总到总公司纳税，以弥补总公司或其他分公司的亏损；即使下属公司均盈利，此时汇总纳税虽无节税效应，但可降低企业的办税成本，提高管理效率；预计适用非优惠税率的分支机构亏损，选择分公司形式，汇总纳税可以用其他分公司或总公司利润弥补亏损；预计适用优惠税率的分支机构亏损，这种情况下就要考虑分支机构扭亏的能力，若短期内可以扭亏宜采用子公司形式，否则宜采用分公司形式，这与企业经营策划有紧密关联。不过总体来说，如果下属公司所在地税率较低，则宜设立子公司，享受当地的低税率。

（三）通过改变企业的战略定位进行规划

国家为了鼓励、支持有关产业的发展，往往针对相关行业出台了若干税收优惠政策。这些行业涵盖高科技、软件、动漫、新能源、新基建、养老、教育、文化、卫生、农林、水利、电力等。就高科技企业而言，若能申请到高新技术企业资格认定，企业将能享受到所得税率由25%下降到15%的好处，税负大大减轻。因此企业的不同发展方向代表着不同的税收政策。企业可以结合自身的优势和税收优惠的方向确定自己的战略定位。

（四）对纳税人的地点进行规划

企业注册在不同的地点，享受的税收优惠也会有差别。企业可通过在税收优惠地注册分公司、子公司及新的有限公司来享受税收优惠政策；可让子公司、分公司或是新成立的有限公司承接业务，从而使企业享受到税收优惠政策；也可成立集团公司，将集团公司的注册地选在税收优惠地区，从而享受更大力度的税收优惠政策，也为之后发展及上市做好准备。

当前力度较大、国家支持的税收优惠地区在海南自贸港，其他地区也有一些税收洼地，如天津滨海新区、上海崇明、江苏句容、福建横琴等地，但要注意的是，这些税收洼地给予的税收优惠政策有些是通过政府财政返还的方式，而且带有较强的变化性，随时可能被政府取消，因此企业在行动之前需要先与当地政府确认好，并与政府签订相关税收返还协议。

三、中观税务规划的主要方法

（一）转让定价

转让定价（Transfer Pricing），是指关联企业之间在销售货物、提供劳务、转让无形资产等时制定的价格。近年来国内集团企业转让定价的方式有多种，从公开媒体报道以及了解的实际情况来看，比较常见的有以下几种：

1. 改变产品交易价格方式

集团企业往往控制了整个产业链条上大部分产品的生产和销售，可充分利用自身统一调配的管理优势。在集团公司之间形成的内部市场中，可通过人为改变产品的供销价格，实现成本和利润在各关联企业间的转移。

2. 人为调节劳务转让价格方式

集团企业利用劳务报酬进行转移定价主要是指，根据自身和子公司的实际税负情况，通过多收或少收劳务或其他服务费用的方式，分摊成本，转移收入。

3.无偿提供资金、调整贷款利率的方式

集团企业利用资金借贷业务，采取无偿借款、支付预付款等方式，或者通过改变相互间资金借贷利率，增加企业成本或者减少财务费用，以便控制各关联企业的盈亏情况，实现在集团企业之间重新分配利润的目的。

4.调整无形资产作价和研发费用分摊的方式

在这种转让定价方式下，集团企业主要通过在咨询合同、许可合同和技术合同等方面签署成本风险协议来调节、改变支付价格，进而达到转移利润的目的。

但利用转让定价进行税收规划必须符合税法相关条件，以《企业所得税法实施条例》第123条规定为例，企业与其关联方之间的业务往来，不符合独立交易原则，税务机关有权在该业务发生的纳税年度起十年内，进行纳税调整。因此在定价上的条件是：商品或劳务价格要在符合市场价格范围内，不要过高或过低。

（二）改变合同模式

不同的合同在税收上是有差别的，如一个节能公司销售节能产品，以买卖合同的方式销售还是以"合同能源管理"合同的方式销售，在增值税的税率上就有很大不同。买卖合同的增值税税率是13%，而"合同能源管理"合同的增值税税率是6%，同时根据《国务院办公厅转发发展改革委等部门关于加快推行合同能源管理促进节能服务产业发展意见的通知》（国办发〔2010〕25号）的规定，还有相应的税收优惠。因此，为了节省税负，企业可以根据实际情况选择合同能源管理的合同模式。

（三）对合同条款进行具体规划

合同中有很多条款属于涉税条款，一旦规定不当，就会产生税收损失。对合同涉税条款的规范有利于事前税务规划。例如，某企业将闲置的厂房对外出租，如果租赁合同中没有将房租、设备租金和场地使用费合理划分，将

会导致多缴房产税；许多促销合同中的"赠送"业务，常被税务机关视同销售征税；甚至地方政府与企业签订的招商引资合同中也有无效的减免税条款得不到履行。合同一旦签订，其后履行过程中产生的纳税义务、纳税义务发生时间就已经确定，无法改变。如果不对合同的涉税条款进行事前审核，将给公司带来重大损失。合同的具体涉税条款和税收意义见表10-3：

表10-3 合同的具体涉税条款和税收意义对应

序号	条款	意义
1	合同名称	区分增值税税目、印花税税目等
2	当事人基本信息	防止虚开发票风险
3	合同签章	防止虚开发票风险
4	标的：货物或服务内容描述	区分是否有税收优惠、差额报税等
5	价款或酬金	确定计税依据
6	支付方式	确定纳税义务发生时间
7	履行地点	确定纳税地点

四、微观税务规划的主要方法

（一）合理安排开具发票的时点

增值税、企业所得税、个人所得税等均规定了纳税义务发生时间，即确定取得收入何时应当纳税的问题。比如，在增值税上有"增值税纳税义务发生时间，先开具发票的，为开具发票的当天"的规定，因此，先开具发票，就会早发生纳税义务，企业就会早纳税。

（二）合理安排收入的确认方式

《企业会计准则——基本准则》规定，企业应当以权责发生制为基础进行会计确认、计量和报告。这明确了会计上确认收入是以权责发生制为基础的。

根据《企业所得税法实施条例》的规定，企业应纳税所得额的计算，以权责发生制为原则，属于当期的收入和费用，不论款项是否收付，均作为当期的收入和费用；不属于当期的收入和费用，即使款项已经在当期收付，均不作为当期的收入和费用。本条例和国务院财政、税务主管部门另有规定的除外。因此，在税法上确认收入也以权责发生制为基础。

可见，会计核算与《企业所得税法》关于收入确认的原则基本一致，一般情况下企业会计确认的收入即为税法确认的收入。但是，基于税收法规的某些特殊规定，税收上确认收入并不完全遵循权责发生制原则，这就形成了税会差异。例如，建筑施工企业甲公司为其客户建造一栋厂房。双方签订的施工合同中约定，合同总价款为100万元，并约定：如果甲公司不能在合同签订之日起120天内竣工，须支付给客户10万元罚款，该罚款将直接从合同价款中扣除。甲公司对合同结果做了评估，认为工程按时完工的概率为40%，延期的概率为60%。在这种情况下，由于该合同可能面临两种结果，甲公司认为，按照最可能发生金额，能够更好地预测其有权获取的对价金额。因此，会计核算时，甲公司估计的交易价格为90万元（100-10），即为最可能发生的单一金额。企业所得税相关政策则不认可甲公司合同开始日的可变对价10万元，认为甲公司应将100万元作为合同预计总收入，并在纳税期末按完工进度确认收入，未来实际发生罚款时，再从当期应纳税所得额中进行扣除。[①] 税会差异存在，需要按照税法的规定对会计确认的收入进行调整并进行合理规划，才能达到节税的目的。

（三）费用尽早确认

企业真实发生的费用，如果报销及时，可以在当年据实扣除；而由于种种原因，企业总会存在部分当年实际发生的费用支出，不能在关账前取得发票，或虽已取得发票但来不及在关账前报销的情况。很多企业将此部分费用支出在次年报销时计入次年的损益，从而形成了跨期发票的问题。原则上上

---

① 覃韦、英骎：《案例分析：这四种情形确认收入时产生税会差异怎么办？》，载《中国税务报》2020年7月31日。

一年度的费用不允许在下一年度列支,为避免企业造成不必要的损失,建议年度结束前期,财务人员应给各部门发出通知,尽早报销当年度的费用,不能把上一年度的费用在下一年度报销。

第三节　家族企业关联交易的税务规划

◆【案例10-4】A企业税务筹划方案存在的风险

A企业从事精密仪器的销售,一年销售额在数千万元上下,实际利润在1 000万元左右。在日常操作中,A企业的财务团队碰到了很多财税难题,主要有:(1)由于产品的特殊性,毛利较高,这样增值税税负和企业所得税税负一直居高不下;(2)还有一部分费用需要用于市场公关和关系维护,对方多是个人,且无法提供正规发票,有些费用只能找票来冲,但是依然无法完全满足。在金税三期、四期等税务趋严的大背景下,A企业的财务团队面临巨大的挑战,故希望在寻求到一个合理税务筹划解决方案的同时,能实现合法合规节约税收成本。

税收筹划组经过讨论给出的解决方案是:

A企业可以选择贸易型个人独资企业或者服务型个人独资企业+核定征收产品,来解决税负高的问题。具体的操作模式如下:

1.服务型个人独资企业+核定征收

可以在税收洼地设立一个服务型的个人独资企业,从事如设计、市场拓展、市场调研、系统开发等专业服务。这样,就可以让无法直接开具发票的个人以个人独资的名义与A企业发生业务往来,这样企业就有成本,减少了虚高的账面利润,降低了企业所得税。

2.贸易型个人独资企业(独立核算)+核定征收

将A企业的业务转接至税收洼地新设的个人独资企业名下。以往为A企业直接采购再销售;现在改为由贸易型个人独资企业直接采购再销售,等于直接跳过A企业,另起炉灶。这样,完全由贸易型个人独资企业直接纳税,并享受核定征收和奖励政策。

3.贸易型个人独资企业（销售平台）+核定征收

A企业可在税收洼地设立一个贸易型的个人独资企业，作为A企业的销售平台。以往A企业直接与经销商发生业务往来，现在由新设立的贸易型个人独资企业（即销售平台）与经销商发生业务往来，A企业以接近成本价卖给贸易型个人独资企业（即销售平台），销售平台将价格提高到市场价后卖给经销商，如此，同样可实现将利润留存到销售平台内，由销售平台来纳税，以达到整体最低税负的结果。

4.贸易型个人独资企业（采购平台）+核定征收

A企业在税收洼地设立一个贸易型的个人独资企业，作为A企业的采购平台。以往A企业直接与供应商发生业务往来，现在由新设立的贸易型个人独资企业（即采购平台）与供应商发生业务往来，再提价卖给A企业，如此可实现将利润截留在贸易型个人独资企业内，由个人独资企业来纳税，以实现整体税负降低的结果。

对于A企业而言，其实只是做了重新架构，将采购或者销售、配套服务等重新拆分，就能以极低的成本，解决大量的企业税务问题。

本规划方案中，A企业和个人独资企业属于关联企业，关联企业间风险控制的重点就是关联交易风险和虚开发票风险，主要体现在：

1.A企业和各企业之间，资金流、服务流、合同流、票流的管理和控制和关联交易的风险；

2.新设个人独资企业以及商业模式变更后，相关关联交易证据的准备和收集，杜绝被认定为虚开发票的风险。

一、关联交易转让定价涉税风险防范

（一）关联交易转让定价的涉税风险

企业为了降低税务负担，在开展关联交易时，通常采取转让定价方法来减少税收，以此降低企业的经营成本。

在关联企业交易过程中，税收风险取决于交易的价格，极易产生涉税风险。例如，企业在关联交易中，其定价机制或者定价方法等与独立交易原则相违背，出现偏低或者偏高的情况，进而减少企业所得税与流转税等的税收收入，则税务机关会介入并开展调查工作，这对企业而言，则产生了涉税风险。

税务机关介入调查的依据是：根据《企业所得税法实施条例》第123条的规定，关联企业之间的交易往来，若违背了独立交易的原则，减少企业或者关联企业应该纳税收入或者所得税额，则税务机关要依照税法相关规定，对转让定价开展调查、罚息或者调整。

（二）转让定价的风险防范

1.把握好转让定价合法性的法律边界

如何判定企业是否存在关联交易，是否需要进行特别纳税调整，《企业所得税法》规定了两个原则，即独立交易原则和具有合理商业目的原则。这是企业在交易中应该遵循的两个基本原则。《企业所得税法实施条例》第110条规定，独立交易原则，是指没有关联关系的交易各方，按照公平成交价格和营业常规进行业务往来遵循的原则。《企业所得税法实施条例》第120条规定，不具有合理商业目的，是指以减少、免除或者推迟缴纳税款为主要目的。应该说，这两个原则既是税务机关审核、评估关联交易是否需进行特别纳税调整的基本原则，也是企业防范避税风险应着力把握的基本准则。

2.建立最佳的转让定价方法体系

随着各级税务机关以风险管理为导向的国际税收管理体系的构建，跨境税源监控以及对企业利润水平的监控，尤其是国别报告的报送、交换或提供所披露的跨境涉税信息大量增加，地方基层税务机关自主开展特别纳税调查调整的规模和程度会逐步扩大。

因此，纳税人要根据具体业务、交易模式及功能风险情况，预估税务机关可能在特别纳税调查调整中将会选择的转让定价方法，建立切合自身实际情况的转让定价最佳方法体系，筛选出最优、次优且有支撑力的转让定价方法，事先有效规划，并将其运用于具体业务操作中。

同时，一个好的转让定价方法体系是确保关联企业尤其是跨境关联企业之间降低税收风险，确保整合企业集团战略目标实现的重要工具。对于跨国企业集团出于非税收目的考虑的业务交易定价中需要大量使用非常规转让定价方法的情况，必要时可以与税务机关开展预约定价安排的申请，取得税务机关的理解和支持，以降低未来业务交易中的税收不确定性。

二、关联交易成本分摊涉税风险防范

（一）关联企业成本分摊的风险

关联企业在经营时，其办公地点或者加工车间在一处，使得企业人员、企业资产、经营费用等无法分开，而在各自成本核算、缴纳税款时，又缺乏统一的、合理的成本分摊标准，部分企业存在违规管理财务与税收，造成集团企业收入与成本数额不匹配，使得企业税款缴纳不足，且税负偏低，若违背独立交易原则，则税务部门将会介入调查，使得集团企业产生涉税风险。

税务部门介入调查的依据有：《企业所得税法》以及其他相关规定中，明确指出企业成本分摊协议指的是参与方共同享有签订开发或者受让的无形资产，或者参与劳务活动的收益权，同时共同承担由于相关活动造成的成本，而且《特别纳税调整实施办法》明确规定，在可比条件下，关联方与非关联方所承担的成本费用，要和收益权支付的成本费用相同。

《特别纳税调整实施办法（试行）》（国税发〔2009〕2号）第75条规定，企业与其关联方签署成本分摊协议，如有下列情形之一的，其自行分摊的成本不得税前扣除：

（1）不具有合理商业目的和经济实质；

（2）不符合独立交易原则；

（3）没有遵循成本与收益配比原则；

（4）未按本办法有关规定备案或准备、保存和提供有关成本分摊协议的同期资料；

（5）自签署成本分摊协议之日起经营期限少于二十年。

（二）成本分摊的风险防范

成本分摊的风险防范主要通过成本分摊协议进行。关联企业之间如果要进行成本分摊，要签订成本分摊协议。成本分摊协议是指企业间签订的一种契约性协议。《企业所得税法》第41条第2款明确规定："企业与其关联方共同开发、受让无形资产，或者共同提供、接受劳务发生的成本，在计算应纳税所得额时应当按照独立交易原则进行分摊。"因此，成本分摊协议要注意以下几点：

1.成本分摊协议要符合独立交易和成本与收益配比原则

一般而言，在一个纳税年度内衡量成本分摊协议的参与方分摊的成本是否合理时，应将其实际分摊的成本比率同其预期能分享的收益比率进行对比，即参与方实际分享的收益与分摊的成本应配比。[①]成本分摊比率是在一个纳税年度内，参与方成本分摊比率是指该参与方实际分摊的成本除以该纳税年度内所有参与方分摊的成本之和。

合理预期收益比率，是指参与方合理的预期收益比率，该比率等于该参与方由于享受该成本分摊协议的成果所能预期获得的收益除以所有参与方享受该成本分摊协议的成果所能预期获得的收益。在计算参与方合理预期收益比率时，非参与方的预期收益应排除在外。因此，一个成本分摊协议应该包括以下内容：

（1）参与方的名称、所在国家（地区）、关联关系、在协议中的权利和义务；

（2）成本分摊协议所涉及的无形资产或劳务的内容、范围，协议涉及研

[①] 赵国庆：《"成本分摊协议"的五大核心要素》，载《中国税务报》2011年6月8日。

发或劳务活动的具体承担者及其职责、任务；

（3）协议期限；

（4）参与方预期收益的计算方法和假设；

（5）参与方初始投入和后续成本支付的金额、形式、价值确认的方法以及符合独立交易原则的说明；

（6）参与方会计方法的运用及变更说明；

（7）参与方加入或退出协议的程序及处理规定；

（8）参与方之间补偿支付的条件及处理规定；

（9）协议变更或终止的条件及处理规定；

（10）非参与方使用协议成果的规定。

2.成本分摊协议要具有合理的商业目的

如果企业没有合理的商业目的而通过特定交易或者安排来减少应纳税所得额，如出现滥用税收优惠政策、滥用税收协定、滥用公司组织形式、与避税港交易频繁，或者出现其他不具有合理商业目的的安排，税务机关都将启动一般性反避税条款，对其应纳税所得额进行调整。

为了防止税务机关出现对启动一般性反避税条款的滥用，国家税务总局规定地方税务机关要启动一般性反避税条款必须经过国家税务总局批准，这在一定程度上加强了对企业合理商业行为的保护。[①]

（三）注意关联交易证据的准备和收集

一个企业通过多个关联企业进行运营时，要注意相关关联交易证据的准备和收集，杜绝被税务机关认为没有合理商业目的或者被认定虚开发票的风险。那么，需要准备哪些证据呢？

根据《企业所得税法》第43条和《企业所得税法实施条例》第114条的规定，对于关联交易需要准备以下证据：

（1）与关联业务往来有关的价格、费用的制定标准、计算方法和说明等

---

① 参见《一般反避税管理办法（试行）》第8条（国家税务总局令2014年第32号）。

同期资料；

（2）关联业务往来所涉及的财产、财产使用权、劳务等的再销售（转让）价格或者最终销售（转让）价格的相关资料；

（3）与关联业务调查有关的其他企业应当提供的与被调查企业可比的产品价格、定价方式以及利润水平等资料；

（4）其他与关联业务往来有关的资料。

企业应当在税务机关规定的期限内提供与关联业务往来有关的价格、费用的制定标准、计算方法和说明等资料。

图书在版编目(CIP)数据

高净值人士家族税收与身份规划实务/高慧云主编. —北京：中国法制出版社，2023.9
ISBN 978-7-5216-3325-2

Ⅰ.①高… Ⅱ.①高… Ⅲ.①税法—研究—中国 Ⅳ.①D922.220.4

中国国家版本馆CIP数据核字(2023)第035873号

责任编辑：程　思　　　　　　　　　　　　　封面设计：杨泽江

高净值人士家族税收与身份规划实务
GAO JINGZHI RENSHI JIAZU SHUISHOU YU SHENFEN GUIHUA SHIWU

主编/高慧云
经销/新华书店
印刷/河北华商印刷有限公司
开本/710毫米×1000毫米　16开　　　　印张/21.5　字数/318千
版次/2023年9月第1版　　　　　　　　　2023年9月第1次印刷

中国法制出版社出版
书号 ISBN 978-7-5216-3325-2　　　　　　　　　　　定价：86.00元

北京市西城区西便门西里甲16号西便门办公区
邮政编码：100053　　　　　　　　　　　　　传真：010-63141600
网址：http://www.zgfzs.com　　　　　　　　编辑部电话：010-63141806
市场营销部电话：010-63141612　　　　　　印务部电话：010-63141606
（如有印装质量问题，请与本社印务部联系。）